福島誠一監修

花の名前と育て方大事典

きれいな草花・花木・山野草840種

スベリヒユ（ハナスベリヒユ）

成美堂出版

花の名前と育て方大事典　もくじ

アヤメ

アサガオ

ガクアジサイ

アカバナムシヨケギク

コスモス

オオヤマザクラ

サルビア

アリアケスミレ

チューリップ'コンプリメント'

バラ'クリスチャン・ディオール'

ヒマワリ

ヤマユリ

カトレヤ

アカシア

カーネーション

サギソウ

ダーリア

ネムノキ

ハス

ミズバショウ

ヤグルマソウ

ラベンダー

ワスレナグサ

contents

P1の写真／群生するスベリヒユ

◆本書の使い方◆

＊本書では、標準和名を基準として、50音順に解説しています。
ただし、同じ科・属の仲間として掲載している場合は、そのグループ内で50音順となっています。また、266ページからの「植物名さくいん」では、すべての花名を50音順で表示しています。

アンズ

春先、葉がでる前に花が咲く　果実

花も果実も楽しめる

果実は干しアンズ、ジャムなどにします。種子は漢方薬に使われます。花は葉がでる前につき、花期は花一色になります。花後の7月には径約3cmで球形の果実が、橙黄色に熟します。

花　色　○
別　名　カラモモ
花ことば　約束された幸福
高　さ　5〜10m
花　径　2〜3cm
花　期　3〜4月
生育場所　日本全国

育て方
植えつけ適期は12〜3月の落葉期です。1〜2年生の苗木を植えつけます。植え穴を大きめに掘り、腐葉土を多めにすき込んで植えつけます。高木になるので、都市部では高さ2〜3mの樹形に仕立てます。

漢字名：杏　科・属名：バラ科サクラ属
分類：落葉小高木　性質：耐寒性　生育環境：日当たり　殖やし方：接ぎ木

アンゲロニア

花は葉のわきや茎先につく

花は葉のわきに1つずつつく

花は紫青色か白色または複色になり、葉のわきや茎の上に直立してつきます。茎は直立性ですが、倒れやすいので注意します。葉は細めの卵形で、まばらに細いギザギザ（鋸歯）があります。

花　色　●●○複色
花ことば　過去の恋人
高　さ　60cm〜1m
花　径　2cm
花　期　8〜9月
生育場所　日本全国（鉢植え）

育て方
花期は夏で、日当たりが良いほど花はよく咲きます。鉢植えは5〜6号鉢に、水はけが良い用土で植えつけます。

科・属名：ゴマノハグサ科アンゲロニア属
分類：1年草、多年草　性質：半耐寒性
生育環境：日当たり、水はけ良　殖やし方：実生、挿し木

植物名

花の解説

育て方の説明

おもな植物データ
花　名
別　名
花ことば
高　さ
花　径
花　期
生育場所

イイギリ

萼には黄色い毛が密生する　花後に丸い果実が赤熟する

枝葉が大きく広がる庭木

果実はナンテンの実に似ています。昔、この葉でご飯を包んだのがこの名の起こりとか。芳香がある小さい花が多数集まって、枝先から垂れ下がります。花弁はなく、5〜6個の萼には両面に毛が密生します。

花　色　●
別　名　ナンテンギリ
花ことば　強いからだ
高　さ　10〜15m
花　径　20〜30cm（花穂）
花　期　4〜5月
生育場所　関東地方以西

育て方
葉が大きく、強い風を嫌うので、風当たりが少ない場所が適地です。枝が大きく張り出しますが、枝を切りつめるときは、5月ごろの開花後にします。強く切りすぎると、枯れるので注意します。

漢字名：飯桐　科・属名：イイギリ科イイギリ属　分類：落葉高木　性質：半耐寒性
生育環境：日当たり、水はけ良、砂質土　殖やし方：実生、挿し木

アンスリウム

仏炎苞が見どころ（アンスリウム・アンドレアヌム）

仏炎苞が美しい

原種は約200種あるといわれていますが、観賞用に栽培されているものの多くはベニウチワの園芸品種です。花に見えるのは仏炎苞で、人工的な美しさがあります。本当の花は中央に突きでる細長い部分です。

花　色　●●●○
別　名　ベニウチワ
花ことば　献身的な愛
高　さ　10〜60cm
花　径　5〜6cm
花　期　周年（15〜20℃）
生育場所　日本全国（鉢植え）

育て方
高温性植物で暑さには強いのですが、夏の直射日光は嫌うので避けます。9月下旬〜翌年5月は室内に入れて、10℃以上あれば越冬できますが、冬〜晩春まで花を楽しむためには、15〜25℃は必要です。

科・属名：サトイモ科アンスリウム属　分類：多年草
性質：非耐寒性　生育環境：室内　殖やし方：株分け

その他の植物データ　漢字名／科・属名／分類／性質／生育環境／殖やし方

花の色から見つけられる　# 花色もくじ

※注●花の色分けにつきましては、編集部でその花の代表的と思われる色を選び、掲載してあります。掲載した色以外の花色があるものは、その他の色を○で表示しました。
●花色もくじでは、各色系列内、50音順の並びになっています。

赤・紅色系

オオタカネイバラ　P64

オオガハス　P204

エンビセンノウ　P247

エスキナンツス　P106

エクメア・ファスキアタ　P107

オジギソウ　P117

オオヤマザクラ　P49

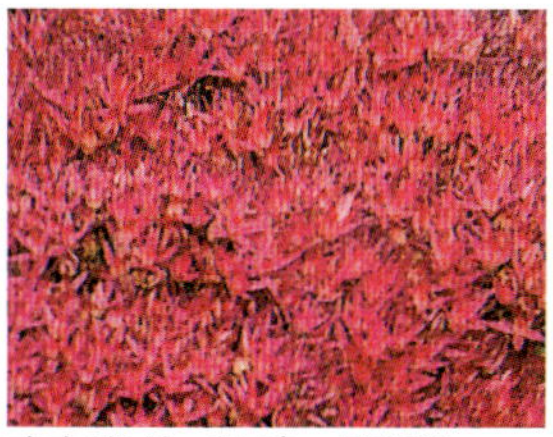
オオベンケイソウ　P229

オオビランジ　P170

オオバギボウシ　P140

オレガノ　P120

オニサルビア　P54

オニゲシ　P156

オトメユリ　P72

オステオスペルムム
'ピンクウィールズ'　P117

カノコユリ　P72

ガイラルディア・アリスタタ
'ビジョウ'　P122

カイドウ　P236

ガーベラ　P122

カーネーション　P121

キダチアロエ　P94

カンヒザクラ　P49

カワラナデシコ　P186

カランコエ　P132

カライトソウ　P255

クリアンツス　P148

キンレンカ　P145

キンギョソウ　P143

キョウチクトウ　P142

キョウガノコ　P142

クレピス　P149

クレオメ　P148

グレヴィレア・バンクシー　P149

クリンソウ　P216

クリヌム・アマビレ　P148

グロリオサ　P153
●○●

クロバナロウバイ　P153
●

グロッバ・ウィニティー　P153
○●

クロコスミア・クロコスミーフロラ　P152
●●

クロウエア　P149

コスモス　P47
●●○

ゴーデティア　P159
○●●

コイワザクラ　P216

ケマンソウ　P160
○

ケシ　P156
○●●

ザクロ　P163
●●●

サクラソウ‘凱歌’　P164
○●

コルムネア　P161
●●

コルキクム　P160
●○

コマクサ　P160
○

サンタンカ　P165
●○●

サンショウバラ　P65

サンゴシトウ　P112

サルビア　P53
○●●●●

サフランモドキ　P182

ジャーマン・アイリス　P32
●●●○●●など

シモツケ　P167
○●

シダレザクラ　P49

シクラメン　P166
○●●

ジギタリス（ディギタリス）　P166
●●○

ジンチョウゲ　P171
○

シュウメイギク　P89

ジュウガツザクラ　P50
○

シュウカイドウ　P225

ジャワヒギリ　P151

スベリヒユ　P231
○〜●

ストレプトカルプス　P178
●●●○

ストック　P178
●●●○

スカーレットセージ　P55

スイレン　P173
○

センニチコウ　P183

ゼニアオイ　P182

セイヨウバラ‘モス・ローズ’ P65

セイヨウノコギリソウ　P201

セイヨウオダマキ‘ローズ・バーロー’ P118

タチアオイ　P188

タカネナデシコ　P186

ダーリア　P188

ソメイヨシノ　P48

センノウ　P247

ディモルフォテカ　P191

ツボサンゴ　P189

ツキヌキニンドウ　P172

チドリソウ　P188

チダケサシ　P85

トリトマ　P195

トサカケイトウ　P155

トコナツ　P186

デロスペルマ・クーペリ P191

テラオカアザミ　P81

ニワフジ　P161

ニワウメ　P51

ニチニチソウ　P198

ナツズイセン　P248

ナガボノアカワレモコウ P255

ハゴロモルコウ　P251

ハクサンフウロ　P214

ハウチワカエデ　P124

ネリネ・フミリス　P201

ネムノキ　P200

パッシフロラ・コッキネア P192

パッシフロラ・アラタ　P192

ハス　P204

バジル　P203

ハシカンボク　P203

ハマナシ　P65

ハナマキ　P133

ハナニラ　P205

ハナカタバミ　P116

ハナカイドウ　P236

ビジョナデシコ　P186

ヒガンバナ　P248

ヒガンザクラ　P51

バンクシア・エリキフォリア　P206

ハマナデシコ　P186

ヒメシャクナゲ　P210

ヒマラヤユキノシタ　P210

ヒビスクス　P208

ヒナゲシ　P156

ヒダカミセバヤ　P229

フウリンソウ　P137

フウセントウワタ　P212

ブーゲンヴィレア　P211

ヒロハノハナカンザシ　P228

ヒメフウロ　P215

ブラキスコメ　P218

フヨウ　P209

ブッソウゲ　P209

フクシア　P213

フウリンブッソウゲ　P209

プリムラ・マラコイデス　P217

プリムラ・オブコニカ　P217

プリムラ・ヴィアリー　P216

ブラジルデイコ　P112

ブラシノキ　P133

ベニバスモモ　P52

ベニゲンペイカズラ　P151

ベニガク　P41

ベッセラ・エレガンス　P223

プロテア　P220

ベンケイソウ　P229
●●●○

ヘレボルス・オリエンタリス
●●○ P228

ペラルゴニウム　P223
●●●○

ベニヒモノキ　P223

ベニバナサワギキョウ　P253

ボタンクサギ　P151

ホザキシモツケ　P167

ホウセンカ　P99

ポインセチア　P230
●●○

ペンタス　P227
●●●○

ミヤマウグイスカグラ　P101

ミセバヤ　P229

マツモトセンノウ　P247
○●

マキバブラシノキ　P133

ボローニア・ヘテロフィラ
●○ P231

モナルダ　P242
●●○

メディニラ・スペキオサ
○ P241

ムシトリナデシコ　P170

ムクゲ　P209
○●

ミルトニア‘ストーラム・チェイルリー’ P76

ヤマホタルブクロ　P137

ヤマオダマキ　P118

ヤマウグイスカグラ　P101

モモイロカイウ　P165

モミジアオイ　P209

ラナンキュラス　P144

ラシュナリア・プルプレオカエルレア ●●●●○ P245

ユウゲショウ　P234

ユウギリソウ　P244
●●○

ヤマモミジ　P124

ワレモコウ　P255

ロシェア・コッキネア　P254

レオノティス　P252
●●○

ルクリア　P251
○

ルイシア　P249
●○

黄・橙色系

アキノキリンソウ　P80

アキカラマツ　P130

アイスランド・ポピー　P156

アブラチャン　P154

アブラギク　P42

アフェランドラ・スクアロサ‘ダニア’　P90

アニゴザントス‘ジョーイシドニー’　P88

アシタバ　P84

アルケミラ　P92

アラマンダ　P91

アメリカミズバショウ　P237

アメリカバンマツリ　P221

アフリカン・マリーゴールド　P235

ウイキョウ　P100

イトバハルシャギク　P162

イソギク　P43

イイギリ　P95

アルストレメリア　P93

エニシダ　P109

エゾスカシユリ　P72

ウリハダカエデ　P123

ウォールフラワー　P101

ウォーターポピー　P101

オオマツヨイグサ　P234

オオバキスミレ　P57

オオキンケイギク　P162

オオアワダチソウ　P80

エレムルス　P113

オミナエシ　P119

オノマンネングサ　P181

オニユリ　P72

オニシバリ　P171

オクナ・セルラタ　P117

カンナ‘ベンガルタイガー’ P135
●●●○

カロライナジャスミン P135

カタバミ P116

ガザニア P125
●●

オンシディウム P75

キツネノカミソリ P248
●

キショウブ P32

キクイモ P139

キエビネ P110

キイジョウロウホトトギス P232

キバナカイウ P165

キバナアキギリ P54

ギヌラ P142
○

キツリフネ P99

キツネノボタン P144

キリンソウ P181

キバナノホトトギス P233

キバナノコギリソウ P201

キバナノツキヌキホトトギス P232

キバナコスモス P47

キンロバイ P145

ギンヨウアカシア P78

キンポウゲ P144

キンセンカ P143
●●

キングサリ P143

ゲッケイジュ P157

クンシラン P155
●

クロモジ P154

クロッサンドラ P153
●

グラジオラス‘トパーズ’ P147
○●●●●

コキンバイザサ P158

コガマ P126
●●

コオニユリ P72

コウホネ P158
●

ケナフ P208

シソバキスミレ　P57

サンカクバアカシア　P78

サンヴィターリア　P163

コンロンカ　P162

コバンソウ　P159

シロタエギク　P169

ジョウロウホトトギス　P233

シュンギク　P43

シュテルンベルギア　P169

ジャケツイバラ　P168

スミシアンタ　P179

スパラクシス　P179

スグリ　P176

スカシユリ　P72

シロモジ　P154

センリョウ　P183

ゼンテイカ　P226

セイヨウカタクリ　P125

セイタカアワダチソウ　P80

スモークツリー　P180

ツワブキ　P190

ツルウメモドキ　P189

チューリップ　P60

ダンコウバイ　P154

タガラシ　P144

ニンドウ　P172

ナツエビネ　P110

トロロアオイ　P196

トビシマカンゾウ　P226

テンダイウヤク　P154

ハボタン　P206

ハナワギク　P45

ハナビシソウ　P205

パキスタキス　P203

ノカンゾウ　P226

ヒマワリ　P68

ビデンス‘イエローキューピッド’ P207

ヒオウギ　P207

ハルシャギク　P162

ハマカンゾウ　P226

ヒメユリ　P73

ヒメヒマワリ　P70

ヒメノコギリソウ　P201

ヒメカンゾウ　P226

ヒメガマ　P126

フシグロセンノウ　P247

フサゲイトウ‘ドリアンイエロー’ P155

フサアカシア　P78

フクジュソウ　P213

ヒョウタンボク　P172

ベニバナ　P223

フレンチ・マリーゴールド P235

ブルビネラ　P219

プリムラ・ポリアンタ　P217

フリティラリア　P218

マツバボタン　P231

ホソバノキリンソウ　P181

ヘレボルス・リウィドゥス P228

ヘレボルス・フォエティドゥス P228

ヘリクリスム　P227

ミヤマキンポウゲ　P144

ミヤマキンバイ　P145

マリーゴールド　P235

マユハケオモト　P235

マツヨイグサ　P234

メランポディウム‘メダイヨン’ P241

メマツヨイグサ　P234

メグスリノキ　P124

ムレスズメ　P240

ミョウガ　P239

ユウスゲ　P226

ヤリゲイトウ‘金峯’　P155

ヤブカンゾウ　P226

ヤナギバヒマワリ‘ゴールデン・ピラミッド’　P70

モッコウバラ　P65

リクニス・コロナタ　P247

リカステ‘アロマティカ’　P76

ランタナ　P246
●●●○

ラティビダ　P245

ラッパバナ　P245
○

ルピヌス　P252
●●●○

ルドベッキア　P251

リュウキンカ　P249

リムナンテス　P249

リナリア　P246
●●●○

アガパンツス・プラエコクス・オリエンタリス ○　P79

青・紫色系

球根ベゴニア ●●●●●○
‘ローズフォームド・カーネーション’　P224

アゲラツム　P80
○

アケボノフウロ　P214

アケビ　P79
●○

アグロステンマ　P79
●●

アキノタムラソウ　P53

アネモネ・コロナリア　P88
○●●

アニソドンテア・カペンシス‘サンレモ・クイーン’　P88

アスペルラ・オリエンタリス　P86
○●

アサツキ　P80

アサガオ　P34
○●●●

アンクサ‘ロドン・ローヤリスト’　P93
○

アリッサム　P92

アリウム・ギガンテウム　P92
○●●●

アリアケスミレ　P56
○

アヤメ　P30
○

イチハツ　P31
○

イソトマ　P96
○●

イクシオリリオン・パラシー　P96
○

イガアザミ　P81

アンゲロニア　P95
●○

イワギボウシ　P140
○

イワギキョウ　P136

イロハモミジ　P123

イブキジャコウソウ　P187

イトシャジン　P136

エキノプス　P106

エキナケア　P106
○

エオニウム　P104
○●●

イワブクロ　P230
○

イワタバコ　P98
○●●

エヒメアヤメ　P31
○

エゾミソハギ　P238

エゾノハナシノブ　P204

エゾアジサイ　P39

エクサクム　P106
○

オキナグサ　P115

オオムラサキツユクサ　P193

エリンギウム　P113
○●

エリゲロン・シリニティ　P113
○●

エボルブルス　P109

オヤマリンドウ　P250

オトメギボウシ　P140

オトメギキョウ　P136

オダマキ　P118
○

オクトリカブト　P194

カタクリ　P125

カザグルマ　P150
○

ガクアジサイ　P38
○～●

カキツバタ　P31
○

ガーデンサルビア　P54

カンザキアヤメ　P32

カリオプテリス　P131

カラミンタ・ネペタ　P131

カマヤマショウブ　P32

カッコウチョロギ　P177

クサキョウチクトウ　P221

キンバラリア　P144

キクザキイチゲ　P89

キキョウ　P139

キオノドクサ　P139

クロユリ　P218

クロッカス　P152

クロタネソウ　P152

グロクシニア　P149

クサボタン　P150

コガネバナ　P175

ゲンノショウコ　P215

ケロネ　P157

グンナイフウロ　P215

クワガタソウ　P100

コマツナギ　P161

コバノタツナミソウ　P175

コバギボウシ　P141

コダチヤハズカズラ　P190

コスミレ　P57

サワヒヨドリ　P105

サワギキョウ　P253

サフラン　P152

コンフリー　P161

コンギク　P83

シナワスレナグサ　P166

シチダンカ　P40

シコンノボタン　P166

シキンカラマツ　P130

シオン　P83

スイートピー　P172
○●●●●

シラン　P169
○

ジュウニヒトエ　P168
○

シャジクソウ　P195

シャガ　P33
○

スミレサイシン　P57

ストーケシア‘江戸紫’
●●●　P177

スキラ・ペルーウィアナ
P174

スキラ・ノン-スプリクタ
●○　P174

スキラ・チュベルゲニアナ
P174

タイワンホトトギス　P233

ソラヌム・ヴェンドランディー
（パラダイス・フラワー）　P184

ソライロサルビア　P55

セントポーリア・ケシフロ
●●●　P181

セイヨウニンジンボク　P180
○

タマアジサイ　P40

タツナミソウ　P175

タチツボスミレ　P57

タチギボウシ　P141

タカネグンナイフウロ　P215

ツノナス　P184

ツクシカラマツ　P130

チャボリンドウ　P250

チシマフウロ　P215

チシマギキョウ　P136

ツルニチニチソウ　P190

ツリフネソウ　P99

ツリガネニンジン　P189
○

ツユクサ　P189

ツボスミレ　P58

トリカブト　P194
●

トラデスカンティア・シラモンタナ
P193

ドゥランタ　P193
○●

トウテイラン　P100

デルフィニウム　P191
●●●○

ニオイバンマツリ　P221
○

ニオイタチツボスミレ　P58

ニエレンベルギア・ヒッポマニカ・ウィオラケア P197

ナミキソウ　P175

ナガバノスミレサイシン　P58

ノアザミ　P81
○

ネメシア　P200
●●○

ネバリノギク　P84
●○

ネオレゲリア・カロライナエ 'トリコロル'　P198

ニシキスミレ　P59

バーベナ・ハスタタ　P202
○

バーベナ・カナデンシス P202

ノハラアザミ　P81

ノコンギク　P83

ノゲイトウ　P155

ハナショウブ　P33
○

ハナシノブ　P204

ハガクレツリフネ　P99

バーベナ・ボナリエンシス P202
●

バーベナ・ヒブリダ　P202

ハルリンドウ　P250

ハマアザミ　P82

バビアナ・ルブロキアネア P205
●●○

ハナトラノオ　P205
●○

ハナズオウ　P204

ヒオウギアヤメ　P33
○●

ヒアシンス　P207
●●○●●

バンマツリ　P221

バンダ　P76
●

ハンショウヅル　P150

フジアザミ　P82

ファケリア・カンパヌラリア P211

ヒメノボタン　P210
●

ヒメシャガ　P33
○

ビオラ　P59

ブラックベリー　P138

フデリンドウ　P250

ブッドレア　P213

フジモドキ　P171

フジバカマ　P105

ブルーファンフラワー　P219

ブルーサルビア　P55

ブルーキャッツアイ　P219

ブルー・デージー　P219

プリムラ・ジュリアエ　P217

ペピーノ　P185

プロワリア　P222

ブローディアエア　P222

プルンバゴ　P220

プルモナリア　P220

ホテイアオイ　P230

ホタルブクロ　P136

ホザキノトケイソウ　P192

ベンガルヤハズカズラ　P190

ヘリオトロープ　P227

ミヤコワスレ　P238

ミソハギ　P238

ミズギボウシ　P141

マツバギク　P235

ホトトギス　P232

ムラサキカタバミ　P116

ムスカリ・ボトリオイデス
P239

ムスカリ・アルメニアクム
P239

ミョウジンスミレ　P59

ミヤマオダマキ　P118

ヤグルマギク　P243

メコノプシス・グランディス
P240

ムラサキハナナ　P239

ムラサキツユクサ　P193

ムラサキツメクサ　P195

ヨツバヒヨドリ　P105

ユウゼンギク　P84

ヤマホトトギス　P233

ヤマトリカブト　P194

ヤツシロソウ　P137

リビングストーン・デージー　P247

リクニス・コロナリア　P247

リアトリス　P246

ラミウム　P246

ラベンダー　P245

ルリイロツルナス　P185

リンドウザキカンパヌラ　P137

リンドウ　P250

リュウキュウエビネ　P110

リモニウム・シヌアツム　‘ミッドナイト・ブルー’　P249

ロスマリヌス　P253

レイジンソウ　P194

ルリヤナギ　P185

ルリチョウソウ　P253

ルリジサ　P252

白色系 ←

根茎性ベゴニア　‘ツムギシボリ’　P225

ワックスフラワー　P254

ワスレナグサ　P254

アネモネ・ネモロサ　P88

アナキクルス・デプレッスス　P87

アセビ　P86

アズマイチゲ　P89

アキグミ　P146

アメリカノリノキ　P39

アメリカイワナンテン　P91

アマゾンユリ　P91

アベリア・グランディフロラ　P90

アネモネ・ブランダ　P88

イチゴノキ　P97

イチゴ　P96

イズノシマダイモンジソウ　P244

アワモリショウマ　P85

アルブカ‘フミリス’　P93

イワヒゲ　P98

イワガラミ　P97

イベリス・センペルウィレンス　P97

イベリス・オドラタ　P97

イチリンソウ　P89

ウツギ　P104

ウチワノキ　P102

ウスユキソウ　P102

ウェロニカ・ロンギフォリア‘アルバ’　P100

インドハマユウ　P148

オウトウ‘佐藤錦’　P114

エビネ　P110

エゴノキ　P108

エーデルワイス　P102

ウワミズザクラ　P48

オトコエシ　P119

オクシペタルム・カエルレウム‘ブルースター’　P115

オカトラノオ　P115

オオデマリ　P115

オオシマザクラ　P49

ガーデニア　P120

オルニトガルム・ウンベラツム　P120

オリヅルラン　P119

オリーブ　P119

オランダカイウ　P165

カスミソウ　P125

カシワバアジサイ　P40

カジイチゴ　P138

ガクウツギ　P39

ガウラ　P122

カラタチ　P129

カラスウリ　P129

カミツレ　P129

ガマズミ　P127

カナウツギ　P159

キーウィフルーツ　P139

カンボク　P127

カロコルツス・ウェヌスツス・オーレウス　P135

ガルトニア　P131

カラマツソウ　P130

ギンパイソウ　P197

ギンバイカ　P143

キダチチョウセンアサガオ　P187

キカラスウリ　P129

キイチゴ　P138

ゲンジスミレ　P57

グリーンネックレス　P147

クラッスラ・ポルツラケア　P147

クジャクアスター　P83

ギンロバイ　P145

コハマギク　P44

コデマリ　P167

コゴメウツギ　P159

コケモモ　P158

コアジサイ　P40

サンゴジュ　P128

サギソウ　P163

ザイフリボク　P162

ゴモジュ　P128

ゴマギ　P160

シマホタルブクロ　P136

シジミバナ　P167

シウリザクラ　P49

サンリンソウ　P89

サンユウカ　P165

シロバナエニシダ　P109

シロツメクサ　P195

シルバーセージ　P55

シャリンバイ　P168

シャスター・デージー　P43

シロヤマブキ　P170

シロバナヨウシュチョウセンアサガオ　P187

シロバナムシヨケギク　P45

シロバナマンジュシャゲ　P248

シロバナブラシノキ　P133

スズランノキ　P175

スズラン、ドイツスズラン　P174

スイフヨウ　P208

ズイナ　P173

スイセン　P173

ズミ　P236

スパティフィルム　P179

スノーフレーク　P179

スノードロップ　P178

スダチ　P177

センニンソウ　P150

セツブンソウ　P180

セイヨウヒルガオ　P180

セイヨウバクチノキ　P50

セイヨウアジサイ　P40

タチジャコウソウ　P187

タカネザクラ　P50

タカサゴユリ　P73

ダイモンジソウ　P244

ダイオウグミ　P146

ツキミソウ　P234

チョウセンアサガオ　P187

チョウジガマズミ　P128

チャービル　P188

タマスダレ　P182

テッポウユリ　P73

テッセン　P150

テイカカズラ　P191

ツルハナナス　P184

ツルアジサイ　P41

トウグミ　P146

デンドロビウム　P76

デンドロキルム‘コビアナム’　P75

テリハノイバラ　P65

テマリカンボク　P128

ナツツバキ　P197

ナツシロギク　P45

ナツグミ　P146

ナガボノシロワレモコウ　P255

トクダマ　P141

ニワザクラ　P51

ニリンソウ　P89

ニコティアナ　P198

ナワシログミ　P146

ナニワイバラ　P65

ハクウンボク　P108

ノリウツギ　P41

ノコギリソウ　P201

ノイバラ　P65

ネジキ　P199

ハナヒョウタンボク　P172

ハナカンザシ　P228

ハクチョウゲ　P203

ハクサンボク　P128

ハクサンイチゲ　P89

ハンカチノキ　P206

ハリエンジュ　P206

ハヤチネウスユキソウ　P102

ハマユウ　P148

ハマギク　P44

ヒビスクス・アーノッティアヌス P208

ヒトリシズカ P183

ヒトツバタゴ P207

ヒトツバショウマ P85

ヒゴスミレ P59

ヒヨドリジョウゴ P184

ヒメノカリス・スペキオサ P210

ヒメシャラ P197

ヒメコザクラ P216

ヒメウツギ P104

ブヴァルディア・ロンギフロラ 211

ファレノプシス P76

ピレア P211

ヒルザキツキミソウ P234

ヒヨドリバナ P105

フユザクラ P51

フモトスミレ P59

フブキバナ P213

フタリシズカ P183

フウラン P212

ヘレボルス・ニゲル P228

ヘーベ P222

プルメリア P220

フリージア P218

フランスギク P46

マドンナ・リリー P73

マッソニア P231

マーガレット P46

ボタンヅル P150

ペンステモン・ディギタリス P230

ミネウスユキソウ P102

ミズバショウ P237

マルバシモツケ P167

マルバウツギ P104

マメザクラ P52

ヤブデマリ　P128

ヤクシマショウマ　P85

モモバギキョウ　P137

モウズイカ　P242

ミムルス　P238

ユキノシタ　P244

ユウガオ　P243

ヤマユリ　P71

ヤマザクラ　P52

ヤマアジサイ　P41

リョクガクザクラ　P52

リュウノウギク　P46

ラズベリー　P138

ヨルガオ　P244

ユキヤナギ　P167

木立性ベゴニア‘ミセス・ハシモト’　P224

ロブラリア　P254

レースフラワー　P252

ルコウソウ　P251

アナナス‘ウァリエガツス’　P87

アストランティア・マヨル　P86

アカンツス　P79

複色・その他

オシロイバナ　P117

オオミノトケイソウ　P192

エピデンドルム　P75

エウコミス・コモサ　P104

アフリカホウセンカ‘ジグザグ・スカーレット’　P99

カルセオラリア　P131

カモメラン　P75

カトレヤ　P74

オランダワレモコウ　P255

オドントグロッスム‘クレオプライド’　P75

ゲンペイクサギ　P151

ゲットウ　P157

クマガイソウ　P145

クサギ　P151

カルミア・ラティフォリア‘レッド・クラウン’　P134

シバザクラ　P221

シネラリア　P168

ジゴペタルム　P75

コエビソウ　P158

コウゾ　P157

セキチク　P186

ストレリチア　P178

スキザンツス　P174

シンビディウム‘グリーンタワー’　P75

シュンラン　P169

ネグンドカエデ　P123

トレニア　P196

トルコギキョウ　P196

ツンベルギア・マイソレンシス　P190

ツルスミレ　P58

パンジー　P59

パフィオペディルム　P76

バーベナ・リギタ　P202

ネモフィラ　P200

ネペンテス・ウェントリコサ×マクシム　P199

ヘリコニア・ビハイ　P227

ペツニア（ペチュニア）　P222

ブラッシア　P76

フェイジョア　P212

ヒラナス　P185

ワタチョロギ　P177

ヤマジノホトトギス　P233

ヤマコウバシ　P154

マルバルコウ　P251

ホホベニエニシダ　P109

実の形もくじ

※本文掲載の写真を基準に、編集部で実の形を丸形、楕円形、集合果の3つに分け、花色もくじと同じ、赤・紅色系→黄・橙色系→青・紫色系→白色系→複色の順番に並べてあります。
なお、各色の系統内では50音順の並びになっています。

丸形

実の形が円形のもの ←

楕円形

実の形が縦長のもの ←

集合果

実が複数集まっているもの ←

アリアケスミレ

ヒマワリ'サンゴールド'

バラ'ブルー・ムーン'

ナニワイバラ

チューリップの花壇

身近な花・人気の花 特徴と育て方

カマヤマショウブ

アイリスの仲間

アイリスの仲間は北半球の温帯を中心に250種が分布しているといわれ、日本にはアヤメなど6～7種が自生しています。

美しい女性の代名詞に使われる

アヤメ〈代表種〉

紫色の花のほかに白色の花もある

アヤメの栽培カレンダー

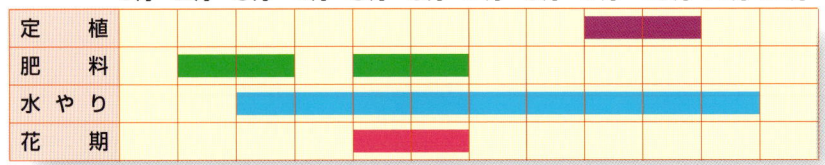

	1月	2月	3月	4月	5月	6月	7月	8月	9月	10月	11月	12月
定植									●	●		
肥料		●	●		●	●						
水やり			●	●	●	●	●	●	●	●	●	●
花期					●	●						

紫色の花が2つずつ咲く

茎の先に紫色の花が2つずつ咲きます。花期は5月が多く、草丈が低いサンズン（3寸）アヤメやゴスン（5寸）アヤメなどがあります。葉は細長い剣のような線形で幅1cm、長さ50cm、上の方の3分の1くらいは垂れ下がりぎみになります。

育て方

花後に株分け

花後の9～10月に、株分けして殖やします。株分けは2年に1度くらいを目安にし、根茎を切り分け、葉を3分の1くらい切りつめ、根茎の背が少し出るくらいに浅植えにします。

花色	○●
別名	ハナアヤメ
花ことば	よい便り
高さ	30～50cm
花径	約6cm
花期	5～6月
生育場所	沖縄を除く日本全国
購入	葉に傷がなくつぼみの多いものを

DATA 漢字名：菖蒲　科・属名：アヤメ科アイリス属　分類：多年草　性質：半耐寒性　生育環境：日当たり、水はけ良　殖やし方：株分け

可憐な花を咲かせる エヒメアヤメ

花茎が短く葉より低く咲く

花　色	○●
別　名	タレユエソウ
花ことば	元気
高　さ	15〜30cm
花　径	5〜6cm
花　期	4月下旬〜5月
生育場所	本州中部地方以南、九州

漢字名：愛媛菖蒲　分類：多年草
性質：半耐寒性
生育環境：水はけ良の砂地
殖やし方：株分け

花弁の中央は黄白色

別名はだれのために可憐な花を咲かせるのか、という意味。花茎は葉より短く、高さ5〜15cmで枝分かれせず、先に花が1つつきます。花弁は卵形で水平に開き、中心は黄白色になります。

大風を防ぐという迷信があった イチハツ

アヤメと同様白色の花もある

花　色	●○
別　名	コヤスグサ
花ことば	未来
高　さ	30〜50cm
花　径	5〜6cm
花　期	4月下旬
生育場所	沖縄を除く日本全国

漢字名：一八　分類：多年草
性質：半耐寒性
生育環境：半日陰の乾燥地
殖やし方：株分け

花弁はほぼ円形

大風を防ぐとの迷信があり、ワラ屋根に植えられていたこともあります。花弁はほぼ円形で、ふちがやや縮れています。この仲間では1番早く花が開くことから、この名がついたといいます。

【アヤメとカキツバタの見分け方】

〈アヤメ〉
外側の花びらにあみ目の模様がある。葉に脈がほとんどない。

〈カキツバタ〉
内側の花びらが長い。外側の花びらの基部に白い線がある。

水辺に咲くカキツバタ

カキツバタ 業平の歌を想わせる

花弁に白い線がある

美男で有名な在原業平に「からころも着つつなれにし妻しあればはるばる来ぬる旅をしぞ思ふ」と、かきつばたの5文字をちりばめた歌があります。花はふつう紫色で大きく、花径は約12cmになり、花弁の基部から中央にかけて白い線があります。

花　色	○●
別　名	カオバナ、カオヨグサ
花ことば	美人
高　さ	50〜70cm
花　径	12cm
花　期	5月
生育場所	本州中部地方以北

漢字名：杜若　分類：多年草
性質：半耐寒性
生育環境：日当たり、水湿地
殖やし方：株分け

紫の花弁に白線が入る

カンザキアヤメ

茎はほとんどない

▲花の位置が低く葉の間に開花する

花色	●●○
花ことば	愛想がよい
高さ	30～50cm
花径	約8cm
花期	10～3月
生育場所	沖縄を除く日本全国

漢字名：寒咲菖蒲　分類：多年草
性質：耐寒性
生育環境：日当たり、水はけ良
殖やし方：株分け

花弁は反り返る

茎はほとんどなく、地ぎわから長さ15cmくらいの花筒が葉の間につきます。花弁は卵形で先が反り返り、基部は白地に藤色と黄色が入ります。

▼花色が濃く切り花によく利用される

韓国の「釜山」を訓読した

カマヤマショウブ

花色	●
花ことば	永遠の愛
高さ	30～50cm
花径	5～6cm
花期	5月
生育場所	沖縄を除く日本全国

分類：多年草
性質：半耐寒性
生育環境：日当たり、水はけ良
殖やし方：株分け

アヤメに似ている

葉の上の3分の1くらいが外側に垂れ下がります。茎は葉と同じくらいの長さで、先端に濃紫色の花がつきます。一見してアヤメに似ています。カマヤマの名は、韓国の釜山を訓読したともいわれます。この草が同地から渡って来た、との説もあります。

花が大きく美しいのが特徴

ジャーマン・アイリス

大輪の花が咲く

花色	●●●○○●●など
花ことば	うわきな愛
高さ	50～70cm
花径	20cm以上
花期	5月
生育場所	日本全国

分類：多年草
性質：耐寒性
生育環境：水はけ良
殖やし方：株分け

花弁の先がレース状になる

花は大輪で、1つの花茎に8つくらいつき、花色も豊富です。花弁の先がレース状や波状になり美しく、現在でもさらに改良が続けられています。基本的には、高さ70cm以上の高性野生種や雑種を交配してできた園芸品種です。

ヨーロッパ原産の1日花

キショウブ

花色	○
花ことば	一筋の愛
高さ	50cm～1m
花径	約8cm
花期	5～6月
生育場所	日本全国

漢字名：黄菖蒲　分類：多年草
性質：耐寒性
生育環境：水湿地、乾燥地
殖やし方：株分け

1日花が次つぎに咲く

明治時代に渡来し、全国の湿地に野生化しています。茎は3つに分かれます。1日花ですが、8花以上が次つぎに咲きます。葉に斑が入る品種もあります。

花の黄色は品種によって濃淡がある

ハナショウブ
花はアヤメ科の中で最も大きい

花は優美な大輪が楽しめる

花色	●○
花ことば	華やかな人
高さ	40cm～1m
花径	約10cm以上
花期	6～7月
生育場所	日本全国

漢字名：花菖蒲　分類：多年草
性質：半耐寒性
生育環境：湿地
殖やし方：株分け

独得な園芸品種群がある

江戸時代から改良が進み、各地に独特な園芸品種群ができています。江戸系…湿地を好み群生美を楽しむために改良されました。肥後系…鉢植え用に改良されたもので、1鉢でも十分観賞できます。ほかに伊勢系があります。

シャガ
小輪の1日花が数多くつく

1茎に多くの花がつく

花色	○●
別名	胡蝶花
花ことば	清らかな愛
高さ	30～70cm
花径	約5cm
花期	4月
生育場所	日本全国

漢字名：射干　分類：多年草
性質：半耐寒性
生育環境：半日陰
殖やし方：株分け

1日花が次つぎにつく

葉は、剣のような形で光沢があり常緑。茎は30～70cmで8本くらいに枝分かれし、各枝に径約5cmの1日花が次つぎに数多くつきます。花色は白。中央は橙色で、紫斑が入ります。

ヒメシャガ
花も小さく愛らしい

山地の岩石地などに群生する

花色	●○
花ことば	きまぐれな愛
高さ	20～30cm
花径	3～5cm
花期	5月
生育場所	本州以西

漢字名：姫射干　分類：多年草
性質：半耐寒性
生育環境：半日陰
殖やし方：株分け

仲間の中では全体に小形

アヤメの仲間の中では全体に小形で、花も小さくなっています。花弁は淡紫色ですが、中央部は白色で、紫の脈と黄色い斑点があります。2～3枝に分かれます。

ヒオウギアヤメ
産地により変種や変異がある

1茎に3～7花つき、白花もある

花色	●○●
花ことば	空想
高さ	30～70cm
花径	約8cm
花期	5月
生育場所	本州中部地方以北、北海道

漢字名：桧扇菖蒲　分類：多年草
性質：耐寒性
生育環境：水湿地
殖やし方：株分け

3～7花が1茎につく

花は3～7花が1茎につき、淡紫から濃紫で、ごく小さいものや、白色や桃色の品種などもあります。茎は高さ30～70cmで、2～3枝に分かれます。

アサガオの仲間

夏の朝を彩る日本の代表花で、多種多様の品種があります。

花　　色	○●●●●
花ことば	はかない恋
高　　さ	つる性
花　　径	7〜25cm
花　　期	7〜10月
生育場所	日本全国
購　　入	葉がよく茂り花の形や色がわかるものを

大輪咲きで迫力満点の'富士の紫'

アサガオは鉢植えのあんどん仕立てが一般的
ソライロアサガオ‘ヘブンリー・ブルー’

花が何重にも重なる八重咲きの‘吹雪筒’

花の中心部が台のようになる
台咲き種

アサガオの栽培カレンダー

	1月	2月	3月	4月	5月	6月	7月	8月	9月	10月	11月	12月
種子まき					■							
鉢あげ					■	■						
定植						■						
種子採取											■	
肥料					■	■	■ 液体肥料を月3～4回					
水やり					■	■	■	■	■	■	鉢植え	
花期							■	■	■	■		

多種多様の品種を誇り、爽やかで美しい

奈良時代に遣唐使が薬用植物として持ち帰ったが、その後は観賞用として改良され、日本で独自の発達を遂げた園芸品種です。夏の風物詩として有名。

大きさ、咲き方で4つに分けられ、巨大輪系、中輪系、変化咲き系、つるなし系があり、一般的に多く見られるのが中輪系です。

育て方 あんどん仕立てで育てる

庭植えにして長くつるを伸ばす仕立て方もありますが、最も多いのは鉢植えにしてあんどんを立てて、つるをからませる仕立て方です。花芽がついたら忘れずに追肥を与えます。あんどん仕立てはつるがよく伸びて周囲のものに巻きつくので注意しましょう。

アサガオのあんどん仕立て

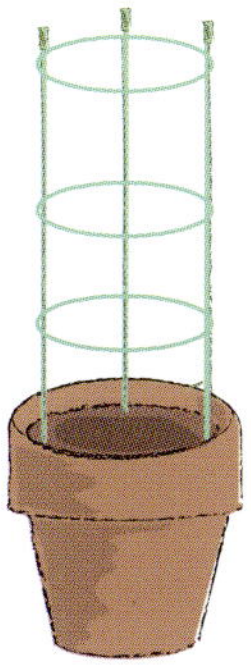

あんどんは高さ50～60cmのものを用意(園芸店で購入)します。

あんどんを鉢の内側の底まで深くさし、上部を針金で3カ所、輪にして固定します。

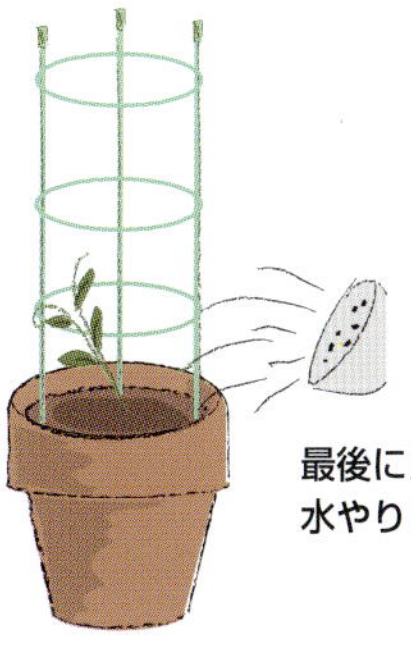

最後にたっぷり水やりします。

伸びたつるを放置するとからんでしまうので、子づるをあんどんに誘引してからませます。

DATA 漢字名：朝顔　科・属名：ヒルガオ科アサガオ属　分類：1年草　性質：非耐寒性　生育環境：日当たり　殖やし方：実生

花茎が15～25cmもあり、
あんどん仕立てや垣根作り、花壇に向く品種

大輪咲き

桃色の中に刷毛目の模様が入る大輪咲き

紫のアサガオでごく一般的な形をしている

西洋アサガオ‘スカーレットオハラ’花の中心にもつぼみのような花がある

中輪咲きのアサガオ　淡い紫色の模様が上品

中輪咲きの‘アーリーコール’つるをフェンスに誘引　ピンク色が鮮やか

中輪咲き

一般的に多く育てられている品種で鉢作り、
ハンギング作り、垣根作りと楽しみが多い

変化咲き

変わり咲きのアサガオは江戸時代から楽しまれている。
桔梗咲き、獅子牡丹咲き、車咲き、台咲きなど変化のある咲き方をする。

変化咲きの一種で大輪にもなる‘富士の紅’

台咲きのアサガオ‘舞姿’白に紫の斑が美しい

台咲きに近い咲き方をする車咲きのアサガオ‘松島’

獅子牡丹咲き　牡丹のような丸みが特徴

アサガオの1日

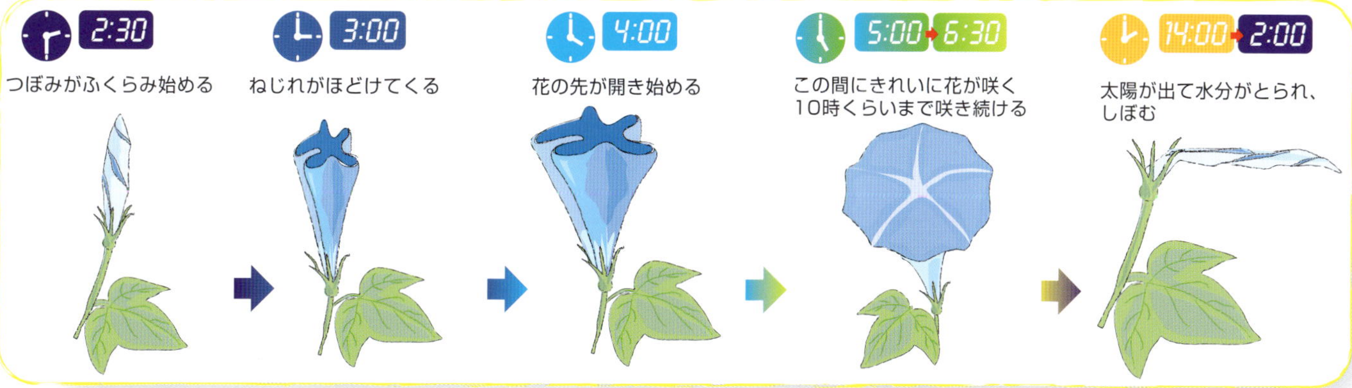
2:30
つぼみがふくらみ始める
3:00
ねじれがほどけてくる
4:00
花の先が開き始める
5:00 6:30
この間にきれいに花が咲く
10時くらいまで咲き続ける
14:00 2:00
太陽が出て水分がとられ、
しぼむ

雨に似合う大きな花房

ガクアジサイ〈代表種〉

アジサイの仲間

アジサイの花は外側に花びら状につく装飾花と、内側につく小さい両性花で成り立っています。目立つのは装飾花です。

両生花の周りを装飾花の萼片が囲む

花　色	○～●
別　名	ガクバナ、ガクソウ
花ことば	耐える愛
高　さ	2～3m
花　径	10～20cm（花穂）
花　期	6～7月
生育場所	東北地方以南
購　入	鉢植えは品種のわかるものを

両生花と装飾花で成立

株立ちで、葉は質が厚く、表面に光沢があります。枝先にまとまってつく花は直径10～20cm。装飾花の萼片（がくへん）と両生花で成立しています。

育て方

植え穴は大きめに掘る

植えつけや移植は9～11月上旬です。植え穴を大きめに掘り、腐葉土などの有機質を多めにすき込み、肥沃な湿潤地にしておきます。挿し木は、春挿しと秋挿しができます。

ガクアジサイの栽培カレンダー

	1月	2月	3月	4月	5月	6月	7月	8月	9月	10月	11月	12月
定植			■	■	■	■						
肥料						■	■					
水やり			■	■	■	■	■	■	■	■		
花期						■	■					

DATA　漢字名：額紫陽花　科・属名：ユキノシタ科アジサイ属　分類：落葉低木　性質：半耐寒性　生育環境：湿地　殖やし方：挿し木

アメリカノリノキ
花全体が装飾花からなる

白い花がこんもりとつく

花色は白

北アメリカの東部～南部に分布する、高さ1～3mの落葉低木。昭和初期に日本に入ってきたといわれますが、あまり普及していません。

アマチャ（甘茶）
装飾花が美しい

葉が甘茶になる

葉を乾燥させて甘茶にする

別名コアマチャ。葉を乾燥させ、発酵させたものを煎じると甘茶ができます。分布は本州関東～中部地方に限定されます。高さ1～2mの落葉低木。母種はヤマアジサイ。花期は6～7月。装飾花の萼片は紫色～紅色をおびます。

ガクウツギ（額空木）
葉には光沢がある

白色の装飾花が花房を囲む

装飾花は白か帯淡黄色

別名コンテリギ。本州関東地方以西、四国、九州に分布する高さ1～1.5mの落葉低木。花期は5～6月。枝先につく花は径7～10cm。装飾花は白または淡黄色をおび、径2.5～3cmです。

エゾアジサイ（蝦夷紫陽花）
江戸時代に栽培されていた

青色が強い

装飾花は青～淡青色

別名ムツアジサイ。北海道から本州の日本海側と九州の山地に自生している落葉低木。花期は6～7月。枝先に径10～17cmでまとまってつきます。装飾花は青～淡青色、径3～4cmあります。やや大形で、高さ2m以上になります。

コアジサイ（小紫陽花）

株になって咲く姿が美しい

花は装飾花がなく、すべて両性花

花は枝先にまとまる

別名シバアジサイ。名前のとおり小柄。本州関東地方以西と四国、九州に分布。花は径5mmで、枝先にまとまってつきます。花はすべて両性花で、白～淡青色です。花期は6～7月。

カシワバアジサイ（柏葉紫陽花）

比較的歴史は短い

白い花が枝先にまとまってつく

装飾花も両生花も白

北アメリカ東南部原産で、高さ1～2mの低木。花は円錐状につき長さ15～25cmで、装飾花も両生花も白色になり、八重咲き種もあります。花期は6～7月。

タマアジサイ（玉紫陽花）

花は初めは球形

両性花は紫で装飾花は白色

寒地性の落葉低木

宮城県南部～新潟県付近まで分布する、やや寒地性の落葉低木。高さは1～2m。花色は白～淡紫。花期は7～9月、枝先に径10～15cmにまとまります。

シチダンカ

江戸時代から栽培されている

萼片が重なり合う

萼片（がくへん）が重弁花

全国に広く分布するヤマアジサイの、変種のひとつ。江戸時代からすでに栽培されていたといわれます。花期は6～7月。装飾花の萼片が重っているのが特徴。枝先につく花は、淡紅色です。

ハイドランジア・アルボレスケンス 'アナベル'

セイヨウアジサイ（西洋紫陽花）

日本へ里帰りしたアジサイ

花色は豊富

別名ハイドランジア。日本産のアジサイがヨーロッパへ渡り、改良されて里帰りした品種群。小形で鉢植えにされることが多いのですが、花は一般に日本産より大きく花色は豊富。華やかな園芸品種が多くあります。

ノリウツギ（糊空木）

粘液を和紙ののりに用いた

花は円錐状にまとまってつく

花房は円錐状

別名ノリノキ、サビタ。全国の山地の日当たりなどに分布する高さ2～5mの落葉低～小高木。枝先に長さ8～30cmの花房が、円錐状につきます。花期は7～9月。

ツルアジサイ（蔓紫陽花）

立っている物を這い上がる

つるで樹木などを這い上がる

装飾花は白

別名ゴトウヅル。全国に分布し、山地の林内に生育しているつる性の落葉樹。立っている物を這い上がり、10～20mにもなります。花期は6～7月で、枝先に径10～18cmの花房をつくり、装飾花は白色です。

ヤマアジサイ（山紫陽花）

全体に小作り

装飾花は白から変化していく

クレナイヤマアジサイ

花色が変化する

別名サワアジサイ。全国に分布する落葉低木で株立ちになり、高さは1～2m。花期は6～7月。萼片は花弁状で3～5個。白～淡青～淡紅になります。

ベニガク（紅額）

葉の両面に毛がある

装飾花は紅で両性花は白

装飾花にはギザギザがある

ヤマアジサイの園芸品種。株立ちになり、高さ2mくらいになります。古くから観賞用に栽培されました。花弁状の萼片からなる装飾花は紅色で、ガクアジサイに似ており、ふちには荒いギザギザ（鋸歯）があります。花期は7月ごろ。

キクの仲間

キクの仲間（キク科キク属）は種類によって花期や性質が微妙に違います。それぞれを詳しく解説しました。

アカバナムショケギク

中心は黄で舌状花は赤

観賞用や駆虫剤にもなる

花は観賞用に栽培され、駆虫剤にもなります。一般のキクが秋咲きになるのに比べて、早期に咲きます。葉は不ぞろいに分かれます。

育て方

越冬はフレーム内で

秋まきで翌年花を咲かせるために、越冬はフレーム内などで管理します。発芽したら発育が良い苗を5～6㎝の長さに切りとり、下葉を1～2枚とって挿し穂にします。

花色	●
別名	ペルシアジョチュウギク
花ことば	1人になりたい
高さ	50～60㎝
花径	4～7㎝
花期	5～7月
生育場所	日本全国
購入	花やつぼみのバランスが良いものを

アカバナムショケギクの栽培カレンダー

	1月	2月	3月	4月	5月	6月	7月	8月	9月	10月	11月	12月
挿し芽				●	●							
肥料				●	●	●	●	●	●			
水やり				●	●	●	●	●	●	●		
花期					●	●	●					

DATA 漢字名：赤花虫除菊　科・属名：キク科キク属　分類：多年草
性質：耐寒性　生育環境：日当たり　殖やし方：実生、挿し芽

茎の先に花がつく

筒状花も舌状花も黄色

アブラギク

キクの原種のひとつ

薬用として渡来

九州などの暖地では、古くから栽培されていました。葉は長さ3～5㎝、幅3～4㎝の羽状で、中裂します。茎の先につく花は筒状花、舌状花ともに黄色になります。

育て方

庭植えは水はけが良い場所へ

一般のキクと同じように育てます。4～5月に挿し芽をして育苗し、7月上旬には定植します。

アブラギクの栽培カレンダー

	1月	2月	3月	4月	5月	6月	7月	8月	9月	10月	11月	12月
挿し芽				●	●							
定植							●					
肥料				●	●	●	●	●	●			
水やり				●	●	●	●	●	●	●		
花期										●	●	●

花色	○（黄）
別名	シマカンギク、ハマカンギク
花ことば	迷う愛
高さ	30～80㎝
花径	2～3㎝
花期	10～12月
生育場所	本州近畿地方以西
購入	葉に黄ばみのないものを

DATA 漢字名：油菊　分類：多年草　性質：耐寒性
生育環境：日当たり　殖やし方：挿し芽

キクの挿し芽

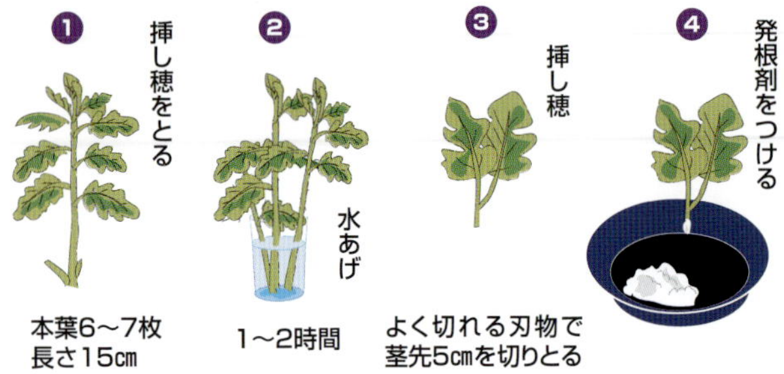

筒状花だけの小さな花がつく

イソギク
磯に生える小さなキク

花色 ○（黄）
花ことば 冷める愛
高さ 20〜40cm
花径 約5mm
花期 10〜12月
生育場所 本州千葉〜静岡県、伊豆諸島
購入 草形のバランスが良いものを

菊人形の着物に使われる

菊人形の着物に使われることがあります。茎先につく花は黄色い小さな花ですが、多花性で株をおおうようにつきます。茎は斜めに立ち上がり、上の方まで葉を密につけます。

育て方

挿し芽で育苗

4月ごろに挿し芽をして育苗し、7月上旬には定植して、開花まで育てます。元気が良い芽先を10cmくらい切りとり、下葉をとって5〜6cmの挿し穂をつくります。

イソギクの栽培カレンダー

	1月	2月	3月	4月	5月	6月	7月	8月	9月	10月	11月	12月
定植							■					
肥料					■	■	■	■	■			
水やり				■	■	■	■	■	■	■	■	
花期										■	■	

DATA 漢字名：磯菊 分類：多年草 性質：半耐寒性 生育環境：日当たり 殖やし方：挿し芽

舌状花が純白の交配種

シャスター・デージー
園芸品種が多い

花色 ○
花ことば 無意識な行動
高さ 20〜60cm
花径 5〜10cm
花期 2〜5月
生育場所 本州関東地方以北
購入 花はなくても健康な株を

交配を重ねた園芸品種

ピレネー産のフランスギクと日本のハマギクを交配してつくられ、その後さらに交雑が重ねられて、多くの園芸品種ができました。直立した茎の先に純白の大輪の花がつき、1株に20個前後の花が咲きます。

育て方

大株になると枯れやすい

種子まきの適期は4〜5月。本葉2〜3枚になったら育苗箱などに、株間を3〜4cmで移植します。本葉4〜5枚になる6月に、株間20〜30cmで植えつけます。

シャスター・デージーの栽培カレンダー

	1月	2月	3月	4月	5月	6月	7月	8月	9月	10月	11月	12月
種子まき				■	■							
植え広げ					■							
定植						■						
肥料						■						
水やり				■	■	■	■	■	■			
花期		■	■	■	■							

DATA 分類：多年草 性質：耐寒性 生育環境：日当たり 殖やし方：実生、株分け

開花した黄色い花

シュンギク
野菜と同じ種類

花色 ○（黄）
別名 ハナシュンギク、ハナゾノシュンギク
花ことば 欲張りな愛
高さ 60〜80cm
花径 3〜5cm
花期 7〜8月
生育場所 日本全国
購入 茎葉がしっかりしているものを

開花するまで育てる

独特の香りをもつ野菜として、多く利用されていますが、食用としては若芽を利用し、花が咲く前に収穫してしまいます。鑑賞用には、八重咲き種が好まれます。

育て方

芽が出かかったら、まく

種子は皮がかたいので、芽出しをしておきます。1晩水に浸すか湿らせた布で包み、3〜4日冷蔵庫に入れ、白い芽がでてからまきつけます。

シュンギクの栽培カレンダー

	1月	2月	3月	4月	5月	6月	7月	8月	9月	10月	11月	12月
種子まき									■			
定植										■		
肥料										■		
水やり	■	■	■	■	■	■	■	■	■	■	■	■
花期							■	■				

DATA 漢字名：春菊 分類：1年草 性質：耐寒性 生育環境：日当たり 殖やし方：実生

コハマギク

寒さに強い寒地性の海辺のキク

舌状花(ぜつじょうか)は白で筒状花は黄色

茎の先につく花は径5㎝。周りの舌状花は白色ですが、中心の筒状花は黄色です。

育て方

定植は7月に

秋咲き種で、花後に種子を採りまきにすることもできます。挿し芽は4～5月。育てた苗は7月に定植します。

花色	○
花ことば	そばにいて
高さ	10～50㎝
花径	約5㎝
花期	9～12月
生育場所	本州茨城県以北
購入	花粉がでていないものを

コハマギクの栽培カレンダー

	1月	2月	3月	4月	5月	6月	7月	8月	9月	10月	11月	12月
挿し芽				●	●							
定植							●					
肥料					●	●	●	●				
花期									●	●	●	●

DATA 漢字名：小浜菊　分類：多年草　性質：耐寒性
生育環境：日当たり　殖やし方：挿し芽、実生

花は淡紅色をおびることがある

白い舌状花が大きく美しい

ハマギク

花は大輪で人気が高い

江戸時代から園芸化

海岸の砂地などに育ちます。茎先につく花は大きく美しいので、古くから栽培されています。葉の表面には光沢があり、ふちには波状のギザギザ(鋸歯(きょし))があります。

育て方

毎年植え替える

鉢植えは、砂に赤玉土を2～3割混ぜた用土を使います。植え替えは毎年。適期は早春。細根を半分くらいに切りつめ、新しい根を出させて、株を維持します。

ハマギクの栽培カレンダー

	1月	2月	3月	4月	5月	6月	7月	8月	9月	10月	11月	12月
定植			●	●								
肥料				●								
水やり				●	●	●	●	●	●	●	●	
花期									●	●	●	

【コハマギクとハマギクの違い】

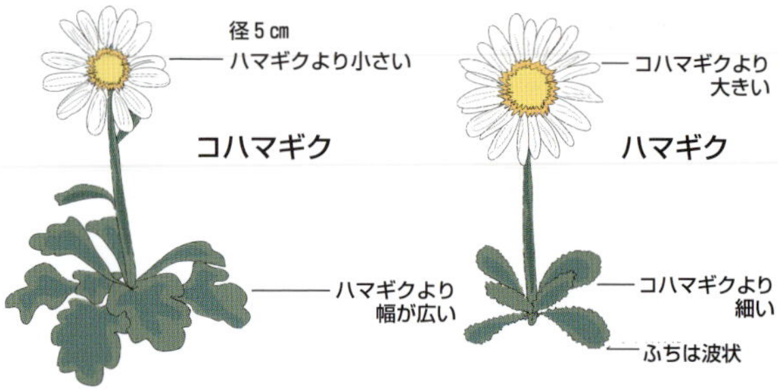

花色	○
花ことば	友愛
高さ	50㎝～1m
花径	約6㎝
花期	9～11月
生育場所	青森県～茨城県の太平洋側
購入	根詰まりしていないものを

DATA 漢字名：浜菊　分類：多年草
性質：耐寒性
生育環境：日当たり、水はけ良
殖やし方：実生、株分け、挿し芽

長く伸びる茎の先に花がつく

シロバナムシヨケギク

蚊取線香の原料として利用された

花色	○
別名	ダルマチヤジョチュウギク
花ことば	好みが激しい
高さ	50～60cm
花径	約3cm
花期	5～6月
生育場所	日本全国
購入	挿し芽の発育が良いものを

花を蚊取線香の原料に利用

合成品が出回るまでは、花を蚊取線香の原料として、日本でも大量に栽培されました。茎の先につく花は径約3cmで長い柄があり、5～6月に開花します。

育て方 挿し穂を挿し芽

夏ギクの一種で、アカバナムシヨケギクと同じナツシロギク節の白花種です。挿し穂をつくって挿し芽をして育苗し、根が3～5cm伸びたら植えつけます。

シロバナムシヨケギクの栽培カレンダー

	1月	2月	3月	4月	5月	6月	7月	8月	9月	10月	11月	12月
挿し芽				●	●							
定植								●				
肥料				●				●	●	●		
水やり	●	●	●	●	●	●	●	●	●	●	●	●
花期					●	●						

DATA 漢字名：白花虫除菊 分類：多年草 性質：半耐寒性 生育環境：日当たり 殖やし方：挿し芽

小さい花だが多花性で楽しめる

ナツシロギク

夏咲きキクのひとつ

花色	○○
別名	マトリカリア
花ことば	元気でいてね
高さ	30～80cm
花径	1～2cm
花期	6～7月
生育場所	日本全国
購入	虫がつきやすいので注意

舌状花は白、中心は黄

園芸品種が多く、草丈が小さいものと大きいものがあり、鉢植えと庭植え、切り花に使い分けられます。よく枝分かれして、茎の先に花が多数散房状につき、開花期には株全体が花に埋まります。

育て方 庭や鉢へ定植

9月ごろ種子まきします。育苗箱などにまきつけ、発芽温度の15～20℃を保ちます。本葉2枚で植え広げ、本葉6～8枚で、庭や鉢に定植します。

ナツシロギクの栽培カレンダー

	1月	2月	3月	4月	5月	6月	7月	8月	9月	10月	11月	12月
種子まき									●			
定植			●									
肥料				●	●				●	●		
水やり	●	●	●	●	●	●	●	●	●	●	●	●
花期						●	●					

DATA 漢字名：夏白菊 分類：1年草、多年草 性質：耐寒性 生育環境：日当たり 殖やし方：実生

ハナワギク

花は2色が輪になる

花色	●●
別名	サンシキカミツレ
花ことば	ただよう想い
高さ	50～90cm
花径	2～4cm
花期	5～6月
生育場所	日本全国
購入	しっかり育苗されているものを

開花期が変化する

本来は半耐寒性の秋まき1年草ですが、3月ごろの春まきにすると、6月上旬ごろには開花し、本来の10月ごろ秋まきすると、5月から開花します。

育て方 発芽温度は低い

育苗箱へ種子まきします。発芽温度は15℃と低く、生育適温も同じくらい。秋まきの越冬は保温し、春まきも温度不足のときは保温して発芽させます。

ハナワギクの栽培カレンダー

	1月	2月	3月	4月	5月	6月	7月	8月	9月	10月	11月	12月
種子まき			●							●		
定植			●									
肥料			●	●						●		
水やり	●	●	●	●	●	●				●	●	●
花期					●	●						

DATA 漢字名：花輪菊 分類：1年草 性質：半耐寒性 生育環境：日当たり 殖やし方：実生

マーガレット
一重咲きや八重咲きがある

みごとな群生

花色	○●●
別名	モクシュンギク、キダチカミツレ
花ことば	恋占い
高さ	60cm～1m
花径	約5cm
花期	3～5月
生育場所	本州房総以西の暖地
購入	挿し芽後の生育が良いものを

高温多湿に弱い

花は多数がまとまるので、見ごたえがあります。夏の高温多湿に弱く、寒さにはマイナス3℃まで耐えるとされていますが、栽培されているのは無霜地帯か温室です。

育て方

冬は温室で育てる

挿し芽の適期は5月か10月。つぼみがない茎先をとって挿し穂にします。暖地以外は冬の間フレームか温室内で育てます。

マーガレットの栽培カレンダー

	1月	2月	3月	4月	5月	6月	7月	8月	9月	10月	11月	12月
挿し芽					■					■		
定植		■	■									
肥料		■								■		
水やり	■	■	■	■	■	■	■	■	■	■	■	■
花期			■	■	■							

DATA 分類：多年草　性質：非耐寒性　生育環境：日当たり　殖やし方：挿し芽

フランスギク
帰化植物で野生化する

中心の筒状花は鮮黄

こぼれ種で殖えるほど強い

外来種ですが、日本でも野生化するほど強い草花です。花は単生で長い茎の先に1つずつつき、舌状花は白色です。

育て方

庭や鉢へ定植

秋まきで春～初夏咲き。9～10月に育苗箱に種子をまきつけ、発芽したら苗間2～3cmに植え広げて越冬します。

花色	○
花ことば	たくましい人
高さ	20cm～1m
花径	3～6cm
花期	4～5月
生育場所	日本全国
購入	越冬管理の良いものを

フランスギクの栽培カレンダー

	1月	2月	3月	4月	5月	6月	7月	8月	9月	10月	11月	12月
種子まき									■	■		
植え広げ											■	
定植			■									
肥料			■						■	■	■	
水やり	■	■	■	■	■				■	■	■	■
花期				■	■	■						

DATA 分類：多年草　性質：耐寒性　生育環境：日当たり　殖やし方：実生

リュウノウギク
全草に良い香りがある

山地の日当たりに育つ

葉は洋紙質で、裏は毛が密生して灰白色をおび、ふちにはギザギザ（鋸歯）があります。茎の先につく花は白色ですが、後に淡紅色に変わることがあります。

育て方

梅雨明け前に定植

半日陰にも強く、よく育ちます。挿し芽は4月ごろ行い、育苗して梅雨明け前までには定植します。

花色	○●
花ことば	優しい愛
高さ	40～80cm
花径	3～5cm
花期	10～11月
生育場所	本州福島県以西
購入	香りがあるのを確かめて

白い舌状花と中心が黄色になる花

リュウノウギクの栽培カレンダー

	1月	2月	3月	4月	5月	6月	7月	8月	9月	10月	11月	12月
挿し芽				■								
定植					■	■						
肥料				■	■	■	■	■				
水やり				■	■	■	■	■	■	■	■	■
花期										■	■	

DATA 漢字名：竜脳菊　分類：多年草　性質：半耐寒性　生育環境：日当たり、半日陰、水はけ良、肥沃地　殖やし方：挿し芽

コスモスの仲間

メキシコ原産で秋を彩る花としてすっかり定着しています。最近は改良種の早咲きコスモスが多くなりました。

コスモス〈代表種〉

早咲き種が人気

1目100万本といわれる群生（群馬県水上高原）

白色のコスモス

'キャンパスイエロー'

花色	●●●●○ 複色
別名	アキザクラ
花ことば	繊細な心
高さ	30cm～2m
花径	5～8cm
花期	6～10月
生育場所	日本全国
購入	枝数の多いものを

DATA 科・属名：キク科コスモス属　分類：1年草　性質：非耐寒性
生育環境：日当たり、水はけ良　殖やし方：実生

コスモスの栽培カレンダー

	1月	2月	3月	4月	5月	6月	7月	8月	9月	10月	11月	12月
種子まき				■	■	■						
水やり				■	■	■	■	■	■	■		
花期						■	■	■	■	■		

花色は多彩

本来は草丈が高く、秋咲きの花として定着していましたが、倒れやすいなどの欠点があるため、最近では草丈が低く早咲きの園芸品種が主流になっています。花形は一重、八重、アネモネ咲きなどがあります。

育て方

3～4粒を点まきする

直まきします。適期は6月ごろ、株間25～30cmとります。3～4粒点まきします。6～7月に開花する早咲きは、種子まきして2カ月くらいで開花するので、4～5月にまきつけます。

キバナコスモス

日長に関係なく開花

花色は黄～橙まで幅がある

秋に咲かせることもできる

秋咲きコスモスの仲間。コスモスに比べ葉の感じが、かなり異なります。日長に関係なく開花するので、計画的に利用できます。花期は6～9月。4～6月に種子まきして早咲きにするか、7～8月に種子まきして涼しい場所で発芽させ、秋に花を咲かせることもできます。

サクラの仲間

日本を代表する花ですが、古くから開花時期は農事暦として利用されてきました。その年の開花を目安に農事をします。

ソメイヨシノ〈代表種〉

日本を代表する花木

エドヒガンとオオシマザクラの交配種

花　色	●
花ことば	精神的な美
高　さ	10〜15m
花　径	約4cm
花　期	3〜4月
生育場所	日本全国
購　入	葉のつやが良い苗を

DATA 漢字名：染井吉野　科・属名：バラ科サクラ属　分類：落葉高木
性質：耐寒性　生育環境：日当たり、水はけ良、肥沃地
殖やし方：接ぎ木

ソメイヨシノの栽培カレンダー

	1月	2月	3月	4月	5月	6月	7月	8月	9月	10月	11月	12月
定植		●	●									
肥料	●	●										
水やり	●	●	●	●	●	●	●	●	●	●	●	●
花期			●	●								

葉が出る前に花が咲く

寿命は比較的短く、30〜40年が最盛期。5弁の花は、葉がつく前に咲きます。前年の枝の葉のわきに3〜5個が散形状につき、枝いっぱいに咲き広がります。

育て方

高植えに植えつける

植えつけ適期は落葉期の2月下旬〜3月。植え穴に腐葉土などを多めにすき込み、土作りをしてからやや高植えにして、たっぷり水やりをしておきます。

ウワミズザクラ（上溝桜）

これがサクラ？

長さ8〜13㎝の総状につく

花は新枝に総状につく

別名ハハカ。日当たりが良い谷間などに育つ落葉高木。高さ10〜15m。白色の小さな花が集まり、新枝に総状でつきます。花期は4〜5月。

オオヤマザクラ（大山桜）

ヤマザクラより開花は遅い

明るい淡紅色の花がつく

花は紅色

別名エゾヤマザクラ、ベニヤマザクラ。日本全国の山地に育つ落葉高木で高さ10～25m。花は前年の枝の葉のわきに2～3個つきます。花期は4～5月。

オオシマザクラ（大島桜）

伊豆大島に産するためこの名がつく

花が3～4個まとまってつく

葉で桜もちを包む

伊豆大島の株は、特別天然記念物に指定されています。高さ8～10mの落葉高木。花は白く、前年の枝の葉のわきにつき、径3～4cm。花期は3月下旬～4月上旬。葉を塩漬けにして、桜もちを包みます。

カンヒザクラ（寒緋桜）

花は垂れ下がる

濃紅色の鐘形の花が下向きにつく

花は濃紅色

別名ヒカンザクラ。東アジアに広く分布する落葉小高木で、高さ5～7m。花は葉が出る前につき、径約2cmの濃紅色をしています。花期は1～3月。沖縄のものが有名です。

シダレザクラ（枝垂桜）

イトザクラともいう

枝先が垂れ下がる樹形になる

花弁は変異が多い

別名イトザクラ。日本全国の山地に育つ落葉高木。高さ5～20mで、細い枝が垂れ下がります。花は葉がでる前につき、花弁は変異が多くあります。花期は3～4月。園芸品種を指す場合が多い。

シウリザクラ

花は葉がある新枝の先につく

開花はほかのサクラよりおそい

花は白色

別名ミヤマイヌザクラ、シオリザクラ。ウワミズザクラに似て、花は白色で径約1cm、花期は5～6月。本州中部地方以北～北海道に分布するやや寒地性の落葉高木で、高さ10～15m。

セイヨウバクチノキ（西洋博打木）

一般のサクラとは性質が異なる

花のつき方も独得

花には芳香がある

ヨーロッパ東南部から西アジアにかけて分布する常緑低木。4月に開花し、一般の落葉するサクラとはかなり性質が違います。高さは5～6m。花は白く総状につき、芳香があります。

サクラの植えつけ

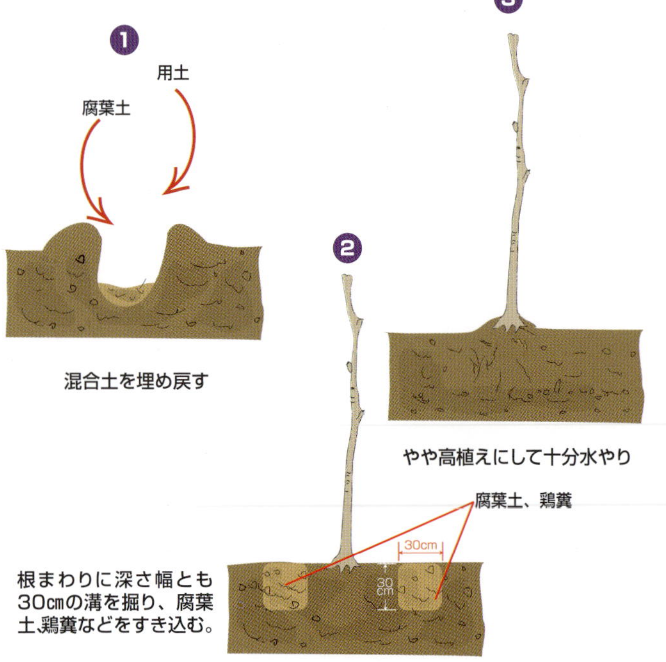

❶
用土
腐葉土
混合土を埋め戻す
❷
腐葉土、鶏糞
30cm
30cm
根まわりに深さ幅とも30cmの溝を掘り、腐葉土､鶏糞などをすき込む。
❸
やや高植えにして十分水やり

ジュウガツザクラ（十月桜）

冬期にも見られるサクラ

10～12月に咲く淡紅の花

冬でも花が咲く

ヒガンザクラ、エドヒガン、マメザクラなどの交配園芸品種のひとつ。花は白～淡紅で八重咲きになります。10～12月に咲き、冬中にも小形の花を少し開き、4月には最も多く開花します。

タカネザクラ（高嶺桜）

高山に生えるサクラ

秋田駒ヶ岳にて

高山帯に生育

別名ミネザクラ。本州中部地方以北～北海道にかけて育つやや寒地性の落葉小高木で、高さ2～8m。中部地方では標高1000～2000mの亜高山帯に生育。花は白～淡紅色で、1～3個が散形状につきます。花期は5～7月。

多くは白色で八重咲き

多くは八重咲き

室町時代から栽培の記録があるという古い品種で、現在でも庭や公園などに植えられています。高さ1.5mくらいの落葉低木。花は白または淡紅色で、多くは八重咲きです。花期は4月。

花は枝全体につく

花は淡紅色

中国原産で、古い時代に渡来した高さ1～2mの落葉低木。株立ちになります。花は径約1.3cmの淡紅色で、まれに白色もあります。花期は3～4月。

10～12月に咲く淡紅色の花

冬と春の2回開花

別名コバザクラ。サトザクラの1種とマメザクラの交雑種といわれます。花は最初わずかに淡紅色をおびますが、後に白色になります。冬と春の2回、10～12月、4月に開花します。

3月末には開花する淡紅色の花

寒さにやや弱い

別名コヒガンザクラ。エドヒガンとマメザクラの交雑種と考えられている落葉小高木。伊豆や房総半島でたまに自生します。寒さにやや弱く、生育は東京以西です。花期は3月。

マメザクラ（豆桜）

ハコネザクラとも呼ばれる

1～3個の花が散形状につく

サクラの仲間では葉も小形

別名フジザクラ。本州関東・中部地方の太平洋側に育つ落葉小高木で、高さ3～8mくらい。花は白色または淡紅色で径約2cm。花期は3月下旬～5月下旬。富士山で多くみられます。

リョクガクザクラ（緑萼桜）

マメザクラの1種

純白の花が下向きに開く

山地や丘陵に多い

別名ミドリザクラ。本州関東西南部に育ち、花が純白で萼が緑色の品種を指して呼びます。花期は3月下旬～4月。山地や丘陵に多い落葉低木で、枝は細めです。

ベニバスモモ（紅葉李）

樹高は7～8m

関東地方以西に咲く

花は淡紅色

別名アカバザクラ。西南アジア原産のミロバランスモモと野生スモモとの交雑種と考えられている落葉小高木で、高さ7～8m。花は径2～3cmの淡紅色で、花期は4～5月。

ヤマザクラ（山桜）

シロヤマザクラとも呼ばれる

花は前年枝の葉のわきにつく

花は淡紅色

本州宮城・新潟県以南の山地に広く分布する落葉高木で、高さ15～25m。花は径2.5～3.5cmの淡紅色で、2～5個が散房状につき、葉と同時に開きます。花期は3月下旬～4月中旬。

サルビアの仲間

燃えるような緋赤色の花でよく知られ、本来は高さ1m以上になりますが、小形のものがいろいろ作られています。

サルビア〈代表種〉

花色や花形は豊富

サルビアの赤が映える花壇

花色	●○●●●●
別名	ヒゴロモソウ
花ことば	燃えるような恋
高さ	30〜60cm
花径	10〜20cm（花穂）
花期	6〜9月
生育場所	日本全国
購入	花色をよく確認する

サルビアの栽培カレンダー

	1月	2月	3月	4月	5月	6月	7月	8月	9月	10月	11月	12月
種子まき				■	■							
定植						■						
肥料						■						
水やり				■	■	■	■	■	■			
花期						■	■	■	■			

DATA 科・属名：シソ科サルビア属　分類：1年草　性質：非耐寒性　生育環境：日当たり　殖やし方：実生

庭や鉢植えで楽しむ

本来は多年草ですが、園芸上は1年草として扱われています。花は30個ほどが茎先にまとまり、長さ15cm以上になる花穂をつくります。花色は鮮紅色ですが、園芸品種が多くあります。

育て方

発芽したら間引く

種子まきは4月下旬〜5月。育苗箱などを利用してまきます。赤玉土7、腐葉土3の混合土を使います。発芽したら間引き、本葉2〜3枚になったら、庭植えは株間25〜30cmで植えつけます。鉢植えは6号鉢に3株です。

アキギリ（秋桐）

花は茎先にまとまってつく

花は長さ2.5〜3cm

花は紫色

本州中部から近畿地方の山地に育つ多年草。花筒の内面には、先がとがった毛が全面に生えています。左右2つの雄しべは不完全な葯（やく）でつながります。花期は8〜10月。

アキノタムラソウ（秋田村草）

花は長さ1〜1.3cmと小さい

花は多数集まって花穂をつくる

本州、四国、九州の野原や林内に育つ多年草で、高さ20〜80cm。花茎の上の方につく淡紫色の小さな唇形の花は、多数が集まって花穂をつくります。花期は7〜10月。

花は長さ約1cmの唇形

ガーデンサルビア

白花の園芸品種もある

茎先の花穂が長く伸びる

高さは約60㎝

別名セイヨウサルビア。南ヨーロッパ原産の常緑亜低木。高さは60㎝ほど。花は青や桃ですが、園芸品種は白花のアルバなどがあります。花期は6～8月。

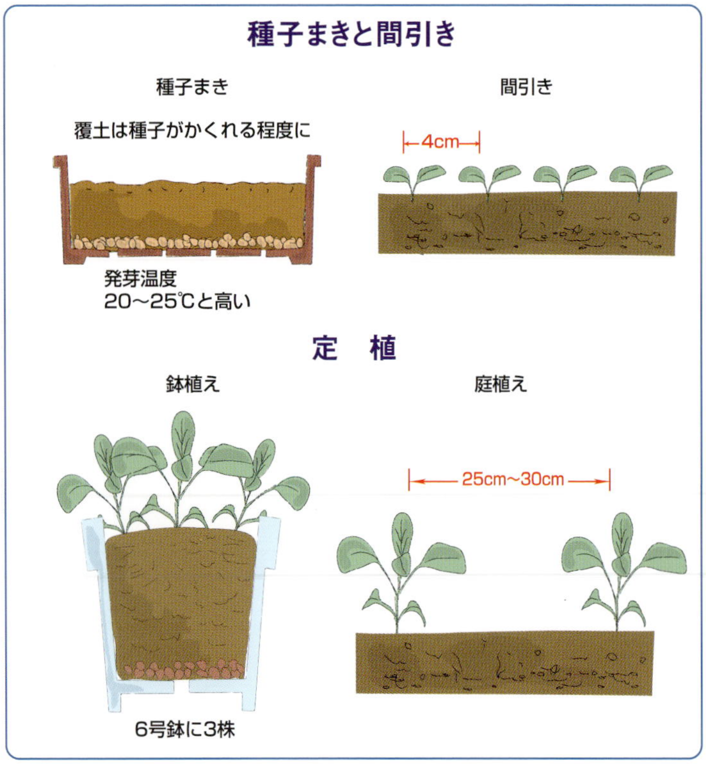

オニサルビア

株が弱ったら刈り込む

葉はハーブに利用

花穂は長く伸びる

ヨーロッパ中～南部原産の2年草または多年草で、高さ約1mまで育ち、葉はハーブとして利用されます。夏に株が弱ってきたら、1度刈り込んで、秋に再生させます。花期は8～10月。

キバナアキギリ（黄花秋桐）

しばしば群生する

花は茎先に穂状につく

花は黄色

本州、四国、九州の山地に育つ多年草で、高さ20～40㎝になります。花は黄色で長さ2.5～3.5㎝、花期は8～10月。

スカーレットセージ
非耐寒性のサルビア

桃色の園芸品種

花は6～10個つく

別名ベニバナサルビア。アメリカ、メキシコ原産の多年草または亜低木ですが、園芸上は1年草として扱われ、高さは30～60cm。花は濃い緋紅色で小形。6～10個つきます。花期は7～10月。

シルバーセージ
茎葉は銀白色

花は茎先に房状につく

花は房状につく

別名ビロードアキギリ。地中海地方原産の多年草。高さは60cm～1m。茎葉に毛があり、銀白色になります。花は桃色がかった白色で、長さ5cm。花期は8～10月。

ブルーサルビア
よく枝分かれする

長い花穂が葉上に直立する

花は茎先に集まる

別名ケショウサルビア。アメリカ、メキシコが原産の多年草ですが、園芸上は1年草として扱われます。高さ40cmくらいでしばしば枝分かれします。藤青色の小さな花が、茎先に集まります。花期は6～10月。

ソライロサルビア
枝分かれしない

濃い空色の花が2～5個つく

高さは50～80cm

メキシコの山地が原産の多年草で、高さは50～80cm。花は紫色で美しく、長さ4cmほどで2～5個つきます。花期は8～9月。茎は直立性でほぼ枝分かれせず、軟毛があります。

スミレの仲間

北半球の温帯に広く分布し、小ぶりな草姿と上品な紫色の花をつけた可憐さで、多くの人に愛されてます。

花色を有明の空にたとえた

アリアケスミレ〈代表種〉

花色から有明の名がついた

花　色	○●
花ことば	誠実
高　さ	7～11㎝
花　径	1.5～2㎝
花　期	4～5月
生育場所	本州青森県以南
購　入	花を見てから選ぶ

アリアケスミレの栽培カレンダー

	1月	2月	3月	4月	5月	6月	7月	8月	9月	10月	11月	12月
定　植					■	■			■	■		
肥　料			■	■	■				■	■		
水やり	■	■	■	■	■	■	■	■	■	■	■	■
花　期				■	■							

人家近くの湿地に育つ

名前は、花色の変化を「有明の空」にたとえてつけました。開花期の葉は長さ2～7㎝の長楕円形ですが、夏は長めの3角状披針形に変わります。花は白色から紅紫色まで変化し、花弁は5枚。

育て方

深鉢を使う

庭植えもできますが、鉢植えで育てられることが多く、根が長いので深鉢を利用します。植えつけは5～6月中旬、9月中旬～10月中旬。用土に軽石などのゴロ土を多めに入れます。夏は半日陰にします。

DATA　漢字名：有明菫　科・属名：スミレ科スミレ属　分類：多年草　性質：耐寒性　生育環境：水はけ良、半日陰（夏）　殖やし方：株分け、実生

オオバキスミレ（大葉黄菫）

北海道のものは変異が多い

3～4枚の葉上に花が突き出る

花は黄色

北海道～本州近畿地方の日本海側の山地に育つ多年草。高さは15～30cm。花は黄色で径1.5cm、花期は4～7月。側弁は有毛。

エイザンスミレ（叡山菫）

葉に特徴がある

山地の林内に咲く

葉が5裂したように見える

別名エゾスミレ。本州、四国、九州の山地の林内など半日陰になる場所で育ちます。葉は元から3裂し、左右の葉はさらに2つに裂けるので、5裂したように見えます。花期は3～5月。

コスミレ（小菫）

山岳地帯にはほとんどない

花色は変化が多く白もある

花色は変化が多い

人家近くや山野に育つ多年草。名前に小がつくが、高さ12cmくらいまでになる、かなり大形種です。花は白～淡紅紫色と変化が多い。花期は3～4月。

ゲンジスミレ（源氏菫）

栽培はなかなかむずかしい

葉に白い斑が入る園芸品種

全体に有毛

本州東北地方以南の山地に育つ多年草。おもに林内に自生し、全体に毛があります。葉は幅が広い卵形。基部はハート形になり、葉裏と葉柄は紫褐色をおびます。花期は4～5月。

タチツボスミレ（立坪菫）

日本中どこでも見られる

花後に葉や茎は大きくなる

花には変異が多い

日本全国の人家近くや山野に育つ多年草。最もよく見かけるスミレ。高さは10cmくらい。花が終わってから伸び出して、30cmくらいに。花は淡紫色、変異があります。花期は4～5月。

スミレサイシン（菫細辛）

かなり暗いところに生える

花は葉がでる前に開く

花は直径約2cm

北海道西南部～本州の日本海側に多く育つ多年草。山地の林内が自生地です。花は直径約2cmの淡紫色。花期は3～5月。長い根は太く、すりおろして食用にします。

シソバキスミレ（紫蘇葉黄菫）

全草がシソに似た色をしている

花の表と裏は色変わりする

花は濃い黄色

北海道夕張岳の固有種で、高山帯の岩地に育ちます。小形。全草がシソに似て、紅紫色。花期は6～8月。葉柄や葉の基部付近には色があり、葉はハート形、先が鋭くとがります。

スミレの見分け方

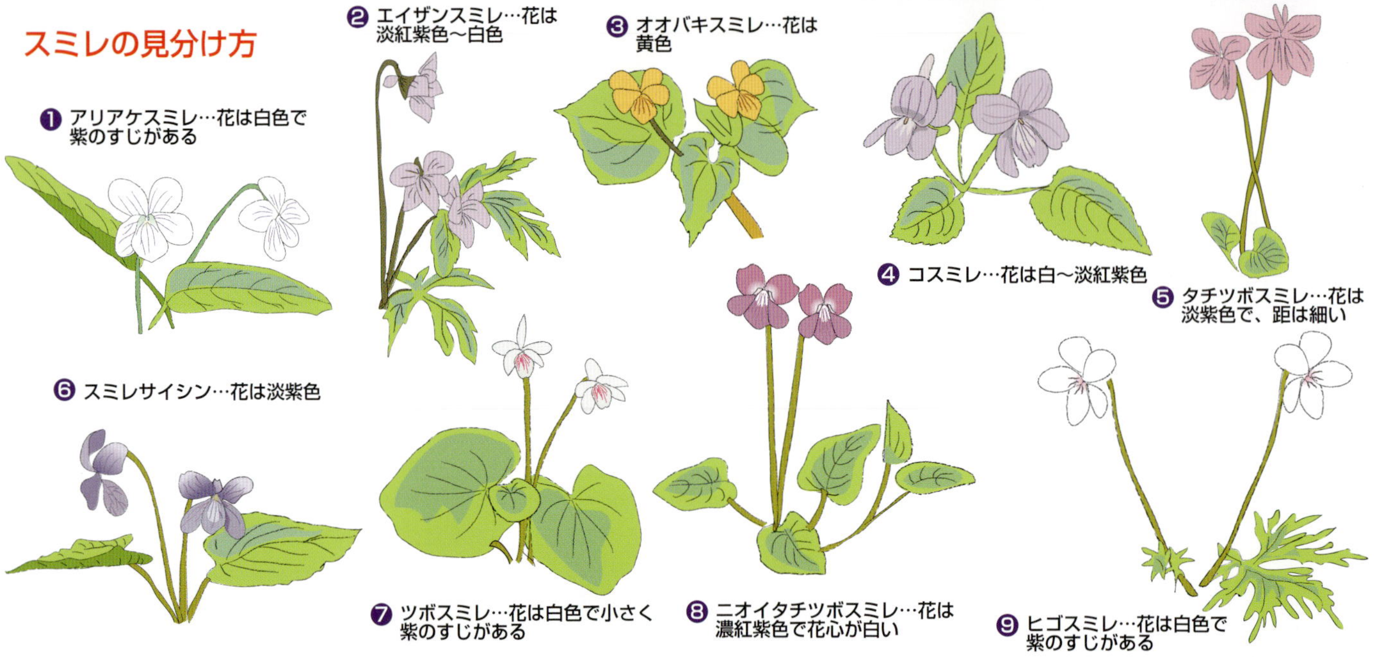
❶ アリアケスミレ…花は白色で紫のすじがある
❷ エイザンスミレ…花は淡紅紫色～白色
❸ オオバキスミレ…花は黄色
❹ コスミレ…花は白～淡紅紫色
❺ タチツボスミレ…花は淡紫色で、距は細い
❻ スミレサイシン…花は淡紫色
❼ ツボスミレ…花は白色で小さく紫のすじがある
❽ ニオイタチツボスミレ…花は濃紅紫色で花心が白い
❾ ヒゴスミレ…花は白色で紫のすじがある

ツルスミレ（蔓菫）

栽培は冬期の保護が必要

1花に紫と白の2色がある

凍結を保護

別名ツタスミレ。高さ5～10㎝。花は中心部が紫色、周辺が白色の複色。暖地性で、日本国内では冬に凍結からの保護が必要です。花期は7～8月。

ツボスミレ（坪菫）

変異が多い

紫色のすじが入る

唇弁に紫色のすじ

別名ニョイスミレ。平地や山地のやや湿った草むらや林内に育つ多年草。高さは5～20㎝。葉は幅2～3.5㎝の扁心形で裏面は紫色をおびます。花期は4～5月。

ニオイタチツボスミレ（匂立坪菫）

花にかすかな芳香がある

ほのかに芳香がある

花は複色

日本全国の日当たりが良い草地などに育つ多年草。花にはかすかに芳香がある。花期の茎高は10～15㎝、花後30㎝まで伸びます。花は濃紅紫と白の複色、花期は4～5月。

ナガバノスミレサイシン（長葉菫細辛）

スミレサイシンより葉が長い

花茎の先に紫色の大きめの花がつく

山地の林内に育つ

おもに山地の林内に育ちます。根茎はやや細く、葉も細長。花は紫～白色、径約2㎝あります。花期は4～5月。

色変わりの園芸品種

パンジー
園芸品種が多い

パンジーを飾る

耐寒性が強い
別名サンシキスミレ。原種は黄、紫、黒の3色が1花にあり、その模様から。フランス語のパンセが名称に。草丈は15cm前後で寒さに強く、春の花壇に多くみられ、園芸品種が多くあります。花期は2月上旬〜6月上旬。

フモトスミレ（麓菫）
登山路の傍でも見られる

花は白色
本州関東以西に分布する多年草。低い山地の日当たりに生育。花は白色で、側弁に毛があり、唇弁は他より小形、紫のすじが入ります。花期は4〜5月。

花茎は葉より高くなる

ミョウジンスミレ（明神菫）
箱根の明神岳で発見された

花は濃紅紫色で全体に赤みがある

花は濃紅紫色
スミレの変異の1種。花が濃紅紫色で、葉も全体に赤みがかっています。日本全国の野原や道ばたで日当たりが良い場所に育ちます。花期は4〜5月。

ニシキスミレ（錦菫）
葉の斑は夏に消えるものが多い

側弁に突起毛がある

花は濃紫色
日本全国に育っているスミレの園芸品種のひとつ。高さ7〜11cmの多年草。花は濃紫色で、側弁に白い突起毛があります。花期は4〜5月。

ビオラ
パンジーの小輪系がビオラ

野生に近い小輪種

利用範囲が広い草花
ヨーロッパ原産の園芸品種がパンジーで、その中でも野性に近い小輪系の品種群をビオラと呼んでいます。寒さに強く、年末から翌年春まで花を咲かせることができるので、冬の花として利用範囲が広い草花。花期は11〜5月。

ヒゴスミレ（肥後菫）
花はスミレの中では大きいほう

まれにある淡紅色の花

まれに淡紅色の花もある
本州宮城県以南で、山地の日当たりが良い草地や林内に育つ多年草。花は径1.5〜2cmの白色で、まれに淡紅色の花もあります。花期は3〜4月。

チューリップの仲間

世界中で愛される春の花で、園芸品種は2,000種もあります。

チューリップの花壇

花　色	●●●○
別　名	ユリボタン、ウコンコウ
花ことば	名声、恋の告白
高　さ	10〜50cm
花　径	2〜5cm
花　期	4〜5月
生育場所	日本全国
購　入	つぼみが緑色をしているものを

チ

チューリップの仲間

チューリップの花壇

チューリップの花壇

'アラジン'

チューリップの栽培カレンダー

	1月	2月	3月	4月	5月	6月	7月	8月	9月	10月	11月	12月
定植										■	■	
肥料										■	■	
水やり	■	■	■	■	■					■	■	■
花期				■	■							

園芸品種は約2，000種

根元から出る細長い緑の葉と茎先につく花が美しく、世界中で愛されている草花です。チューリップというとオランダを連想しますが、オランダへは16世紀にトルコから入り、大幅に改良が進められ、世界に広がりました。

育て方

5号鉢に3球が目安

植えつけは10月中旬～11月。深めに耕しておきます。10㎝くらいの深さに植えつけます。株間10～15㎝で、鉢植えは5号鉢に3球が目安で、浅植えにします。

チューリップ

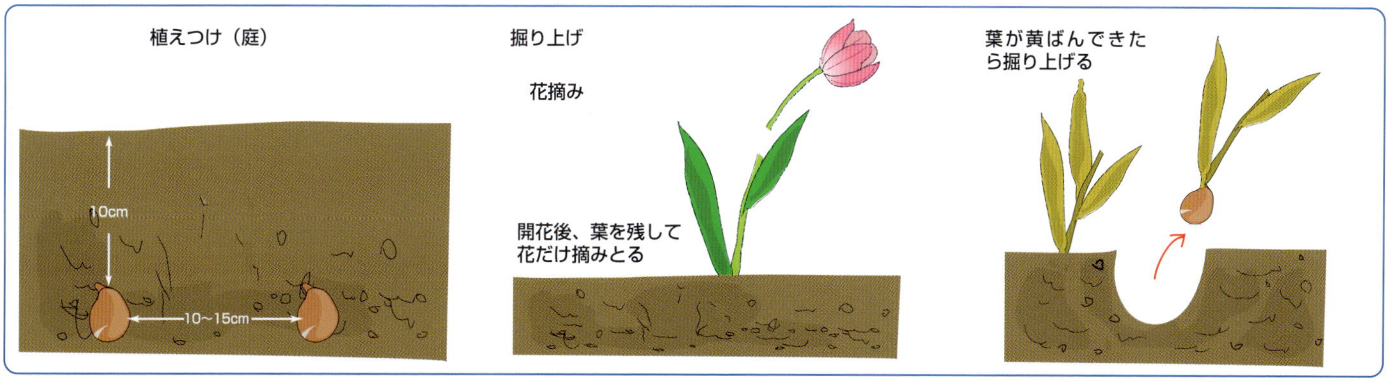
植えつけ（庭）
10cm
10～15cm
掘り上げ
花摘み
開花後、葉を残して
花だけ摘みとる
葉が黄ばんできたら掘り上げる

DATA　科・属名：ユリ科チューリップ属　分類：球根植物　性質：耐寒性　生育環境：日当たり、水はけ良　殖やし方：分球

‘アペルドーンズ・エリート’

‘ゴールデンニーザ’

‘ウエストポイント’

‘アンジュリケ’

‘チャイナピンク’

‘白雪姫’

‘コンプリメント’

'ミルキーウエイ'（原種）

'トリケスタニカ'

'ベルフラワー'

'プレスタンスバラエティ'

'マヤ' フリンジ咲き

'プリシマ'

'ハミングバード'

バラのアーチ

バラの仲間

バラが咲きはじめると庭が急に華やかになります。花は美しく芳香があり、新種は近年も作られ続けています。

オオタカネイバラ〈代表種〉

高山に多い寒地性のバラ

花は1～2個ずつ枝先につく

オオタカネイバラの栽培カレンダー

	1月	2月	3月	4月	5月	6月	7月	8月	9月	10月	11月	12月
定植											■	■
肥料		■			■			■				
水やり	■	■	■	■	■	■	■	■	■	■	■	■
花期						■	■					

花色	●
別名	オオミヤマバラ
花ことば	相思相愛
高さ	1～2m
花径	5～6cm
花期	6～7月
生育場所	北海道～本州中部地方以北
購入	一季咲きか四季咲きか確かめる

タカネイバラより大輪

葉の先は丸みをおび、ふちには粗いギザギザ（鋸歯）があります。花は枝先に1～2個ずつつき、花弁は5枚で、葉も花もタカネイバラより大形です。

育て方

やや高植えする

植えつけは11～12月ですが、寒地では2～3月上旬です。植え穴に腐葉土を多めにすき込み、やや高めに植えつけます。剪定は1～2月。

DATA 漢字名：大高嶺薔薇　科・属名：バラ科バラ属　分類：落葉低木　性質：耐寒性　生育環境：日当り、水はけ良、肥沃地　殖やし方：接ぎ木

セイヨウバラ（西洋薔薇）
香料の原料としても栽培

'モス・ローズ'

香料の原料にもなる
園芸品種で、高さ1～2mの直立性。花は花弁の重ねが厚く、花色は赤～白まであります。花期は6～7月。観賞品種のほかに、香料の原料としても栽培されています。

サンショウバラ（山椒薔薇）
大形の低木

花は淡紅色

落葉小高木
別名ハコネバラ。神奈川県～静岡県に分布する落葉小高木。高さは5～6m。花は径5～6cm、花期は6月。

ナニワイバラ（難波薔薇）
江戸時代に大阪の植木屋さんにより普及

枝先につく白色の花は
芳香がある

関西以南で野生化
中国原産。関西以南では野生化しているつる性の常緑低木。花は径5～9cmで芳香があります。花期は5月。

テリハノイバラ（照葉野薔薇）
つる性のバラ

径3～4cmの花がつく

花には芳香がある
別名ハイイバラ。本州以南に分布するつる性の落葉低木。つるは地面を這って伸びます。花は枝先につき、芳香があります。花期は6～7月。

モッコウバラ（木香薔薇）
垣根によく植栽される

花には芳香がある
ものもある

刺がない
中国南部原産のつる性常緑低木。刺なし種です。花は径2cmの淡黄色または白色。花期は4～5月。

ハマナシ（浜梨）
海岸に自生する

大輪の花が1～3個つく

別名の方がよく使われる
別名ハマナス。北海道～本州島根県以北に分布する落葉低木。海岸に生え、幹は株立ちになり、高さ1～1.5m。しばしば大群落をつくります。花は桃色、または白色で径5～8cm、花期は6～8月。

ノイバラ（野薔薇）
果実も可憐

花には芳香がある
花後に球果が赤く熟す

全国に分布
別名ノバラ。日本の野生バラの代表。全国に分布する落葉低木。高さ2mくらいになり枝分かれします。花弁は5枚で花径は2cm。花期は5～6月。

◆ ハイブリッド・ティー系

改良を重ねてできた

園芸品種

高温では生育不良

長期にわたり各種のバラを交配し改良を重ねてきてできた園芸品種が数多くあり、そのなかでハイブリッド・ティー系とフロリバンダ系が主になっています。生育適温は20～25℃で、温度が高すぎると生育不良になります。花期は周年。

'コンフィダンス'（桃色系）

'クリスチャン・ディオール'（赤色系）

'天津乙女'（黄色系）

'アールスメール・ゴールド'（黄色系）

'ソニア'（桃色系）

'聖火'（覆輪）

'パスカリ'（白色系）

'ブルー・ムーン'（藤紫色系）

◆ フロリバンダ系

'ブライダル・ピンク'
（桃色系）

'オレンジ・メイアンディナ'
（ミニチュア）

'フリージア'
（黄色系）

'チンチン'
（赤色系）

'クィーン・エリザベス'
（桃色系）

バラの剪定（1～2月）

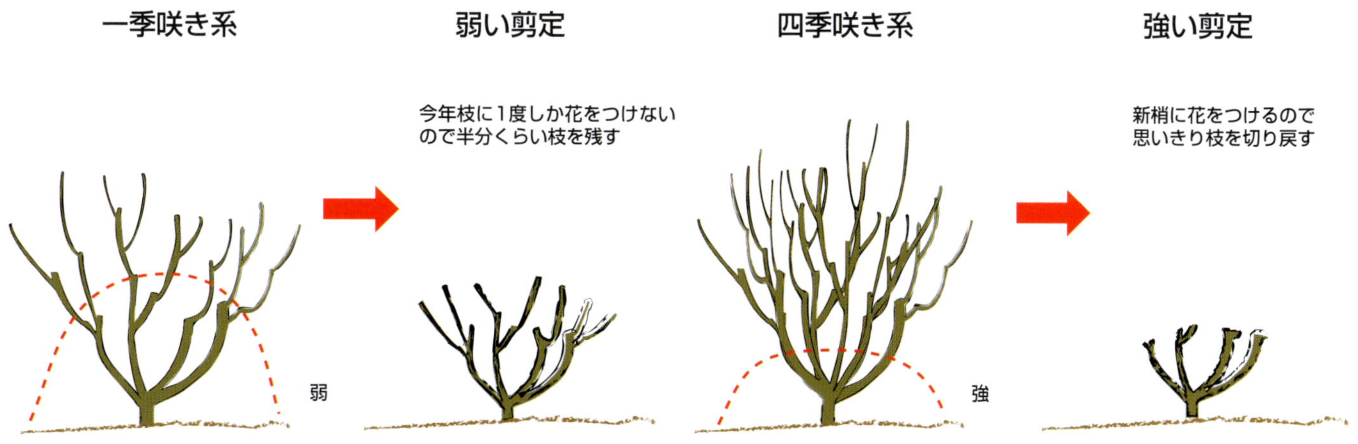
一季咲き系
弱い剪定
今年枝に1度しか花をつけないので半分くらい枝を残す
弱
四季咲き系
強い剪定
新梢に花をつけるので思いきり枝を切り戻す
強

ヒマワリの仲間

夏の花といえばすぐ思い浮かべるくらい広く親しまれています。観賞用以外にも種子を食用などに利用しています。

花　　色	●●
別　　名	サンフラワー、ニチリンソウ
花ことば	長い恋から結婚
高　　さ	10cm～3m前後
花　　径	5～40cm
花　　期	6～9月
生育場所	日本全国
購　　入	太くてしっかりした苗を

ヒマワリ畑（栃木県野木町）

改良種のヒマワリ

'バレンタイン'

ゴージャスな雰囲気の'ベルベット・クイーン'

姿形のバランスが良い'太陽'

'サンゴールド'

毎年花を咲かせるポイント

コップに水を入れてタネを入れ、沈んだ実のあるタネだけを使う。浮いたタネはほとんど咲かない

↓

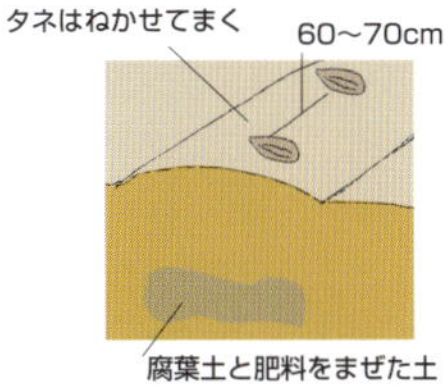
タネはねかせてまく
60～70cm
腐葉土と肥料をまぜた土
鉢植えの場合は直径25cm以上の鉢を用意し、間をあけて2～3粒まく

↓

晴れた日は毎朝、根元にたっぷり水を与える

↓

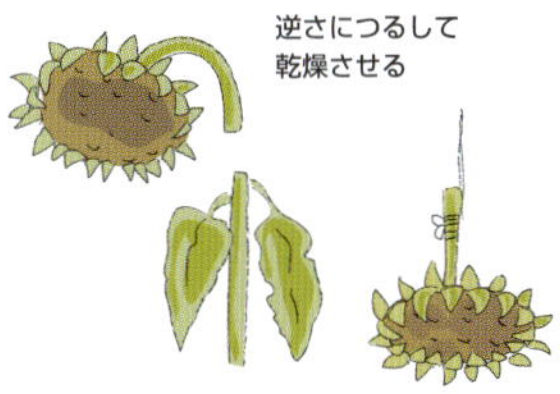
逆さにつるして
乾燥させる
10月：花が枯れかかってきたら花の下から茎を切りとり、逆さにつるして1週間くらい乾燥させる

↓

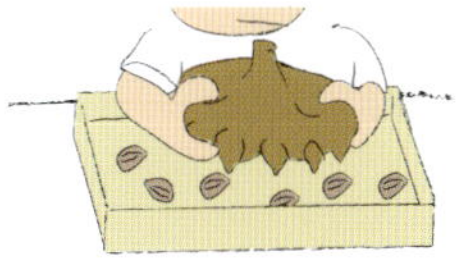
その後ほぐしながらタネをとる。タネはそのまま袋などに入れておくとよい

ヒマワリの栽培カレンダー

	1月	2月	3月	4月	5月	6月	7月	8月	9月	10月	11月	12月
種子まき				■								
種子採取										■		
肥料				■								
水やり				■	■	■	■	■	■			
花期						■	■	■	■			

太陽に向かって咲き誇る

夏を代表する元気な花。土壌や天候の影響を受けにくく、生育は旺盛そのもの。切り花用の'太陽'、早咲きの'ロシア'、八重咲きの'サンチャイルド'など、数々の園芸品種があります。草丈も長短さまざまです。

育て方 水やりは十分に

乾燥を嫌うため、用土には腐葉土を多めにすき込み、水やりも十分に。種子まきの適期は4月上旬～中旬ごろ。高性種は転倒を防ぐために、茎が伸びたら支柱を立てて固定します。

DATA 漢字名：向日葵　科・属名：キク科ヒマワリ属　分類：1年草　性質：非耐寒性　生育環境：日当たり、水はけ良　殖やし方：実生

‘ココア’

‘フロリスタン’

明るい黄金色の‘サンリッチ・オレンジ’

ヤナギバヒマワリ（柳葉向日葵）

葉がヤナギの葉に似ている

‘ゴールデン・ピラミッド’

‘ニューピラミッド’

高性品種の多年草

代表品種は‘ゴールデン・ピラミッド’。レモンイエローの舌状花に褐色または帯紫色の筒状花をもち、2～3mの高さまで成長します。花期は9～10月ごろ。

ヒメヒマワリ（姫向日葵）

全体に小作り

コスモスにも似た可憐な容姿

切り花や花壇に向く

草丈は約1.5m。頭花も5～7.5cmと全体に小づくりで、切り花や花壇栽培に好適です。

ユリの仲間

日本に自生するユリは15種ですが、世界中で園芸品種が作られ、花形や花色の違うものが多くできています。

ヤマユリ〈代表種〉

ユリは美人の歩く姿にたとえられた

王者にふさわしい華麗な花姿

ヤマユリの栽培カレンダー

	1月	2月	3月	4月	5月	6月	7月	8月	9月	10月	11月	12月
定植										■	■	■
肥料			■							■	■	■
水やり	■	■	■	■	■	■	■	■	■	■	■	■
花期						■	■					

黄色い条線と紅い斑点をもつ

華麗な花姿と芳香を誇るユリ属のなかにあって、ユリの王者と呼ばれる代表種。6枚の花弁が大きくラッパ状に開き、中央に淡黄色の条線と紅～茶褐色の斑点をもちます。根は食用にもなります。

育て方

中性土壌が適する

極端な暑さや西日に弱いため、夏期でも涼しく、風通しが良い場所での栽培が基本。植えつけには腐植質に富み、中性土壌が適しています。生育期間が長いので、有機質肥料を元肥に施します。

花色	○
別名	マウンテン・リリー
花ことば	求める純潔
高さ	1～2m
花径	20～26cm
花期	6～7月
生育場所	日本全国
購入	球根は健康なものを選ぶ

DATA 漢字名：山百合　科・属名：ユリ科ユリ属　分類：球根植物、多年草　性質：耐寒性　生育環境：水はけ良　殖やし方：分球

オトメユリ(乙女百合)

小柄で愛らしいピンクのユリ

別名ヒメサユリ。福島、山形、新潟の丘陵地に群生します。ユリの仲間では最も早咲きで、開花期は5月初旬。淡い桃色を中心に、径7～9cm、ろうと状の小ぶりで愛らしい花をつけます。

エゾスカシユリ(蝦夷透百合)

花弁にすき間ができる

主に北海道の海岸近くの砂地に自生。つぼみと茎の上の方に綿毛状の毛を密生し、花は濃淡の橙色で杯形。花弁に紫色の細かい斑点があります。早咲き。

イトハユリ(糸葉百合)

朱赤の花色をもつ小形のユリ

中国北部～東部シベリアに分布する寒地性のユリです。草丈も花径も小ぶりで、光沢のある朱赤色の花を下向きに咲かせます。開花期は5月中旬～6月。

コオニユリ(小鬼百合)

オニユリの小形版

花姿はオニユリとよく似ていますが、丈や花はより小さめで、オニユリに特徴的なむかごをつけません。観賞用としてより、食用として多く栽培されます。

花の地色と斑点の対比が鮮やか
カノコユリ(鹿子百合)
鹿の子絞りを連想させる

カノコユリ(鹿子百合)

鹿の子絞り風のくっきりした斑点

鹿児島県甑島（こしきじま）に多く見られる自生種で、花弁に散らばる斑点が、鹿の子絞りを思わせます。ピンク系の花色とあでやかな斑模様で、ヨーロッパでも人気の高い品種のひとつ。7～8月に開花します。

オニユリ(鬼百合)

花弁は強く反り返る

食用として大陸から日本に渡来。花茎の丈は高いもので2m近くになります。黒色の斑点をもつ橙色の花が、茎の上の方に円錐花序につきます。強く反り返った花弁と、葉のわきにつくむかごが特徴的です。真夏に咲きます。

スカシユリ(透し百合)

江戸時代初期から作られた

イワトユリの園芸品種

エゾスカシユリとよく似た花の特徴をもちますが、より硬い葉や花をつけます。古い歴史をもつ園芸品種の親のひとつで、野生種のほうは本州中、北部の海辺に生え、イワトユリとして区別されています。

テッポウユリ（鉄砲百合）

ラッパ形銃に似ている

シンプルな気品にあふれる

タカサゴユリ（高砂百合）
よく似ている
タカサゴユリ

冠婚葬祭でおなじみ

最もポピュラーな純白のユリで、冠婚葬祭用の花として広く栽培されています。開花期は6月。花名は、昔のラッパ形銃に花形が似ていることに由来したものです。よく似ているものに、タカサゴユリがあります。

テッポウユリとタカサゴユリの違い

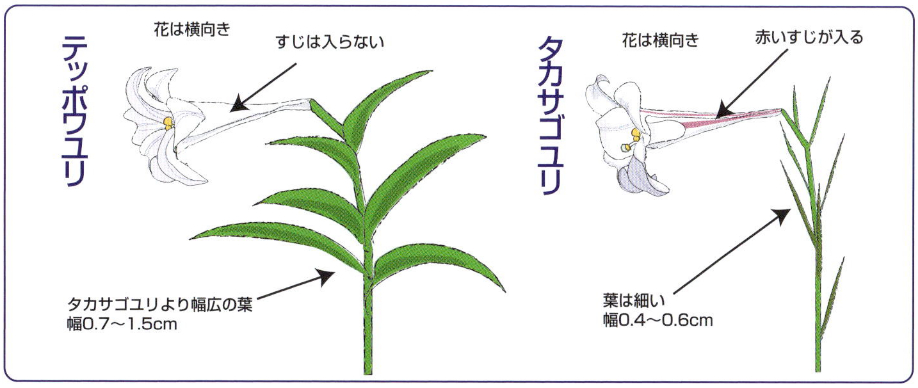

ユリの咲く庭

ヒメユリ（姫百合）

花は愛らしい星形

花は星形。葉も細い
線形をなす

赤〜黄のカラフルな色合い

細い花弁をもつ小形の品種。花色は深紅から橙色、黄色までバラエティー豊富です。ニホンヒメユリ、キヒメユリ、チョウセンヒメユリなど、さまざまな近類種があります。

マドンナ・リリー

世界で最も古く栽培された

処女マリアのシンボルとされた

世界最古の栽培品種

地中海沿岸に分布し、西欧社会では古くから聖花に利用されてきました。純白色の花弁と黄色の花粉の対比が美しく、浅めのろうと状の花を1茎に5〜10輪ほどの総状花序につけます。

贈花としてもおなじみの高級花

カトレヤ〈代表種〉

小輪花は直径3～4㎝ですが、大輪花は20㎝くらいのものまであります。華やかで美しい花は多くの人を楽しませます。

側花弁と唇弁の対比が見事

カトレヤの栽培カレンダー

	1月	2月	3月	4月	5月	6月	7月	8月	9月	10月	11月	12月
定植		■	■								■	■
肥料		■	■								■	■
水やり	■	■	■	■	■	■	■	■	■	■	■	■
花期	■	■	■	■	■	■	■	■	■	■	■	■

美しい花姿で愛好家を魅了

洋ランの代表種。その豪華さが贈花として好まれます。近縁種との交配により、変化に富んだ改良品種が存在します。

育て方

湿度の調整が大切

冬期でも最低13～15℃の気温が必要。乾燥しやすい室内では、加湿器を使用して湿度調整を。春と秋は30％、夏は50～60％の遮光が必要です。

花色	●●●●○
花ことば	優雅な貴婦人
高さ	10㎝～1m
花径	2～20㎝
花期	通年
生育場所	温室
購入	バルブにしわがないものを

DATA 科・属名：ラン科カトレヤ属　分類：着生ラン、多年草　性質：非耐寒性　生育環境：高温多湿　殖やし方：株分け

オンシディウム
約400種からなる
花形、花色ともにさまざま

小～中形のキュートな花姿

ギリシャ語の「ogkos＝こぶ」に由来するといわれ、花弁のつけ根に小さなこぶ状の隆起があります。比較的小さい花をもつ品種が多く、花色も多種多様。

オドントグロッスム
熱帯・亜熱帯に約100種が分布
多花性の品種が主流。クレオプライド。

個性的な花を多く作出

主として大輪多花性の園芸品種をつくるとき、交配親としてよく用いられる品種のひとつ。全体に暑さに強く、花弁も線形から幅広のものまでバラエティー豊か。

エピデンドルム
生育旺盛な着生種
小花が花序をなすタイプが多い

細長い花弁が優雅な印象

地面を這うほふく性から長い茎を伸ばすものまで、さまざまな草性があります。多花性で、生育は極めて旺盛です。

デンドロキルム
ランの中では珍しい花姿
アジアの密林帯に自生する。コビアナム。

小さい花が規則的に並ぶ

1～2cm径の小花が規則的に並んで花序をつくる、ランの中では珍しい花姿です。花茎は全体に細くしなやかで、花の重みで垂れ下がります。

シンビディウム
園芸品種がさまざま
種によって特徴ある色になる。グリーンタワー。

あでやかさで最もきわだつ

熱帯アジアのモンスーン気候帯に分布し、小形から大形までさまざまな園芸品種があります。1本の茎に5～20個の花をつけます。

カモメラン

すっきりとした美しさ

清楚な色合いの花、1～2輪の花をつける

中国～ヒマラヤ、日本、北アメリカに分布するガレアリス属の1種。紅紫～白の清楚な色合いで、唇弁に紫色の斑紋があります。

ジゴペタルム

斑点、ぼかしなどの模様が入る

唇弁に斑点模様がある、鮮明な斑紋が個性的

ブラジルをはじめ南アメリカの熱帯に分布。披針形の大きな葉をもち、淡い緑色の萼片（がくへん）と側花弁に紫色の斑紋、扇形の白い唇弁には条線や斑点などの模様があります。

バンダ

大形で美しい花

下ぶくれぎみの愛嬌がある花形

単茎性の観賞ラン

すくっと伸びた単茎に、大形の美しい花を咲かせます。花色はブルー・パープルやピンクなどのパステル系が中心。

パフィオペディルム

唇弁が特徴的

特徴のある袋状の唇弁

寿命が長く、栽培しやすいラン

短い茎と長楕円形の葉、巾着形やヘルメット形など多彩な造形に富む唇弁が特徴的です。花もちが極めてよく、1カ月以上咲き続けることもあります。

デンドロビウム

広範な種を含む

均整のとれた花姿が魅力

200種類に及ぶ園芸品種

ラン属でも最も広範な種を含み、重要な園芸品種だけでも200種以上を数えます。唇弁のつけ根にできる、とさか状の突起が特徴です。

ファレノプシス

高級ランの代名詞的存在

別名コチョウラン。さまざまな交配親によって改良された多種多様な園芸品種があり、贈花用に広く栽培されています。

見ごたえのある大輪の花

ブラッシア

強い芳香をもつ種が多い

春～夏に開花する

細長い花弁がユニーク

側弁花と萼片（がくへん）が針のように細く、唇弁はバイオリン形のようなユニークな花形です。強い芳香をもつ種が多く含まれます。

萼片（がくへん）が大きく開く'アロマティカ'

リカステ

ギリシャ神話の王女の名にちなむ

花名は、ギリシャ神話に登場するトロイア王の娘の名前に由来。桃色や黄緑色などの淡い花色が、清楚な雰囲気をだします。

ミルトニア

パンジーに似ている

'ストーラム・チェイルリー'

パンジーに似た愛らしい容姿

ハート形の大きな唇弁とその斑模様がパンジーによく似ていることから、パンジー・オーキッズの別名があります。

ヒビスクス・アーノッティアヌス

アンゲロニア

ガイラルディア

ガザニア

タカネグンナイフウロ

その他の草木の花 特徴と育て方

ミズバショウ

早春に黄金色の花穂が垂れ下がる

アカシアの仲間

仲間は600種もあり黄金色の花が早春を彩る

アカシアの仲間（アカシア属）は、世界中に約600種あるといわれていますが、日本でよく目につく3種をとりあげました。春先に黄金色の花が枝をおおうようについて、道行く人の目をうばいます。

代表種としてとりあげたギンヨウアカシアは、小葉が銀白色をしていることから「銀葉」の名がつきました。黄金色の小さな花が集まり、長さ5～10㎝の総状につきます。

花色	●
花ことば	友情
高さ	5～10m
花径	5～10㎝（花穂）
花期	2～3月
生育場所	本州関東地方以西

育て方

暖地では越冬できますが、場所によっては冬に防寒が必要です。植えつけは5～6月に行い、寒さに向かう時期は避けます。ポットに点まきして、幼苗のうちに定植します。

科・属名：マメ科アカシア属
分類：常緑小高木　性質：半耐寒性
生育環境：日当たり、水はけ良　殖やし方：実生

枝全体に黄色い花が咲く

フサアカシア

香りが良い花が多くつく

花色	●
別名	ミモザ
花ことば	希望
高さ	10～15m
花径	20～30㎝(花穂)
花期	2～3月
生育場所	本州関東地方以西

暖地では街路樹に利用

花が房状なことからこの名がつきました。黄色い小さな花には芳香があり、葉には全体に短い軟毛があります。生育が早く大苗の移植は嫌うため、庭植えにするときは幼苗期に行います。

分類：常緑高木　性質：半耐寒性　生育環境：日当たり　殖やし方：実生

サンカクバアカシア

花穂が枝全体に丸くつく

花色	●
花ことば	変わらぬ心
高さ	2～3m
花径	5～10㎝（花穂）
花期	3月
生育場所	本州関東地方以西

小さな花が球形にまとまってつく

花は黄色くて小さく、5～20個がまとまり、球状になります。枝は直線状に伸び、仮葉がらせん状に密生してつきます。6～7月には、豆果ができます。

分類：常緑低木　性質：半耐寒性
生育環境：日当たり、水はけ良　殖やし方：実生

アカンサス

根元からでる葉の間から長い花穂が直立する

花茎が穂状に立ち上がる

花穂は大きく、切り花に利用されます。花期には長い花茎が伸びて、花を穂状に密につけます。唇弁の中央は白地に淡桃をおび、紫の脈があります。

花色	●
別名	ハアザミ
花ことば	わがままな恋人
高さ	90〜120cm
花径	50〜80cm（花穂）
花期	8〜9月
生育場所	日本全国

育て方

実生は秋に種子をとり、2〜3月にまいて発芽させます。株分けは3〜4月か10月。株のわきからでる芽を切り離して、植えつけます。

科・属名：キツネノマゴ科アカンサス属　**分類**：多年草　**性質**：耐寒性
生育環境：日当たり、半日陰、水はけ良　**殖やし方**：実生、株分け、根伏せ

アガパンツス

花は長い花茎の先につく

切り花は粘液をよく洗い流す

花は花筒が短く、花の先が開くものと、花筒が長く先が閉じたままで垂れ下がる種類とがあります。葉は根元からでます。葉の間から長い花茎が伸び、その先に紫か白の美しい花がつきます。

花色	●○
別名	ムラサキクンシラン
花ことば	優しい気持ち
高さ	40〜80cm
花径	10〜15cm
花期	6〜7月
生育場所	本州関東地方以西

育て方

品種により常緑性のものと、休眠状態になったとき地上部が枯れるものとがあります。植えつけや株分けの適期は9月中旬〜下旬。株が広がるので、株間を30〜50cmくらいとり、根を広げて植えつけます。

科・属名：ユリ科アガパンツス属
分類：多年草　**性質**：半耐寒性　**生育環境**：日当たり　**殖やし方**：株分け

アケビ

10月ごろ熟する果実
花弁に見えるのは萼

ミツバの品種は果実が大きい

熟果は甘く、春のつる先は和え物などで食べます。葉はてのひら状をしています。一般のアケビは5枚ですが、3枚のミツバアケビもあり、ミツバのほうが果実は大きくなります。花弁のように見えるのは萼で、数個が枝先にまとまってつきます。

花色	●〜●○
別名	アケビカズラ
花ことば	才能
高さ	つる性
花径	1〜2cm
花期	4〜5月
生育場所	日本全国

育て方

つるが長く伸びるので、支柱や樹木などに誘引するか、鉢植えのあんどん仕立てにします。植えつけは2〜3月か10〜11月の落葉期が適します。つるを短く切りつめ、大きめの植え穴を掘り、高めに植えつけます。

漢字名：木通　**科・属名**：アケビ科アケビ属　**分類**：つる性落葉樹
性質：耐寒性　**生育環境**：日当たり　**殖やし方**：実生、挿し木、取り木

アグロステンマ

細い花茎の先に5弁花が開く

花壇や切り花に利用

ヨーロッパでは麦畑の雑草として扱われていますが、日本では秋まき1年草として育てられています。花は径2〜3cmの紫桃赤色ですが、園芸品種には花径5〜8cmの大輪もあります。

花色	●○●
別名	ムギセンノウ、ムギナデシコ
花ことば	優美
高さ	60〜90cm
花径	2〜3cm
花期	6〜7月
生育場所	日本全国

育て方

丈夫で育てやすく、土壌はとくに選びません。一般には9〜10月に箱や苗床にまいて育苗し、翌春に株間30cmで定植します。場所によっては3月に直まきして、6〜7月に咲かせることもできます。

科・属名：ナデシコ科アグロステンマ属
分類：1年草　**性質**：非耐寒性　**生育環境**：日当たり　**殖やし方**：実生

秋を感じさせるさわやかな花

アキノキリンソウの仲間

アキノキリンソウ〈代表種〉

穂状に咲く

地方により変異がある

晩夏から秋にかけて黄色の花を穂状に咲かせる草花です。高山性なので、低地で育てると花を早くつけます。
美しいところがキリンソウ（ベンケイソウ科）に似ているところから、この名がつきました。日が当たる山野に自生しています。根元からでる葉と茎につく葉があります。花は径約1㎝強ですが、枝の上の方に多数集まって、大きい穂状になります。

花色	●
別名	アワダチソウ
花ことば	青春の思い出
高さ	30～80㎝
花径	20～30㎝（花穂）
花期	8～11月
生育場所	日本全国

育て方

植えつけや株分けは3月が適期。小形種のイッスン（1寸）キンカや花茎が短いハチジョウアキノキリンソウなどは、鉢植えでも楽しめます。湿度を好むので、水やりを十分にします。

漢字名：秋麒麟草　科・属名：キク科ソリダゴ属　分類：多年草
性質：半耐寒性　生育環境：日当たり、通風良　殖やし方：株分け

オオアワダチソウ

花は茎の上の方にまとまってつく

仲間の中では大形

セイタカアワダチソウほど繁殖力は強くありませんが、各地で野生化しています。花は上の方につきます。茎は高さのわりに細く、密生して群がる性質があります。葉は細長く、仲間のなかでは大形です。

花色	●
花ことば	強い心
高さ	約1m
花径	20～40㎝（花穂）
花期	7～9月
生育場所	日本全国

漢字名：大泡立草
分類：多年草　性質：半耐寒性
生育環境：水はけ良、通風良
殖やし方：株分け

セイタカアワダチソウ

繁殖力が強く大群落をつくる

野生化して各地に大群落

根が急速に広がり、2～3年間で大群落をつくります。名のとおり背が高くなるのが特徴で、茎の太さは径1㎝にもなり、木の枝のようにかたくなります。茎の上の方に黄色い花がつきます。

花色	●
別名	セイタカアキノキリンソウ
花ことば	嫌われ者
高さ	約2.5m
花径	10～50㎝（花穂）
花期	10～11月
生育場所	日本全国

漢字名：背高泡立草
分類：多年草　性質：耐寒性
生育環境：日当たり
殖やし方：株分け

アサツキ

かわいい花が茎先に丸くまとまる

花は観賞、鱗茎は食用

ラッキョウに似た姿をしていますが、地下の球根は小さく、春～秋まで生育します。暑さに弱く、生産が多い東北地方では、8～9月に植えつけます。冬には地上部が枯れ、生育も停止します。4月から葉が伸び始め、花後はまた休眠に入ります。

花色	●
別名	イトネギ
花ことば	春を待つ
高さ	約50㎝
花径	4～5㎝（花穂）
花期	5～7月
生育場所	日本全国

育て方

種球を1球ずつ植えつけ、早春穫りは覆土7㎝、冬穫りは約15㎝と厚くします。ただし関東地方での栽培は、葉ネギと同じような利用法が多いので、覆土は浅めにします。野生種を栽培利用したので、とくに品種はありません。

漢字名：浅葱　科・属名：ユリ科ネギ属
分類：多年草　性質：耐寒性　生育環境：日当たり　殖やし方：株分け

アゲラツム

桃色の花の群生

多花性で小さくまとまる

花は小さな花がまとまって多くつきます。多く出回るのは15～20㎝の小形種で、鉢植えや花壇に利用されます。草丈60㎝になるものもあります。根元から側枝が多く発生するものと、上の方で2～3本に枝分かれするタイプとがあります。

花色	●○
別名	カッコウアザミ
花ことば	少女の愛
高さ	20～60㎝
花径	4～8㎜
花期	7～10月
生育場所	日本全国

育て方

種子まきは4月中旬～5月中旬が適期。育苗箱などにまきつけて発芽させ、本葉が2～3枚に育ったら、3号ポットに移植します。育苗して6月に鉢や庭に定植します。鉢植えは5号鉢、庭植えは株間20㎝にします。

科・属名：キク科アゲラツム属
分類：1年草　性質：非耐寒性　生育環境：日当たり　殖やし方：実生

ノアザミ〈代表種〉
花は茎先に上向きにつく

山野に多く自生している

アザミの仲間

花は粘液をだす

古くから日本の山野に自生し、野生的な花として親しまれてきました。病虫害に強く、切り花に多く利用されています。

若葉は食べられます。日本の山野には約60種のアザミが自生しています。代表格のノアザミは江戸時代から園芸化され、種間雑種ができやすく、葉に刺があります。花は筒状花です。根元からでる葉と茎につく葉があり、羽状に裂けます。ノアザミの花は上向きで、下の方を触ると粘ります。

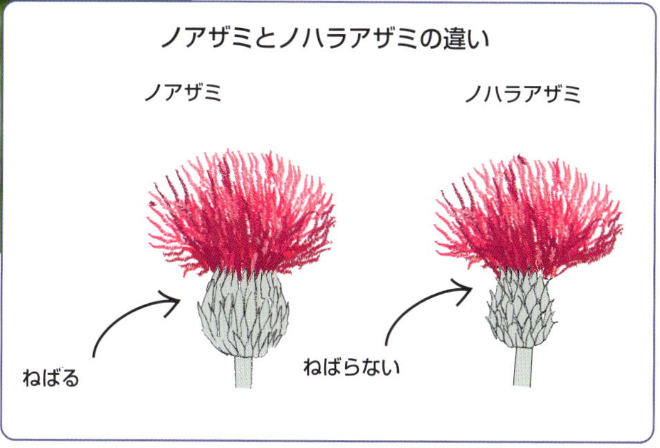

花色	●○
別名	テラオカアザミ
花ことば	素直になれない恋
高さ	50〜80cm
花径	4〜5cm
花期	5〜8月
生育場所	本州〜九州

育て方

6〜8月に種子まきします。株が大きくなるので、株間は30cmくらいとり、1〜2cm覆土します。本来は野生の草花なので、用土に腐葉土などを多めにすき込んでおけば、追肥は不要です。

漢字名：野薊　科・属名：キク科アザミ属　分類：多年草　性質：半耐寒性　生育環境：日当たり　殖やし方：実生

ノハラアザミ（野原薊）

ノアザミより花期が遅れる

頭花は上向き

野原に多いからと、牧野富太郎博士が命名しました。本州中部地方以北に自生するアザミで、紅葉色の花の開花は8〜10月です。根元からでる葉は羽状に深く裂け、開花時にも残ります。頭花は上向きにつき、粘液は出しません。

テラオカアザミ（寺岡薊）

濃紅色の花が茎先につく

花は濃紅花

ノアザミの園芸品種の1種で、昭和初期につくられたとされ、花は濃紅色になります。仲間にはノアザミ‘アーリーピンク’、ノアザミ‘楽音寺’などがあります。花期は5〜8月。

イガアザミ（毬薊）

海岸近くに咲く

茎はやや低く太い

ナンブアザミの変種で、関東地方の海岸近くに自生します。茎はやや低いが太く、全体に荒々しい感じがします。頭花は紅紫色で、花茎が短くかたまってつき、花期は8〜10月です。

フジアザミ（富士薊）

強い刺がある

花は大輪

関東から中部の山地に分布し、富士山の近くに多く生える多年草。花は紅紫色の頭花で、径10cmの大輪です。8～10月に下向きに咲きます。根元からでる葉は長さ50～70cmで中裂し、強い刺があります。

ハマアザミ（浜薊）

根が食用になる

花は紅紫色

大平洋岸の暖地に分布する多年草で、ハマゴボウの別名があります。根が地中深く伸びて食用になります。花は紅紫色です。高さは30～60cmで、花期は6～12月。

モリアザミ（アザミ属／花期9～10月）

キツネアザミ（キツネアザミ属／花期5～6月）

←↑別属のアザミ

オニアザミ（アザミ属／花期6～9月）

ヒレアザミ（ヒレアザミ属／花期5～7月）

タチアザミ（アザミ属／花期8～10月）

栽培品種が多く野生は少ない大形の草

シオン　アスターの仲間

生花の花材によく利用される

姿は大形、花は見映えする

花芯（筒状花）は黄色で、周りの花弁（舌状花）は青紫色です。漢方では根を乾かしてせき止めに用います。山間の湿った草地に自生しますが、野生はまれにしか見られません。根元からでる葉は大きな長楕円形で、茎につく葉は細くて先がとがります。

花色	●
花ことば	力強い姿
高さ	1～2m
花径	3～4cm
花期	8～10月
生育場所	本州中国地方、九州

育て方

植えつけ適期は3～4月上旬です。西日を避けられる場所を選びます。株間は40～50cmと広くとります。定植後3年が株分けの時期です。掘り上げて2～3芽ずつに分けて、植えつけます。

漢字名：紫苑　分類：多年草
性質：耐寒性　生育環境：日当たり、水はけ良　殖やし方：株分け

草形がクジャクの羽状に広がる

クジャクアスター　アスターの仲間

枝先に花が広がってつく

シロクジャクもある

切り花や鉢植えに利用されますが、すべて改良された園芸品種です。別名のクジャクソウという名をもつ草花は、他属や同属のものにいくつかあるので注意します。白花種をシロクジャクと呼ぶこともあります。

花色	○○
別名	クジャクソウ
花ことば	ひとめぼれ
高さ	30～80cm
花径	3～5cm
花期	6～10月
生育場所	日本全国

育て方

植えつけや株分けは、3～4月が適期です。西日を嫌うので、場所を選びます。株分けは3～4年に1回が目安で、それ以上放置すると株が込み合ってしまいます。

科・属名：キク科アスター属
分類：多年草　性質：耐寒性　生育環境：日当たり、半日陰　殖やし方：株分け

ヨメナとともに秋の野菊の代表

ノコンギク　アスターの仲間

小さな花だが枝いっぱいにつく

野に咲く紺色の菊

山野に自生しています。地下茎を伸ばしながら殖え、茎は枝分かれします。葉は少しざらつきます。花は青紫色または淡紫色の花弁と中心の黄色からなります。

花色	●●
花ことば	強い人
高さ	30～100cm
花径	約2.5cm
花期	8～11月
生育場所	本州、四国、九州

育て方

植えつけや植え替えは、3～4月が適期です。鉢植えはすぐ根づまりするので、毎年植え替えます。用土は、赤玉土などに腐葉土を2割くらい混ぜます。多肥にすると大味になるので、春に1回だけ少量の置肥を施します。

漢字名：野紺菊　分類：多年草
性質：耐寒性　生育環境：日当たり、半日陰　殖やし方：株分け

山野に広く自生するノコンギクの栽培品種

コンギク　アスターの仲間

キク形のかわいらしい花が枝先につく

舌状花（ぜつじょうか）が花芯の周りに開く

切り花は、お盆などに欠かせない花のひとつになっています。連作と乾燥に弱く、枯死することがあるので注意します。

花弁（舌状花）が、黄色い花芯（筒状花）の周りに平開します。地下茎を伸ばして殖え、茎は枝分かれして短毛があります。根元からでる葉は花期に枯れます。茎につく葉は長さ6～12cm、幅3～5cmで、ふちには大きなギザギザ（鋸歯（きょし））があります。

花色	●●
花ことば	秘めた恋
高さ	50～80cm
花径	約2.5cm
花期	8～11月
生育場所	日本全国

育て方

植えつけや植え替えの適期は3～4月。すぐに根づまりするので、鉢植えは毎年植え替えます。庭・鉢ともに、用土に腐葉土を2割くらい混ぜて植えつけます。根づまりしたら、株分けします。

漢字名：紺菊
分類：多年草　性質：耐寒性　生育環境：日当たり　殖やし方：株分け

利用範囲が広い草花

ユウゼンギク　アスターの仲間

背の高さはさまざま

花色に濃淡がある

園芸品種が多く、小形種から高性種まであり、花壇、切り花、鉢植えなどに広く利用されています。茎は直立し、上の方で枝分かれし、葉は長く、密生してつきます。花色に濃淡があり、八重もあります。

花色	○●●
別名	ユウゼンノギク
花ことば	複雑な人間関係
高さ	20㎝～1.8m
花径	約2.5㎝
花期	9～11月
生育場所	日本全国

育て方

植えつけや株分けは、3～4月上旬が適期です。西日を避けられる場所を選びます。株間は45㎝くらいとります。植えつけ後3年はそのまま育て、3年めに植え替えや株分けをします。

漢字名：友禅菊　**分類**：多年草
性質：耐寒性　**生育環境**：日当たり、水はけ良　**殖やし方**：株分け

人気があって園芸品種が多い

ネバリノギク　アスターの仲間

花色は変化に富む

ユウゼンギクに似ている

花色も変化に富んでいます。園芸品種が多く、アメリカでは秋の花壇の花として重要視されています。全体にユウゼンギクに似ていますが、葉の毛に多少粘りがあることや、1花に花弁が40～60個つくことで区別されます。

花色	●●○
花ことば	いつまでも忘れない
高さ	70㎝～1.5m
花径	約5㎝
花期	8～10月
生育場所	日本全国

育て方

植えつけや株分けは、3月中旬～4月中旬が適期です。秋に行うと小株で越冬することになるので、地方によっては保温が必要になります。用土には腐葉土などをすき込みます。

漢字名：粘野菊　**分類**：多年草
性質：耐寒性　**生育環境**：日当たり、水はけ良　**殖やし方**：株分け

アシタバ

開花後に種子ができる

葉にはビタミンが豊富

健康野菜として有名

葉を摘んでも明日にはまた伸び出すほど繁殖力が強いのが、この名の由来です。ビタミンが豊富に含まれています。花は3～4年に1度開花し、開花後は枯死しますが、こぼれ種が発芽します。葉を傷つけると黄色い汁がでます。茎の先に、小さな花が多数集まってつきます。

花色	○
別名	アシタグサ、ハチジョウソウ
花ことば	未来への希望
高さ	50～80㎝
花径	10～15㎝（花穂）
花期	5～10月
生育場所	海辺の暖地

育て方

種子まきの適期は4～5月で、本葉2枚になったら株間30㎝で定植します。シーズンにはポット苗が市販されるので、それを入手して、庭や鉢植えにして育てると簡単です。根が長いので、鉢は深いものを使用。

漢字名：明日葉　**科・属名**：セリ科シシウド属　**分類**：多年草　**性質**：非耐寒性　**生育環境**：半日陰、肥沃地　**殖やし方**：実生

長い花穂が立ち上がる

アスティルベの仲間

山野草仕立ても風情がある

花色、花形はさまざま

細長い花穂を伸ばし、明るい色の小花をびっしりつけます。寒さには強いのですが、夏の暑さには弱いので注意します。

園芸品種が多く、花色や花形もさまざまです。鉢苗で入手するときは、品種名が記入されていないものが多いので、花色や花形などを確認するか、花がすでについているものを買います。

花穂が大きい

白い花穂が魅力の日本原産

花色	○
花ことば	控えめな愛
高さ	30～60㎝
花径	20～50㎝（花穂）
花期	5～6月
生育場所	本州近畿地方以西

花は白色で小さな花が集まって長い穂状になり、泡のようです。花の茎には短い腺毛が密生します。葉は長めの卵形か細長い形です。ふちには鋭いギザギザ（鋸歯）があり、質は厚く光沢があります。

漢字名：泡盛升麻　分類：多年草
性質：半耐寒性　生育環境：日当たり、半日陰　殖やし方：株分け

花色	○○●
花ことば	燃える愛
高さ	50㎝～1m
花径	30～50㎝（花穂）
花期	6～8月
生育場所	日本全国

育て方

暑さにやや弱いので、夏に風通しが良い、涼しい場所を選びます。植えつけや株分けの適期は、3～4月と10月ごろです。庭植えは、株間30～40㎝あけ、小鉢造りは、3号鉢に1株ずつ植えつけます。

科・属名：ユキノシタ科アスティルベ属
分類：多年草　性質：耐寒性　生育環境：半日陰　殖やし方：株分け

葉の上に花穂が立ち上がる

屋久島に自生する山野草

花色	○～●
花ことば	さわやかな恋
高さ	5～50㎝
花径	4～5㎜
花期	7月
生育場所	屋久島

漢字名：屋久島升麻
分類：多年草
性質：耐寒性
生育環境：半日陰
殖やし方：株分け

屋久島に自生していたものが山草愛好家によって栽培され、各地に広がりました。葉の茎は紫色をおび、頂の小葉は細長い菱形で、多くは3裂します。草形に風情があります。

花はひっそりした感じ

花はまばらな穂状になる

花色	○
花ことば	人恋しい
高さ	40～50㎝
花径	10～20㎝（花穂）
花期	6～8月
生育場所	本州関東地方南部

漢字名：一葉升麻
分類：多年草
性質：耐寒性
生育環境：半日陰
殖やし方：株分け

白い小さな花が集まり、まばらな穂状になります。自生地は本州の一部に限定され、山地の谷沿いに生えているだけですが、山野草としてはかなり広い範囲で栽培されています。

小さい花穂が集まって大きい花穂をつくる

花は細長くまとまる

花色	●
花ことば	弱気な恋
高さ	30～80㎝
花径	5～10㎝（花穂）
花期	6～8月
生育場所	本州以西

漢字名：乳茸刺
分類：多年草
性質：耐寒性
生育環境：半日陰
殖やし方：株分け

花は細長くまとまり、斜めに立ち上がります。珍しい名は、食用キノコの乳茸を採った人がこの草の茎に刺して持ち帰ったから、といわれます。小さな花は径約4㎜です。茎には、長い毛があります。

アスペルラ

アスペルラ・オリエンタリス　花筒をもつ青紫色の花

紫がかったものや白い花がある

世界に200種以上あり、そのうちの数種が栽培され、花壇、切り花、鉢植えなどに利用されています。草形や花形、花色もいろいろですが、多くは花筒をもつろうと状です。

花色	○●●
花ことば	心がわり
高さ	20～60㎝
花径	1～3㎝
花期	6～7月
生育場所	日本全国

育て方

実生は、開花後に種子が充実したら採取して、採りまきにします。発芽日数の長いものが多く、一度低温に遭わせると発芽します。株分けは、地域にもより、多くは早春の3～4月が適期です。

科・属名：アカネ科アスペルラ属　分類：1年草、多年草
性質：耐寒性　生育環境：日当たり　殖やし方：株分け、実生

アストランティア

アストランティア・マヨル　長く伸びる茎の先に花がつく

2～3種が栽培されている

世界に9種あり、日本ではそのうち2～3種とその園芸品種が栽培されています。花は、伸びた茎の先につきます。草丈は20～30㎝で7～8月に開花と、草丈30～60㎝で5～6月に開花するものとがあります。

花色	○○
花ことば	知性
高さ	20～60㎝
花径	2～3㎝
花期	5～8月
生育場所	日本全国

育て方

植えつけや株分けは、3～4月か10月が適期です。用土は、あらかじめ腐葉土を2割くらいすき込んで、調整しておきます。

科・属名：セリ科アストランティア属　分類：多年草
性質：耐寒性　生育環境：半日陰　殖やし方：株分け、実生

アセロラ

花は長期間楽しめる

赤い果実は健康食品に利用

花後には、酸味が強いサクランボ大の球果がつき、赤熟します。ジャムやジュースにします。ビタミンCが豊富。花は淡紅色で、小さな花が3～8個つきます。

花色	●
花ことば	健康増進
高さ	2～3m
花径	約1.5㎝
花期	5～10月
生育場所	日本全国(鉢植え)

育て方

鉢植えにします。8号以上の深鉢に赤玉土中粒6、腐葉土2、川砂2の割合で混ぜた用土を入れ、植えつけます。

科・属名：キントラノオ科マルピーギア属　分類：常緑低木
性質：非耐寒性　生育環境：戸外（春～秋）、室内（冬）　殖やし方：挿し木

アセビ

スズランに似た壷状の花は枝先に集まり下向きに咲く

有毒なので注意

馬が食べると酔ったようになる、といわれるのが名の由来です。「万葉集」にも登場。花は長さ6～8㎜と小さく、枝先に多数集まり、下向きにつきます。

花色	○○
別名	アシビ、アセボ
花ことば	献身
高さ	1～5m
花径	10～15㎝(花穂)
花期	2月下旬～5月
生育場所	本州山形県以南

育て方

植えつけ適期は10月ごろ。挿し木は、花後の6～7月、充実した今年枝を使います。挿し穂は10～15㎝、上葉を3分の1切りつめて使います。

漢字名：馬酔木　科・属名：ツツジ科アセビ属　分類：常緑低～小高木
性質：半耐寒性　生育環境：日当たり、半日陰　殖やし方：挿し木、取り木、株分け

アデニウム

アデニウム・オベスム
花は桃色で中央近くは淡色になるものが多い

保温すれば冬も常緑を保つ

花は、枝の上の方にかたまってつき、5裂します。葉は長さ5～8㎝のへら形で、表面は濃緑色で光沢があります。冬の乾燥期は落葉して休眠しますが、8℃以上を保てば、常緑で開花を続けます。

花色	
花ことば	一夏の恋
高さ	30～50㎝
花径	5～7㎝
花期	周年
生育場所	日本全国（鉢植え）

育て方

植えつけや植え替えは、休眠あけ直前の2～3月が適期で、5～6号の鉢を利用します。鉢底にゴロ土を多めに入れ、赤玉土に腐葉土を2割くらい混ぜた用土に植えつけます。

科・属名：キョウチクトウ科アデニウム属　**分類**：多年草
性質：非耐寒性　**生育環境**：日当たり、水はけ良　**殖やし方**：挿し木、取り木

アッツザクラ

6弁花が株いっぱいにつく

鉢植えにして楽しむ球根植物

1属1種で、現在栽培されているのはすべて改良された園芸品種です。日本で手がけられたものもいくつかあり、一重咲き、八重咲き、大輪、中輪、小輪があります。1～3輪の花がつきます。

花色	
別名	ロドヒポクシス
花ことば	可憐
高さ	15～20㎝
花径	1～2㎝
花期	4～5月
生育場所	日本全国（鉢植え）

育て方

春～秋にかけて生育し、冬は休眠します。植えつけは早春の2月中旬～3月中旬が適期です。3号鉢に1球、4号鉢に2球が目安です。植えつけ後は、乾かさないように水やりし、夏は半日陰へ移動します。

科・属名：コキンバイザサ科ロドヒポクシス属　**分類**：球根植物
性質：非耐寒性　**生育環境**：日当たり、半日陰　**殖やし方**：分球

アナキクルス

アナキクルス・デプレッスス

山草風に育てて楽しむ

1年草もありますが、栽培されているものは多年草で、山草愛好家が育てています。立性またはほふく性で、葉は互生し長さ3～4㎝の羽状に分裂します。花弁は表が白色で、裏は紫紅色になり、半分開く花が美しい。

花色	
花ことば	かわいらしい想い
高さ	5～20㎝
花径	3～4㎝
花期	4～5月
生育場所	日本全国（鉢植え）

育て方

長雨の時期は雨よけをしてやります。春、秋に生育し、夏は休眠します。冬は弱りますが、管理して越冬させます。植えつけ用土は、鉢底へ軽石などのゴロ土を多めに入れます。

科・属名：キク科アナキクルス属　**分類**：多年草　**性質**：半耐寒性
生育環境：日当たり、水はけ良　**殖やし方**：挿し木、実生

アナナス

葉に斑が入るパイナップル‘ヴァリエガツス’

集合果は食用のパイナップル

花後にできる円筒状の集合果が、食用のパイナップルになります。中央から花茎が直立し、花がたくさんつきます。葉はロゼット状で長さ約1m、幅3～4㎝になり、刺状のギザギザ（鋸歯（きょし））がふちから先まであります。

花色	
別名	パイナップル
花ことば	情熱的
高さ	1～1.2m
花径	20～30㎝（花穂）
花期	4～5月
生育場所	日本全国（鉢植え）

育て方

5～6℃あれば越冬できますが、生育するのは春～秋までで、冬は休眠します。温室などで必要な温度が保てれば周年生育を続け、開花結実も周年になります。挿し芽は、果実の先につく冠芽を切りとって、用土に植えます。

科・属名：パイナップル科アナナス属　**分類**：多年草
性質：非耐寒性　**生育環境**：温室　**殖やし方**：挿し芽

アニソドンテア・カペンシス

アオイの花に似たアニソドンテア・カペンシス
'サンレモ・クイーン'

花弁は水平に開く

1～3個の花が、枝の上の方の葉のわきにつきます。花弁は水平に開き、赤紫色で濃色の脈があり、基部は暗色になります。花後に、多数の分果ができます。葉は長さ約3cmの卵形で、3～5に浅～深裂します。

花色	●
花ことば	甘い恋
高さ	約1m
花径	3～4cm
花期	6～7月
生育場所	日本全国

育て方

4月ごろが種子まきの適期です。育苗箱やポットにまきつけて育苗し、その年の10月か翌年の3～4月に定植します。暖地では直まきで育てることもできますが、寒冷地では鉢植えにし、保温して越冬します。

科・属名：アオイ科アニソドンテア属　**分類**：多年草
性質：半耐寒性　**生育環境**：日当たり　**殖やし方**：実生

アニゴザントス

アニゴザントス'ジョーイシドニー'

品種により変化が多い

葉の間から長い花茎が伸び、カンガルーの足状の花が4～10個まとまってつきます。葉はアヤメに似た剣状で長さ30～40cm、幅1cmですが、品種によって形も大きさも変わってきます。園芸品種が多くあります。

花色	●●
花ことば	愛人の関係
高さ	約1m
花径	7～8cm（花穂）
花期	4月（春咲き）、7月（夏咲き）
生育場所	日本全国（鉢植え）

育て方

関西地方では、無加温のビニールハウスで越冬できますが、関西地方から北では、越冬に保温が必要になります。鉢植えの用土は、赤玉土に川砂やバーミキュライトなどを加えます。株分けは、秋が適期です。

科・属名：ハエモドルム科アニゴザントス属　**分類**：多年草
性質：半耐寒性　**生育環境**：水はけ良　**殖やし方**：株分け、実生

花色が多くどこでも楽しめる

アネモネの仲間

アネモネ・コロナリア〈代表種〉

通常のアネモネは本種

花の女神フローリスに仕えた美しい妖精アネモネの化身といわれ、名はギリシャ語の風の娘に由来しています。通常アネモネと呼ばれているのは本種で、秋植え球根です。根元からでる葉は細かく裂け、葉の茂みから花茎を伸ばして、先に1花がつきます。花弁のように見えるのは萼片（がくへん）です。本種の園芸品種は多く、花も一重や八重があります。

花色	○○●●
別名	ボタンイチゲ、ハナイチゲ
花ことば	明日の希望
高さ	25～40cm
花径	5～10cm
花期	4～5月
生育場所	日本全国

育て方

植えつけ適期は4～5月で、庭植えは株間15cm、鉢植えは5号鉢で3球です。覆土は3cmくらい。球根は、あらかじめ湿らせた水ゴケなどの上に置いて、1昼夜吸収させておきます。花後、黄ばんだら掘り上げます。

科・属名：キンポウゲ科アネモネ属　**分類**：球根植物
性質：耐寒性　**生育環境**：日当たり　**殖やし方**：分球

アネモネ・ネモロサ

白花だが淡紅色をおびることがある

花は茎の先に1つつく

別名ヤブイチゲ（藪一華）。ヨーロッパからアジア東北部にかけて広く分布し、高さ10～25cmの小形種です。根元からでる葉は、開花後に現れます。花は径2～4cmで、花茎の先に1つつきます。花期は3～6月。

アネモネ・ブランダ

アネモネ・ブランダの白花種

花径は約4cm

花色は白、淡青～濃青、桃色など。花期は3～5月です。地中海沿岸の東南部に分布し、岩場や低木林などに自生します。高さ5～20cmで、根元からでる葉は3裂して、さらに細かく裂けます。花は径約4cmで、花茎の先に1つつきます。

キクザキイチゲ（菊咲一華）

茎先に1輪咲きになる

花色は白か淡紫

本州中部以北から北海道まで分布するやや寒地性の多年草で、高さ10～30㎝です。花色は白または淡紫色、花期は4～6月です。地下茎は横に這い、地下茎の先から花茎を1本出し、径4㎝の花を1つつけます。

イチリンソウ（一輪草）

花弁のような萼片は5枚で茎先に1輪咲く

花は花茎の先に1つつく

別名イチゲソウ（一華草）。本州、四国、九州に分布する高さ20～30㎝の多年草。山地の林内などに自生します。花色は白。地下茎は横に伸び、やや多肉化します。花茎は地下茎の先端から1本伸び、先に径4㎝の花が1つつきます。花期は4～5月。

アズマイチゲ（東一華）

花弁のような萼片は8～13枚

花色は白

北海道、本州、四国に分布する多年草です。花は3～5月に茎の先に1つつき、花色は白で径3～4㎝。高さは20㎝で、地下茎は横に伸びてやや肥大します。根元からでる葉はてのひら形で、茎につく葉は3輪生します。

シュウメイギク（秋明菊）

花形や花色は変化が多い

中国から渡来か

草丈は80㎝くらいにまでなります。古く中国から渡って来たと考えられ、本州、四国、九州に分布しています。茎の先に淡紫紅色の花を多数つけます。花は径5～7㎝、花期は9～10月。八重咲きで、花弁のような萼片が20～30枚あります。花が一重のものもあります。

サンリンソウ（三輪草）（八重咲き）

八重咲きサンリンソウ

茎の先に2～3個の花が開く

サンリンソウの園芸品種で、八重咲きになる品種です。3輪咲くのが多いためこの名がつきました。高さ15～30㎝になり、根元からでる葉は3つに裂け、小葉はさらに2～3に裂けます。茎の葉は3枚輪生し、先に2～3個の白色の花が開きます。花期は5～7月。

ハクサンイチゲ（白山一華）

高山植物として知られ茎先に数花がまとまってつく

花弁状の萼片は卵形

中部地方以北の高山や湿った草原に自生するやや寒地性の多年草です。太い根茎があり、高さ20～30㎝になります。花茎の先に数個つく花は白色で、径2～3㎝です。花期は7～8月。花弁状の萼片は卵形で、5～7枚つきます。

ニリンソウ（二輪草）

早春から咲き、1茎に1～3個の花がつく

花は白色で1～3個

山地の樹林下に自生し、しばしば群生します。茎先につく花は白色で、1～3個つきます。多くが2つなのでニリンソウといいます。花期は3～5月。花弁状の萼片は卵形で、5枚つきます。高さ15～25㎝で地下茎は横に這います。根元からでる葉は3つに裂け、茎の葉は3枚輪生します。

花の拡大

このような飾り方も楽しい▼

アフェランドラ

アフェランドラ・スクアロサ'ダニア'
花は2カ月くらい楽しめる

花が美しい観葉植物

熱帯～亜熱帯に約200種あり、さらに多くの園芸品種がつくられています。鉢植えによく利用されるアフェランドラ・スクアロサ，ダニア，は小形園芸品種のひとつで、光沢がある緑葉には美しい葉脈があり、黄色い花が茎の先につきます。

花色	○●●
花ことば	素敵な心
高さ	30cm～1m
花径	8～15cm（花穂）
花期	周年（18℃以上）
生育場所	日本全国（鉢植え）

育て方

春～秋は戸外に出せますが、夏は直射日光を避けて30～40%遮光します。植えつけや植え替えは5～6月が適期です。若木は毎年植え替え、大株は2～3年に1回植え替えます。用土は赤玉土7、腐葉土3の混合土を使います。

科・属名：キツネノマゴ科アフェランドラ属　**分類**：常緑低木
性質：非耐寒性　**生育環境**：夏は遮光　**殖やし方**：挿し木

アベリア

鐘形の花がラッパ状に開く　アベリア・グランディフラ

花は夏から晩秋まで咲く

花が長期間楽しめます。アベリアといえば、タイワンツクバネウツギを親としてつくられた園芸品種を指します。花は白色ですが、わずかに淡紅色をおびています。長さ2cmの鐘形で、花の先は小さく開きます。

花色	○
別名	ハナツクバネウツギ、ハナゾノツクバネウツギ
花ことば	控えめ
高さ	2m
花径	2cm
花期	7～11月
生育場所	本州東北地方南部以南

育て方

寒さには強いですが、東北地方以北には適しません。植えつけは4月中旬～10月中旬の生育期なら、いつでもできます。花後の11～3月の間に強い剪定を行い、樹形を整えます。花は後から伸びる新梢につきます。

科・属名：スイカズラ科アベリア属　**分類**：常緑低木
性質：半耐寒性　**生育環境**：日当たり　**殖やし方**：挿し木、株分け

アブティロン

斜め下向きに咲く

15℃以上を保つと周年咲く

温室性の園芸品種が多い

花は茎先や葉のわきにつき、1～3個が下向きに咲きます。径5～6cmで、平開するものや鐘形などがあります。葉は長さ10～18cm、幅4～8cmですが園芸品種が多く、葉形や斑の入り方なども一定しません。

花色	○●●●
花ことば	恵まれた環境
高さ	1～3m
花径	5～6cm
花期	周年（15℃以上）
生育場所	日本全国（鉢植え）

育て方

植えつけや植え替えの適期は5月です。生長が早いので、植え替えは毎年行います。鉢植えは小苗を3～4号鉢に植えつけ、最終的には7～9号鉢で育てます。挿し木は、6～8月に1年生枝を15～30cm切り、挿し穂にします。

科・属名：アオイ科アブティロン属　**分類**：常緑低木
性質：非耐寒性　**生育環境**：日当たり　**殖やし方**：挿し木

アマリリス

大輪の紅色の花

変化が多い花形・花色

花形や花色など変化が多く、美しい花が多くあります。本属の園芸改良品種をアマリリスと呼んでいます。同科のアマリリス属は、1種からなる単型属で、南アフリカを原産とする球根植物で別種です。

花色	○○●
別名	ジャガタラスイセン
花ことば	賛美される恋
高さ	30～60㎝
花径	10～15㎝
花期	5～6月
生育場所	日本全国（鉢植え）

育て方

3～4月上旬が、植えつけの適期です。球周18～20㎝の球根を7～8号鉢に、上の方がややでるくらいに浅植えにします。用土は赤玉土7、腐葉土3の混合土にします。2～3年に1回は、葉が枯れたら掘り上げます。

科・属名：ヒガンバナ科ヒッペアストルム属　分類：球根植物
性質：半耐寒性　生育環境：日当たり、半日陰　殖やし方：分球

アマゾンユリ

直立する花茎の先に花がつく

花には芳香がある

温室では冬も開花します。花の先は6つに裂けています。葉の長さと同じくらいの長い茎があります。花茎は円柱状で高さ60㎝まで直立し、茎先に芳香がある白い花を3～6個つけます。

花色	○
別名	ギボウシスイセン
花ことば	純な愛情
高さ	60㎝
花径	6～8㎝
花期	周年（温室）
生育場所	日本全国(鉢植え)

育て方

夏の高温時は風通しを良くするか、戸外の涼しい半日陰に置きます。冬は10℃以上を保って管理します。生育環境の幅が狭いので、育てるには環境の整備が必要です。

科・属名：ヒガンバナ科エウカリス属　分類：球根性多年草
性質：非耐寒性　生育環境：温室、半日陰、水はけ良　殖やし方：分球

アラマンダ

花の先端が5裂する

一重咲きと八重咲きがある

若枝は細長く、つる状に伸びます。葉は3～4枚が輪生し、長さ10～15㎝でふちは波状になり、裏面の主脈には毛があります。花はろうと状で先端は5裂し、基部は膨らみません。園芸品種がいくつかあります。

花色	●
別名	アリアケカズラ
花ことば	楽しい追憶
高さ	つる性
花径	5～7㎝
花期	周年（10℃以上）
生育場所	日本全国（鉢植え）

育て方

寒さに弱いので、庭植えできる地域は暖地に限られますが、つるが伸びるので誘引する場所が必要になります。鉢植えには、つるが伸びにくいヒメアリアケカズラのほうが適しています。挿し木は、前年の枝を使います。

科・属名：キョウチクトウ科アラマンダ属　分類：常緑低木
性質：非耐寒性　生育環境：日当たり　殖やし方：挿し木、接ぎ木

アメリカイワナンテン

小さな花が集まって花穂になる

庭植えで葉色も楽しむ

花は長さ7～8㎝の花穂につきます。園芸品種には、小形種や葉に斑が入るものなどがあります。幹は直立せず、地ぎわから曲線状に出て株立ちになります。葉は細めの卵形で長さ約15㎝になり、厚く光沢があります。

花色	○
別名	セイヨウイワナンテン
花ことば	若い恋人
高さ	1～1.5m
花径	7～8㎝（花穂）
花期	4～5月
生育場所	日本全国

育て方

強い乾燥や湿地は嫌いますが、寒さや日陰に強い丈夫な花木です。植え穴を大きめに掘って、腐葉土を多めにすき込んでおき、3～4月に植えつけます。株分けは植えつけと同じ時期で、挿し木は6～7月にします。

漢字名：亜米利加岩南天　科・属名：ツツジ科イワナンテン属　分類：常緑低木
性質：耐寒性　生育環境：日当たり　殖やし方：株分け、実生、挿し木

アリストロキア

花は特異な形をしている

国内に6種自生する

花は萼が発達したもので葉のわきから、ろうと状に開きます。地下茎から細い茎を出して伸び、茎は枝分かれしてほかの樹木などにからみつきます。葉は、長さ4〜7㎝の3角状卵形です。

花色	
別名	ウマノスズクサ
花ことば	奇妙な人
高さ	つる性
花径	5〜7㎝
花期	7〜9月
生育場所	本州関東地方以西

育て方

茎が枝分かれしてつる状にからみつくので、庭植えは格子の支柱にからませたり、鉢植えならあんどん仕立てなどにします。茎の伸びは旺盛なので、ときおり大きく刈り込んで、形を整えてやります。

科・属名：ウマノスズクサ科アリストロキア属　**分類**：多年草、つる性低木
性質：半耐寒性　**生育環境**：日当たり、半日陰　**殖やし方**：実生

アリウム

花の直径が12㎝にもなるアリウム・ギガンテウム

1.5ｍになるものもある

ネギやタマネギ、ニンニクなどとも同属で、とくに花の美しい球根性のものが観賞用に栽培されています。花はネギ坊主状です。球根そのものも径1〜10㎝と大小が、また高さも10㎝くらいから1.5ｍになるものなどがあります。

花色	
花ことば	円満な人柄
高さ	つる性
花径	5〜12㎝（花穂）
花期	5〜7月
生育場所	日本全国

育て方

植えつけの適期は10〜11月です。小球性の小形種は群生に向きますが、写真のアリウム・ギガンテウムは1m以上になる高性種なので株間を60㎝とり、2〜3球植えつけて球根の2〜3倍の厚さに覆土します。

科・属名：ユリ科アリウム属　**分類**：球根植物
性質：耐寒性　**生育環境**：日当たり　**殖やし方**：分球

アルケミラ

高山地帯に自生するハゴロモグサ

グラウンドカバーにも利用

花は黄や黄緑で小さく、茎の先に多数が集まります。花は花弁がなく、4個の萼片と1〜4個の雄しべがあります。葉は品種によって違いがあり、ハート形などで、いずれも浅く5〜7に裂けます。

花色	
別名	ハゴロモグサ
花ことば	思いがけない再会
高さ	20〜60㎝
花径	約5㎜
花期	5〜6月
生育場所	本州中部地方以北

育て方

気候的には、東北地方が適しています。関東以西ではロックガーデンに利用しますが、夏は遮光して管理します。植えつけは4〜5月。

科・属名：バラ科アルケミラ属　**分類**：多年草　**性質**：耐寒性
生育環境：半日陰、水はけ良　**殖やし方**：株分け

アリッサム

園芸品種が多い

甘い香りの小さな花が咲く

本来は多年草ですが、園芸上は1年草に扱われています。葉は細長い形です。花は小さな花ですが多数まとまります。枝分かれが多く、小さな半球状になり、多くの園芸品種があります。

花色	
別名	ニワナズナ、スイート・アリッサム
花ことば	あでやか
高さ	10〜15㎝
花径	7〜8㎜
花期	3〜5月、6〜9月
生育場所	日本全国

育て方

一般には、秋に種子まきして鉢で育苗しながら越冬させてから、春に定植します。この場合は9月中旬〜10月上旬が適期ですが、暖地では3〜5月に種子まきします。発芽適温は15℃なので、地域により対応します。

科・属名：アブラナ科ロブラリア属　**分類**：1年草、多年草
性質：半耐寒性　**生育環境**：日当たり　**殖やし方**：実生

アルブカ

白色の花が上向きにつく‘フミリス’

小鉢で山草風にもできる

約130種ありますが、よく栽培されているのは数種で、高さ50～60㎝になるものと1.2～1.5ｍになるものとがあります。花は下向きに咲き、わずかに芳香があるものと、上向きにつくものとがあります。

花色	○○
花ことば	清純
高さ	50㎝～1.5m
花径	約10㎝
花期	5～6月
生育場所	関東地方以西

育て方

肥料の少ない土を好み、過肥を嫌います。一般には鉢植えで育てられ、冬は温室内で管理されますが、寒さには比較的強く、暖地では庭植えで越冬できます。単植より群植のほうが、見応えがあります。

科・属名：ユリ科アルブカ属　分類：球根植物
性質：半耐寒性　生育環境：水はけ良　殖やし方：分球

アルストレメリア

花形はユリに似ている

花色に変化が多い

園芸品種が多く、高さ30㎝の小形種から切り花に利用される1ｍになる高性種まであります。和名ユリズイセンの品種は、茎の先に短い花茎をもった赤い花がつきます。花弁は6枚で、半分くらい開きます。

花色	○○●●
別名	ユリズイセン、インカノユリ
花ことば	幸福な日々
高さ	30㎝～1m
花径	4～5㎝
花期	5～6月
生育場所	日本全国

育て方

寒さと暑さのどちらにも弱いので、夏冬の管理に注意します。植えつけ適期は10～11月。庭植えは株間20㎝、鉢植えは5号鉢に1球が目安で、どちらも5㎝くらい厚く覆土して発芽させます。

科・属名：アルストレメリア科アルストレメリア属
分類：球根植物　性質：半耐寒性　生育環境：日当たり　殖やし方：分球

アンクサ

‘ロドン・ローヤリスト’

庭植えで青花を観賞

別名ウシノシタグサは、高さ1～1.5ｍになる高性種で、茎の葉には粗い白毛があります。花は藍色がかった青で、まばらにつき、5～6月に開花します。葉は細長く、ときには波状の歯芽をもっています。

花色	●○
別名	ウシノシタグサ
花ことば	淡い恋
高さ	30㎝～1.5m
花径	0.7～1㎝
花期	5～6月
生育場所	本州中部地方以北

育て方

小形種は鉢植え、高性種は庭植えに向いています。直根性なので、移植を嫌います。種子の発芽適温は10～15℃と低く、高温では発芽が悪くなるので、種子まきは春か秋が適期です。

科・属名：ムラサキ科アンクサ属　分類：2年草、多年草　性質：耐寒性
生育環境：日当たり、水はけ良、肥沃地　殖やし方：株分け、実生

アルメリア

‘アルメリア・マリティマ’

小さな花が球形にまとまる

夏に、花茎がロゼットの中心から数本伸びて、花が茎の先に丸くつきます。小さな花が1～3個集まり、それらがさらに集まって丸い花房になります。

花色	○○●
別名	ハマカンザシ
花ことば	小さな満足
高さ	10～20㎝
花径	2～3㎝（花穂）
花期	3～5月
生育場所	日本全国

育て方

植えつけは3～6月。酸性土を嫌うので、石灰で中和しておきます。庭植えは株間10～15㎝、鉢植えは6号鉢に3株が目安です。株分けは9月中旬～下旬で、根を引き裂くように分けて植えつけます。

科・属名：イソマツ科アルメリア属　分類：多年草
性質：耐寒性　生育環境：日当たり　殖やし方：株分け

キダチアロエ〈代表種〉

暖地で野性化したキダチアロエ（南伊豆町）

薬用に利用される

アロエの仲間

キダチアロエは明治初期に渡来

古くから薬用として広く知られてきた観葉植物です。毎年、子株が多く発生するので、挿し穂に利用して殖やします。約200種といわれるアロエ属の中で最も知られているのが、このキダチアロエです。

民間薬としては葉の汁を切り傷、火傷に塗り、生食して胃腸病、便秘に用います。「医者イラズ」という名の由来です。寒いと花が咲きません。

花は円筒状で長さ4㎝くらいで美しく、花色は鮮紅色になります。葉は長さ45～60㎝、幅5㎝で多肉質、緑色の剣状3角形になり、ふちには鋭い刺が密につきます。

花色	●
別名	イシャイラズ
花ことば	健康
高さ	1～2m
花径	4㎝
花期	11月
生育場所	日本全国（鉢植え）

育て方

5～10月は戸外に出して、十分日に当てます。乾燥には強いのですが、用土が乾いたらたっぷり水やりします。一部の暖地では半野性化していますが、寒さに弱いので、鉢植えにして冬は室内に入れます。

漢字名：木立蘆薈　科・属名：ユリ科アロエ属　分類：多年草
性質：非耐寒性　生育環境：日当たり　殖やし方：株分け

アロエのいろいろ

アロエ・エクスケルサ

アロエ・デイリー

▼ケープアロエ

アロエ・アフリカーナ

アロエ・カピタータ

アンズ

春先、葉がでる前に花が咲く　果実

花も果実も楽しめる

果実は干しアンズ、ジャムなどにします。種子は漢方薬に使われます。花は葉がでる前につき、花期は花一色になります。花後の7月には径約3cmで球形の果実が、橙黄色に熟します。

花色	○
別名	カラモモ
花ことば	約束された幸福
高さ	5～10m
花径	2～3cm
花期	3～4月
生育場所	日本全国

育て方

植えつけ適期は12～3月の落葉期です。1～2年生の苗木を植えつけます。植え穴を大きめに掘り、腐葉土を多めにすき込んで植えつけます。高木になるので、都市部では高さ2～3mの樹形に仕立てます。

漢字名：杏　科・属名：バラ科サクラ属
分類：落葉小高木　性質：耐寒性　生育環境：日当たり　殖やし方：接ぎ木

アンゲロニア

花は葉のわきや茎先につく

花は葉のわきに1つずつつく

花は紫青色か白色または複色になり、葉のわきや茎の上に直立してつきます。茎は直立性ですが、倒れやすいので注意します。葉は細めの卵形で、まばらに細いギザギザ（鋸歯（きょし））があります。

花色	●●○複色
花ことば	過去の恋人
高さ	60cm～1m
花径	2cm
花期	8～9月
生育場所	日本全国（鉢植え）

育て方

花期は夏で、日当たりが良いほど花はよく咲きます。鉢植えは5～6号鉢に、水はけが良い用土で植えつけます。

科・属名：ゴマノハグサ科アンゲロニア属
分類：1年草、多年草　性質：半耐寒性
生育環境：日当たり、水はけ良　殖やし方：実生、挿し木

イイギリ

萼には黄色い毛が密生する　花後に丸い果実が赤熟する

枝葉が大きく広がる庭木

果実はナンテンの実に似ています。昔、この葉でご飯を包んだのがこの名の起こりとか。芳香がある小さい花が多数集まって、枝先から垂れ下がります。花弁はなく、5～6個の萼（がく）には両面に毛が密生します。

花色	●
別名	ナンテンギリ
花ことば	強いからだ
高さ	10～15m
花径	20～30cm（花穂）
花期	4～5月
生育場所	関東地方以西

育て方

葉が大きく、強い風を嫌うので、風当たりが少ない場所が適地です。枝が大きく張り出しますが、枝を切りつめるときは、5月ごろの開花後にします。強く切りすぎると、枯れるので注意します。

漢字名：飯桐　科・属名：イイギリ科イイギリ属　分類：落葉高木　性質：半耐寒性
生育環境：日当たり、水はけ良、砂質土　殖やし方：実生、挿し木

アンスリウム

仏炎苞が見どころ（アンスリウム・アンドレアヌム）

仏炎苞（ぶつえんほう）が美しい

原種は約200種あるといわれていますが、観賞用に栽培されているものの多くはベニウチワの園芸品種です。花に見えるのは仏炎苞で、人工的な美しさがあります。本当の花は中央に突きでる細長い部分です。

花色	●●●○
別名	ベニウチワ
花ことば	献身的な愛
高さ	10～60cm
花径	5～6cm
花期	周年（15～20℃）
生育場所	日本全国（鉢植え）

育て方

高温性植物で暑さには強いのですが、夏の直射日光は嫌うので避けます。9月下旬～翌年5月は室内に入れて、10℃以上あれば越冬できますが、冬～晩春まで花を楽しむためには、15～25℃は必要です。

科・属名：サトイモ科アンスリウム属　分類：多年草
性質：非耐寒性　生育環境：室内　殖やし方：株分け

イクシオリリオン

イクシオリリオン・パラシー

秋植え初夏咲きの花

ユリの花に似ています。花は茎の先や直下の葉のわきに、まばらに1～15花がつきます。花の基部は重なってろうと状になり、花びらは6枚。まれに白い花がつきます。茎の下部に細長い葉を3～8枚つけ、上の方にも短い葉を2～3枚つけます。

花色	●○
花ことば	洗練
高さ	30～50㎝
花径	3～4㎝
花期	5～6月
生育場所	日本全国

育て方

耐寒性があり、庭植えと鉢植えができます。植えつけの適期は9～10月です。鉢植えは5号鉢に、10球を目安に植えつけます。6月下旬に葉が黄変したら、掘り上げます。

科・属名：ヒガンバナ科イクシオリリオン属　**分類**：球根植物
性質：耐寒性　**生育環境**：日当たり、水はけ良、肥沃地　**殖やし方**：分球

イクシア

多数が集まり大きな花穂になる

品種により花形や花色が変化

和名ヤリズイセンは、花茎が30～50㎝になり、葉は長さ30㎝、幅約6㎜の細長い形です。花は明るいオレンジ～黄橙色で、5～17花が2列に並んで穂状につきます。仲間の中では、最も耐寒性が強い品種です。

花色	○●●●
別名	ヤリズイセン
花ことば	調和のとれた愛
高さ	20㎝～1m
花径	3～5㎝
花期	5～6月
生育場所	関東地方以南

育て方

連作と酸性を嫌います。植えつけの適期は10～11月です。庭植えは株間6㎝、深さ5㎝に植えつけ、鉢植えは5号鉢に5～6球植えつけます。凍結しないようにして越冬させます。

科・属名：アヤメ科イクシア属　**分類**：球根植物
性質：半耐寒性　**生育環境**：日当たり、水はけ良　**殖やし方**：分球

イチゴ

白い花と赤熟した果実

美味な改良品種が多い

現在栽培されているのは、すべて改良された品種で、果実の大きさや食味もさまざまです。国内でも、その地方に適した栽培方法や品種がつくられています。緑葉の基準は3枚輪生で、ふちにはギザギザ（鋸歯）があります。

花色	○
別名	オランダイチゴ
花ことば	先見
高さ	10～20㎝
花径	1～2㎝
花期	4～5月
生育場所	関東以西

育て方

イチゴのライフサイクルは、親株からランナーが伸び、子株－生育－開花結実と進みます。短日下で平均気温が23℃以下が10日続くと花芽が分化し、5℃以下になると分化が止まります。これを人工的に管理します。

漢字名：苺　**科・属名**：バラ科オランダイチゴ属　**分類**：多年草
性質：非耐寒性　**生育環境**：日当たり　**殖やし方**：株分け

イソトマ

花は長期間咲き続ける

星形の花が茎先に多数つく

有毒植物の1種で、液汁1滴が目に入っただけでも、失明するといわれ、注意が必要です。花は平らに開く5弁花が茎先につきます。茎は直立し、葉は長めの卵形で長さ6㎝くらい。ふちは不規則な歯状をしています。

花色	○●●
花ことば	猛毒
高さ	40～50㎝
花径	3～4㎝
花期	5～9月
生育場所	日本全国

育て方

長雨を嫌うので、庭植えは注意します。鉢植えは梅雨期、雨が当たらない場所に移動します。寒さに弱いので、暖地以外は鉢植えにして暖かい室内で管理します。

科・属名：キキョウ科ラウレンティア属　**分類**：多年草
性質：半耐寒性　**生育環境**：日当たり、水はけ良　**殖やし方**：株分け

イワガラミ

装飾花は長さ16～35㎜

つる性の落葉樹

アジサイに似ています。山地に多く見られるつる性落葉樹で、茎から気根を出して他樹木や岩をよじ登ります。葉は先がとがった広めの卵形で幅5～10cmあり、ふちには鋭いギザギザ（鋸歯）があります。

花色	○
花ことば	平凡
高さ	つる性
花径	2～3cm
花期	7月
生育場所	日本全国

育て方

伸び始めたら生育は旺盛です。病気や害虫の心配もほとんどありません。挿し木は6月ごろ、充実した今年枝を10cmくらい切りとり、挿し穂にします。

漢字名：岩絡　科・属名：ユキノシタ科イワガラミ属　分類：落葉低木
性質：耐寒性　生育環境：日当たり、日陰　殖やし方：実生、挿し木

イチゴノキ

開花後果実ができる　赤く熟した果実

果実はジャムにする

花は壺のような形をし、白かピンクがかるかで、枝先に数花がまとまって下向きにつきます。花後の秋には、小形で球形の果実が赤く熟します。

花色	○○
別名	ストロベリーツリー
花ことば	後が楽しみ
高さ	7～10m
花径	1～2cm
花期	3～4月
生育場所	日本全国

育て方

中性～酸性で肥沃な場所が適します。乾燥や移植を嫌うので、最初から定植できる場所に植えつけます。実生もできますが、園芸品種は挿し木にします。

漢字名：苺木　科・属名：ツツジ科アルブッス属　分類：常緑高木
性質：耐寒性　生育環境：日当たり、半日陰、水はけ良　殖やし方：挿し木、実生

イベリス・センペルウィレンス

小さな花がこんもり盛り上がる

花が株をおおうよう

花は株をおおうように、多数つきます。よく枝分かれして、高さ20～30cmのこんもりした草形をつくり、半低木状になります。茎はなめらかで、基部は紫紅色をおびます。

花色	○●
別名	トキワナズナ
花ことば	心残り
高さ	20～30cm
花径	4～5cm（花穂）
花期	4～5月
生育場所	日本全国

分類：多年草　性質：耐寒性　生育環境：日当たり　殖やし方：実生

白色の小さな花が茎先に多数つく

イベリスの仲間

小さな花が密につく

草丈が低く、白い小さな花がまとまってつき、清楚な姿は山草を思わせます。赤紫色の花をつける園芸品種もあります。

花は白い小さな花が茎先に密につき、散房花序をつくります。茎葉ともに白い短毛があり、茎は上の方でよく枝分かれします。日本に渡来したのは、1870年ごろとされています。暑さ、寒さに強い植物です。

散房状に白い花が集まってつく

花色	○
別名	ニオイナズナ
花ことば	寄り集まる
高さ	15～40cm
花径	4～5cm（花穂）
花期	4～5月
生育場所	日本全国

育て方

直根性で移植を嫌うので、直まきするか、育苗したときは、子葉が開いたところで幼苗のうちに苗土ごと植えつけます。種子まき適期は9月中～下旬です。用土には腐葉土などを多めに加えて、肥沃にしておきます。

科・属名：アブラナ科イベリス属　分類：2年草
性質：耐寒性　生育環境：日当たり　殖やし方：実生

イワヒゲ

白い花が下向きにつく

寒さに強く暑さに弱い

ドウダンツツジの花を思わせます。花は葉のわきに1個下向きにつき、長さ5～9㎜で、5つに浅く裂けます。茎は針金状で細く、枝分かれして岩の上を這います。枝には長さ1～3㎝の十字対生する鱗片状3角形の葉が、重なり合うように密生します。

花色	○●
花ことば	ゆれる思い
高さ	10㎝
花径	3～9㎜
花期	7～8月
生育場所	本州中北部以北

育て方

湿った泥炭質の土が適しています。鉢植えで山草風に育てるときは、ケト土と礫を用土にするなど、できるだけ低い温度を保てる用土にします。夏の暑さを避け、花が終わったら植え替えます。

漢字名：岩鬚　科・属名：ツツジ科イワヒゲ属　分類：常緑低木
性質：耐寒性　生育環境：半日陰　殖やし方：挿し木

イワタバコ

花はまとまってつく

上の方が5裂した小さな星を思わせる美しい花です。葉はタバコの葉に似ています。葉の間から、長さ10～15㎝の花茎を伸ばし、先にいくつかの花がまとまってつきます。

光沢がある葉の上に花がつく

花色	○●●●
別名	イワヂシャ
花ことば	愛らしい人
高さ	5～20㎝
花径	1～2㎝
花期	6～8月
生育場所	本州秋田県以南

育て方

鉢植えは、毎年生長が始まる前の春に植え替えます。直射日光を避け、湿度を保って管理し、冬は乾かし気味にして越冬します。葉挿しは暑い夏と寒い冬を避けます。

漢字名：岩煙草　科・属名：イワタバコ科イワタバコ属　分類：多年草
性質：耐寒性　生育環境：水はけ良、日陰、肥沃地　殖やし方：葉挿し

インドジャボク

筒形の花が集散状にまとまる

花後には液果ができる

温室栽培の小低木

根に血圧降下作用をもつアルカロイドを含む薬用植物です。花は筒状で葉のわきにつき、長い茎があります。花後、液果ができます。葉は対生または輪生で、ふちに波がある細長い形です。

花色	○●●
花ことば	人ぎらい
高さ	約1m
花径	8～10㎝(花穂)
花期	周年
生育場所	日本全国

育て方

日本でも一時無霜地帯で栽培を試みたことがありますが、熱帯性で寒さに弱く、生産はされていません。観賞用栽培は温室で管理されているので、一般家庭では難しいようです。野生では、湿気がある森林内で生育しています。

漢字名：印度蛇木　科・属名：キョウチクトウ科ラウヴォルフィア属
分類：常緑小低木　性質：非耐寒性　生育環境：温室　殖やし方：挿し木、実生

インカルヴィレア

品種により花色が変わる

ドゥラヴェーイー種は長さ30㎝になる根元からでる葉をもち、小葉は長さ6㎝で10対くらいつきます。花は径7～9㎝になる桃色の大輪です。シネンシス種は高さ20㎝くらいで、葉は長さ15㎝の羽状です。花は径約3㎝の赤あるいは紫紅か淡紅色です。

インカルヴィレア・ドゥラヴェーイー

インカルヴィレア・シネンシス・ヴァリアビリス

花色	○●●●
花ことば	気まぐれな恋
高さ	20～60㎝
花径	3～10㎝
花期	6～7月
生育場所	日本全国

育て方

肥沃な砂質土を好みます。冬に水が抜けにくいような場所では枯死しやすいので、寒冷地では注意します。実生は約2年で開花株になります。株分けは、開花前の3～4月か、花後の10月ごろが適期です。

科・属名：ノウゼンカズラ科インカルヴィレア属　分類：多年草
性質：半耐寒性　生育環境：水はけ良　殖やし方：株分け、実生

花色が多く花期が長い

インパティエンスの仲間

花や葉は品種によって変化

夏の花壇を彩る花として、とても人気があります。小形種は草丈20cmくらいでこんもり茂り、小さな花をびっしりつけます。

花や葉は品種により変化します。アフリカ系は本来多年草ですが、園芸上は1年草として扱われています。ニューギニア系は多年草で宿根になり、アフリカ系より花が大きく、葉に斑が入り、挿し木で殖やすことができます。

科・属名：ツリフネソウ科インパティエンス属
分類：1年草、多年草　**性質**：非耐寒性
生育環境：日当たり　**殖やし方**：実生、挿し木

育て方

4月下旬～5月上旬が、種子まきの適期です。箱まきにして発芽させ、本葉2～3枚で移植します。7月まで育苗し、苗が十分に育ったら庭植えは株間30cm、鉢植えは5号鉢に1株を定植します。

花色	○○●
別名	ホウセンカ
花ことば	強い個性
高さ	30～60cm
花径	3～8cm
花期	6～10月
生育場所	日本全国（鉢植え）

インパティエンス・フィエスタ'カリフォルニア・ローズ'

ホウセンカ（鳳仙花）

園芸品種の赤色の花

いくつかの系統に分かれる

ホウセンカの園芸品種の総称で、いくつかの系統に分かれます。高性八重咲き系は高さ60cmで株立ちになります。鉢植えに向く小形頂天咲き系は高さ20～30cmで花色が多く、小さくまとまります。花期は5～9月。

ハガクレツリフネ（葉隠釣舟）

下向きに垂れ下がる花

葉の陰に花が隠れる

山地の水辺や林内などで育つ1年草で、高さ30～80cmになり、花は葉の陰に隠れるようにつきます。花期は7～10月。葉は菱形状の卵形で長さ4～15cmあり、ふちにはギザギザ（鋸歯）があります。葉のわきにつく花は淡紅紫色です。

アフリカホウセンカ（阿弗利加鳳仙花）

'ジグザグ・スカーレット'

花はまばらにつく

花色は豊富で白、紅、青紫などがあり、上葉のわきに、1～3花がつきます。園芸品種で本来は多年草です。東南アジアの山地では野生化していますが、温帯では1年草の園芸品種として利用されています。花期は6～10月。

距の先は巻き込む

距の先は巻き込む

花は葉のわきから斜めに立ち上がり紅紫色で、花茎の先に数個つき、距の先はくるりと巻き込まれます。花期は7～9月。山奥の湿地に生育する1年草で、高さ50～80cmになります。茎は赤みをおび、節は膨らんでいます。

黄色い花が葉のわきから下向きにつく

花は下向きにつく

日本全国をはじめ温帯に広く分布する1年草で、やや湿った場所を好みます。花色は黄色で、葉のわきにまばらにつき、下向きに開きます。花期は7～9月。葉のふちには鈍いギザギザ（鋸歯）があり、草丈は40cm～1mです。

切り花や花壇に広く利用

ウェロニカの仲間

長い花穂が特徴

北半球の温帯に広く分布している多年草で、葉の間から花穂が立ち上がります。国産にはクワガタソウがあります。

葉は対生または3～4枚の輪生で、長めの卵形か細長い形です。長さ約10㎝で、ふちにギザギザ（鋸歯（きょし））があります。花は茎の先に小さく密につき、長い花穂になります。基本色は淡紫ですが、白や桃の園芸品種があります。

育て方

水はけが悪いと立枯病の心配があります。実生は4月上旬に箱まきして育苗し、本葉4～5枚で定植します。株分けは3月下旬が適期で、植え替えをかねて行います。

花色	○●●●
花ことば	華やかな夢
高さ	60～80㎝
花径	20～30㎝（花穂）
花期	7～9月
生育場所	日本全国

科・属名：ゴマノハグサ科ウェロニカ属
分類：1年草、多年草　性質：耐寒性
生育環境：日当たり、水はけ良、肥沃地
殖やし方：株分け、実生

ウェロニカ・ロンギフォリア'アルバ'

ウェロニカ・ロンギフォリア'ブルージョン'

花は下から咲き上がる

花はまとまってつく

京都府～鳥取県の日本海側に野生する多年草で、高さ50～60㎝。茎は直立か斜めに立ち上がり、全体に白毛が目立ちます。葉は長さ5～10㎝の細長い形で、青紫色の小さな花が茎の先にまとまってつきます。花期は8～9月。

ウイキョウ

ローマ人に愛されたハーブ

花は茎の先につく小さい5弁花で数個にまとまり、丸く花穂をつくります。葉は細く裂けています。生育には比較的涼しい場所を好みますが、寒さにあまり強くなく、マイナス3℃で寒害を受けます。

黄色の小さい花がまとまってつく

花色	●
別名	フェンネル
花ことば	背伸びした恋
高さ	1～1.5m
花径	1～2㎝（花穂）
花期	6～7月
生育場所	日本全国

育て方

4月の春まきと6～9月の夏まきとがあります。酸性を嫌うので、1～2週間前に苦土石灰をまいて中和しておきます。間引いて育て、大苗になったら株間50㎝で植えつけます。

漢字名：茴香　科・属名：セリ科ウイキョウ属　分類：多年草
性質：半耐寒性　生育環境：日当たり、水はけ良　殖やし方：実生

クワガタソウ（鍬形草）

淡紅紫色の4裂した花が葉のわきにつく

葉は卵形

木陰に育つ多年草、高さ15～30㎝になります。花は上の葉のわきに1～5花がつき、径1㎝前後で皿状に広く開きます。花期は5～6月。上の方の葉は大きく長さ1～5㎝の卵形で、先はややとがります。

ウォールフラワー

小さな花がまとまってつく

芳香があり切り花に利用

芳香がある花として古くから知られ、園芸上は早春咲きの2年草として利用されます。花は茎の先につきます。葉は長めの卵形で長さ4～7cm、先がとがり両面に軟毛があります。

花色	（黄・橙・紫・桃）
別名	ニオイアラセイトウ
花ことば	ほのかな思い
高さ	30～80cm
花径	約2cm
花期	2～4月
生育場所	日本全国

育て方

寒さには強いのですが暑さに弱いので、晩夏に種子まきして小苗で定植し、越冬して早春に開花させます。高性種は切り花や庭植えに適し、小形種は鉢植えで楽しむこともできます。庭での越冬は簡単な霜よけをします。

科・属名：アブラナ科ケイランツス属　分類：2年草、多年草
性質：耐寒性　生育環境：日当たり　殖やし方：実生

ウォーターポピー

水上に向かって伸びる茎の先に花がつく

暖地性の水生植物

名前にポピーやヒナゲシがついていますが、まったく別科別属の水生植物です。水底にひげ根をおろし、水面上に葉を浮かべます。花は7～10cmの茎の先につきます。葉は長さ4～8cm、幅3～6cmで表面は緑の光沢があります。

花色	（黄）
別名	ミズヒナゲシ、キバナトチカガミ
花ことば	水辺の美人
高さ	7～10cm
花径	4～5cm
花期	7～8月
生育場所	暖地で冬は温室

育て方

春～初夏は一時戸外の水槽で育てることもできますが、基本的には温室内で管理します。鉢植えにして水槽に沈めるか、水槽の底に泥を入れて直接植えつけるかにします。越冬は水温5℃以上を保ちます。

科・属名：ハナイ科ヒドロクレイス属
分類：水生植物　性質：非耐寒性　生育環境：温室　殖やし方：株分け

ミヤマウグイスカグラ（深山鶯神楽）

日本海側に多い

全体に毛が多い

本州以南に分布する落葉低木で、高さは2mくらいです。花形はウグイスカグラと同じですが、花柱には毛があり、果実は6月に赤く熟します。花期は4～5月。葉は長さ3～6cm、幅2～4cmの卵形で、裏面には毛があります。

ヤマウグイスカグラ（山鶯神楽）

枝分かれが多い

花は葉のわきに1つつく

北海道南部以南の全国に分布する落葉低木で、高さ1～3mです。花後に赤く熟す果実は、甘みがあって食べられます。花は葉のわきに1つつき、淡紅色です。花期は3～5月。葉は長さ2.5～6cmの卵形で、粗い毛が生えています。

春の花と初夏の果実を楽しむ

ウグイスカグラの仲間

花は下向きに垂れ下がる

春、ウグイスが鳴くころに白や桃色の小さな花を咲かせ、初夏には食用になる果実がつきます。花形はろうと状で先が5裂し、下向きに咲きます。花は枝先の葉のわきに長さ1～2cmの花茎をだし、先に淡紅色などの花が1～2個つきます。

花はろうと状で下向きに咲く

初夏に赤熟する果実は生食できる

花色	（白・桃・赤）
別名	ウグイスノキ
花ことば	女性らしい
高さ	約2m
花径	1～2cm
花期	3～5月
生育場所	日本全国

育て方

植えつけの適期は3～4月。植え穴を大きめに掘り、腐葉土を多めにすき込んでおいて、苗木を植えつけます。挿し木では3月中～下旬は前年枝、6月下旬～7月は今年枝を使います。

漢字名：鶯神楽　科・属名：スイカズラ科スイカズラ属　分類：落葉低木
性質：耐寒性　生育環境：日当たり、水はけ良、肥沃地　殖やし方：挿し木、実生

似た品種が多いので注意

ウスユキソウの仲間

苞葉の上に花がつく

葉に白い綿毛がつき、薄く雪をかぶったように見えるところからこの名がつきました。浅鉢か中深鉢で育てます。山地の岩のすき間や乾燥した礫地などに育ちます。花は灰白色で、白い苞葉の上につきます。葉は細長い形で長さ4～6cm、幅約1cmです。表面には多少、裏面には密生して綿毛があります。

苞葉は薄く雪をかぶったよう

花色	○
花ことば	貴い記憶
高さ	25～60cm
花径	2～4cm
花期	7～8月
生育場所	本州低～高山の草原

育て方

よく山野草仕立てにされますが、用土は水ゴケを少し混ぜた山砂などを使い、乾きすぎないように注意して管理します。植えつけや株分けは3月か10月です。種子は発芽しやすいが、実生は本葉がでたらすぐ移植します。

漢字名：薄雪草　**科・属名**：キク科ウスユキソウ属
分類：多年草　**性質**：耐寒性　**生育環境**：日当たり　**殖やし方**：株分け

ハヤチネウスユキソウ（早池峰薄雪草）

早池峰山にて

花は1株に4～8個

岩手県の早池峰山および北海道の大雪山など高山帯に自生する多年草で、高さ10～20cmです。葉はまばらにつき、苞葉は5～15個あり、長さ1～3cmです。花は1株に4～8個で、よく山野草仕立てにされます。花期は6～7月。

エーデルワイス

園芸品種が多い

高さ10～20cmで茎の先に花がつく

アルプス原産ですが、多くの園芸品種がつくられ、広く一般化しています。苗鉢で入手するときは、花を見て選ぶようにします。花期は5～6月。夏は日当たりで風通しが良い涼しい場所に置きます。越冬は、枯死しないように注意します。

ミネウスユキソウ（峰薄雪草）

山野草仕立てに利用される

本州中部山岳地帯の高山帯に自生する多年草で、高さ10cmくらいの小形種です。高山ではしばしば群生し、淡紫色の花と草形が美しいので、鉢植えの山野草仕立てに利用されます。花期は7～8月。

小形でしばしば群生する

ウチワノキ

葉より花が先につく

花は葉がでる前に枝を飾る

朝鮮半島北部特産の、めずらしい花木です。つぼみのときは淡紅ですが、開花するとほとんど白色で、中心は黄色です。葉は卵形で長さ2～5cm。先がとがり対生します。花は春先に葉がつく前に咲きます。

花色	○●
別名	シロバナレンギョウ
花ことば	未来への思い
高さ	1～2m
花径	1～2cm
花期	2～4月
生育場所	日本全国

育て方

乾燥に強く丈夫な花木なので、たいていの場所で育ちます。低木で育ちやすい花木ですが、庭木にはまだあまり利用されていないようです。挿し木は、花後に今年枝を使います。

漢字名：団扇木　**科・属名**：モクセイ科アベリオフィルム属　**分類**：落葉低木
性質：耐寒性　**生育環境**：日当たり、水はけ良　**殖やし方**：挿し木、実生

早春を代表する花

ウメの仲間

早春を代表する花木

ウメは実ウメと花ウメ、その中間種など数多くの改良品種が作られています。各地にウメの名所があり、楽しまれています。

花は葉がでる前につきます。前年の枝の葉のわきに1～3個が開花し、芳香があります。花弁は5枚あり、花後には食用の果実ができます。

園芸上の分け方…野梅性、紅梅性、豊後性、杏性の4系統。ほかに性に関係なく枝垂れなどがあります。

'鬼桂（オニカツラ）' 野梅性

'呉服枝垂（ゴフクシダレ）'

花色	○○●
花ことば	清らかな香り
高さ	5～10m
花径	2～3cm
花期	2～3月
生育場所	日本全国

漢字名：梅　科・属名：バラ科サクラ属　分類：落葉小高木
性質：耐寒性　生育環境：日当たり　殖やし方：接ぎ木

育て方

植えつけの適期は、落葉中の11～12月です。植え穴を大きめに掘り、腐葉土などを多めにすき込み、やや高植えにします。殖やす場合は、3月上旬に接ぎ木をします。台木は2～3年生で、接ぎ穂は前年の枝を使います。

▲ '思いのまま'

'鹿児島紅（カゴシマベニ）'

紅梅（コウバイ）

'寒衣（カンイ）'

▲ 果実は利用価値が高い

枝先の白色の花を観賞

ウツギの仲間

ウツギ〈代表種〉

花は枝先にまとまってつく

花は下向きにつく

華やかなサクラが咲き終わり、新緑が映えるころになると白いウツギの花が咲きだし、山野を飾るようになります。

花は枝先に多数集まり下向きにつきます。株立ち性で葉は長さ4～9cm、幅3～4cmの卵形をしており、先が長くとがります。ふちには細かいギザギザ（鋸歯）があり、葉裏や葉の茎には星状毛があります。

花色	○○
別名	ウノハナ
花ことば	秘密
高さ	2～3m
花径	2～3cm
花期	5～7月
生育場所	北海道南部以南

育て方

植えつけ適期は2月下旬～4月の落葉期です。植え穴に腐葉土をすき込んでおきます。株分けは全株を掘り上げ、根張りが良い幹枝を数本選び、親株から切り離して植えつけます。挿し木は3月と6～7月にできます。

漢字名：空木　**科・属名**：ユキノシタ科ウツギ属　**分類**：落葉低木
性質：半耐寒性　**生育環境**：日当たり　**殖やし方**：挿し木、株分け

暖地性で4～5月に花が咲く

ヒメウツギ（姫空木）

枝先に白い5弁花がつく

ウツギより暖地性で、本州関東地方以西に分布し、開花期も1カ月くらい早くなります。あまり高木にならないので、鉢植えにも利用されます。花期は4～5月。葉は長さ4～8cm、幅2～3cmの卵形で、4～5月に白い5弁花が枝先につきます。

花は枝先にやや上向きにつく

マルバウツギ（丸葉空木）

花はやや上向きにつく

別名ツクシウツギ。本州関東地方以西に分布し、日本固有で山野に自生します。花は枝先に上向きにつく5弁花です。花期は4～5月。葉は長さ3.5～6cm、幅2～3cmの卵形で、ふちには浅いギザギザ（鋸歯）があります。

エオニウム

春～秋に黒くなる黒法師

花が見られる観葉植物

約40種があり、観葉植物として数種が栽培されている多肉植物です。エオニウム・アルボレウムは、モロッコ原産で高さ1m以上になり、斑入りは「艶日傘」、葉が紫黒になるものを「黒法師」と園芸名で呼んでいます。

花色	○●●●
花ことば	くせがある人
高さ	1～1.5m
花径	10～20cm（花穂）
花期	不定期
生育場所	日本全国（鉢植え）

育て方

高温多湿と冬の寒さを嫌うので、育て方に注意します。夏は戸外の涼しい場所を選んで育て、冬は室内に入れてガラス越しの光の下で管理します。多肉植物で乾燥には強く、多くは開花後枯死します。

科・属名：ベンケイソウ科エオニウム属　**分類**：多肉植物
性質：半耐寒性　**生育環境**：日当たり、半日陰　**殖やし方**：実生、挿し木

エウコミス

長さ30cmの花穂をつけるエウコミス・コモサ

切り花にも向く長い花穂

葉の中央から50～60cmの花茎が直立し、小さな花をまばらにつけた大きい花穂ができます。葉は長さ50～60cm、幅6～8cm。裏面に暗褐紫色の斑点があり、根元からでます。花後に黒～褐色の種子ができ、実生もできます。

花色	○●●●
花ことば	明日を信じる
高さ	50～60cm
花径	約2cm
花期	7～8月
生育場所	本州東北地方以南

育て方

冬は霜よけ程度で越冬できますが、寒冷地では掘り上げて、室内で貯蔵します。植えつけ適期は早春の2～3月。実生でも3～4年で開花します。

科・属名：ユリ科エウコミス属　**分類**：球根植物　**性質**：半耐寒性
生育環境：日当たり、水はけ良、肥沃地　**殖やし方**：実生、分球

山野草仕立てにすると風情がある

エウパトリウムの仲間

小さな花が集まってつく

秋の七草のひとつ

秋の七草のひとつで、つぼみのうちに茎ごと採取して陰干しにしたものを入浴剤に使うと、肌に良いとされています。奈良時代に、中国から渡来したといわれています。茎の先に、小さな花が多数集まり、大きな花穂になります。花はすべて両性の筒状花が集まったものです。

花色	○○●
花ことば	さびしげな人
高さ	1～1.5m
花径	5～10cm（花穂）
花期	8～9月
生育場所	本州関東地方以西

育て方

植えつけや株分けは3月中旬～4月上旬が適期。大きくなりやすいので、庭植えは株間を広めにとり、鉢植えは7～8号の深鉢にするか、小鉢で山野草仕立てにします。

漢字名：藤袴　科・属名：キク科エウパトリウム属　分類：多年草
性質：半耐寒性　生育環境：日当たり、水はけ良　殖やし方：株分け

サワヒヨドリ（沢鵯）

花房の大きさには個体差がある

花は淡紫か白

山地の日当たりが良い湿地で育つ多年草で、高さ40～80cmになります。花色は淡紫か白色で、密にまとまってつきます。花期は8～10月。葉は対生ですが、ときには輪生し長さ6～12cm、幅1～2cmの細長い形です。

ヨツバヒヨドリ（四葉鵯）

花の下に葉が輪生する

茎は直立する

日当たりが良い山地や湿原などに育つ多年草。花は白か紫をおびます。花期は8～9月。茎は枝分かれせずに直立し、高さ1mくらいになります。葉は細長い形で長さ10～15cm、幅3～4cmです。3～4枚ずつが段になって輪生します。

ヒヨドリバナ（鵯花）

花は直立する茎の先につく

花は房状になる

山地の乾いた草原に育つ多年草で、高さ60cm～1.5mになります。花は白または紫をおび、まとまってつきます。花期は8～10月。葉は広めの細長い形で長さ10～15cm、幅3～7cm。ふちにはギザギザ（鋸歯）があります。

エキノプス

丸い花が茎の先につく

アザミに似た花がつく

切り花やドライフラワーに利用されます。茎の中ほどから枝分かれし、その先にアザミに似た、青い径4～5cmの丸い花がつきます。

花色	●
別名	ルリタマアザミ
花ことば	実らぬ恋
高さ	70～80cm
花径	4～5cm
花期	7～8月
生育場所	日本全国

育て方

弱アルカリ性を好むので、育てる場所は苦土石灰などをまいて中和しておきます。種子まきは5～6月が適期です。発芽したら育苗床に移植して育苗し、秋に定植します。種子の寿命は短いので、新しいものを使います。

科・属名：キク科エキノプス属　分類：多年草　性質：耐寒性
生育環境：日当たり、水はけ良　殖やし方：株分け、実生

エキナケア

ホソバムラサキバレンギク（パープルコーンフラワー）

まとい（纏）に似た花形

花は茎の先につき、花びらは紫紅～白まであり、中心は暗赤褐色です。ロゼット葉は細めの卵形で長い柄があり、茎の葉は細長い形で、ふちにはギザギザ（鋸歯）があります。

花色	●○
別名	ムラサキバレンギク
花ことば	人見知り
高さ	60cm～1m
花径	約10cm
花期	6～9月
生育場所	日本全国

育て方

水はけが悪いと、株が腐敗します。株分けは春が適期ですが、あまり小分けにすると活着しにくいので、2～3株に大きく分けます。実生は、春に種子まきして発芽させます。

科・属名：キク科エキナケア属　分類：多年草　性質：耐寒性
生育環境：日当たり、水はけ良、肥沃地　殖やし方：株分け、実生

エスキナンツス

花は房状にまとまる

花が美しい観葉植物

花の美しい観葉植物として人気があります。熱帯性のつる性着生植物で、約100種ある原種から交配された園芸品種が多くあります。花は葉のわきや茎の先につき筒状で、先が浅く5裂します。花色は、赤系統が多く見られます。

花色	●●●
別名	ハナツルグサ
花ことば	恥じらい
高さ	20～50cm
花径	1～2cm
花期	不定期
生育場所	日本全国（鉢植え）

育て方

つる性なので、吊り鉢仕立てにされることが多いのですが、幼苗をミニ観葉で楽しむこともできます。夏の直射日光は50%遮光して戸外の涼しい場所に置き、冬は室内に入れて10℃以上を保つようにします。

科・属名：イワタバコ科エスキナンツス属　分類：つる性低木
性質：非耐寒性　生育環境：半日陰　殖やし方：挿し木

エクサクム

多花性で小形にまとまる

花には良い香りがある

花は長期間次つぎに咲き続けます。花は上の葉のわきにつき、長日で生長し、短日で開花します。草形はコンパクトに丸くまとまります。

花色	○●
別名	エキザカム
花ことば	強い正義感
高さ	20～30cm
花径	1～2cm
花期	7～9月
生育場所	日本全国

育て方

一般には、春に種子まきして夏～秋に開花させます。熱帯原産で、発芽温度は高めですが、暑さと乾燥を嫌うので、夏の強い日光は避けて涼しく管理します。摘芯して枝数を多くし、草形を整えながら花を咲かせます。

科・属名：リンドウ科エクサクム属　分類：1年草　性質：非耐寒性
生育環境：日当たり、半日陰　殖やし方：実生

エクメア・ティランジオイデス'エンペラー'

エクメア

エクメア・ファスキアタ

アナナス類の1種

150～180種あり、花色や花形もさまざまです。花はロゼット状になる葉の中心から花茎を伸ばし、穂状につきます。根元からでる葉は細長で、基部は相互に重なり合い筒状になります。

花色	○●○
別名	サンゴアナナス
花ことば	思慕の情
高さ	60cm～1.5m
花径	10～30cm(花穂)
花期	周年
生育場所	日本全国(鉢植え)

育て方

生育適温は20～25℃。同じ科の仲間より日当たりを好み、不足すると徒長しやすくなります。5月中旬～9月は遮光して半日陰に置き、春、秋は午前中日に当て、午後は日陰にします。越冬温度は15℃以上です。

科・属名：パイナップル科エクメア属　**分類**：多年草
性質：非耐寒性　**生育環境**：日当たり、日陰　**殖やし方**：挿し木、実生

エクメア・アラネオサ

エクメア・ヴァイルバッヒー

エクメア・ティランジオイデス'キーナスチー'

白い花が枝から下向きにつく

エゴノキの仲間

花は枝に多く垂れ下がる

山地の谷間などに自生

新緑に染まる野山に、白い花を枝いっぱいに咲かせるエゴノキはひときわ美しく、さわやかで、庭木としても喜ばれます。

花は新枝の先に1～6個が集まり、垂れ下がってつきます。花は5つに深く裂け、外側に星状毛があります。葉は長さ4～8cm、幅2～4cm、先がとがる卵形で、ふちには浅いギザギザ（鋸歯）があります。

花色	○○
別名	チシャノキ、ロクロギ
花ことば	壮大
高さ	7～8m
花径	2～3cm
花期	5～6月
生育場所	日本全国

育て方

植えつけの適期は、2～3月か12月の落葉期です。植え穴に腐葉土などを多めにすき込み、水はけを良くするためやや高植えにします。整枝は2月にしますが、自然樹形に仕立て、込み枝や徒長枝を整理する程度にします。

科・属名：エゴノキ科エゴノキ属　分類：落葉低～小高木　性質：耐寒性
生育環境：日当たり、水はけ良　殖やし方：接ぎ木、実生

ハクウンボク（白雲木）

枝先に多く垂れ下がる

花は枝先に垂れ下がる

別名オオバチシャ。日本全国の山地に育つ落葉小高～高木で、高さ8～15mになります。花は5つに裂け、20個ほどがまとまって枝先に垂れ下がります。花期は5～6月。葉は長さ10～20cm、幅8～20cmで裏には星状毛があります。

▲ ハクウンボク（花の拡大）

▼ 秋には丸い果実が熟す（ハクウンボク）

▼ ベニバナエゴノキ

花後に球形の果実ができる（若果）

エゴノキの果実

シロバナエニシダ（白花金雀枝）

花は数個ずつ群がってつく

花は群がって咲く

エニシダの色変わり品種です。生け花などによく使われるシロバナセッカエニシダは、本種から改良された品種です。高性種で、高さ3mくらいになります。花は黄白色～白色で、3～6個ずつ群がって咲きます。花期は5～6月。

蝶形の花が美しい

エニシダの仲間

黄色い蝶形の花が群がってつく

春に新緑と花が見られる

群がり咲く花は春の庭を華やかにしてくれます。多くは庭植えですが、小形のヒメエニシダは鉢植えで楽しめます。

花は葉のわきに1～2個ずつつき、基本は黄色ですが、花色が変わる園芸品種も多くあります。枝は濃緑色で細く、角ばっています。葉は長さ1㎝前後と小さい。

花色	●●●
別名	エニスダ
花ことば	恋の苦しみ
高さ	1～3m
花径	約2㎝
花期	5～6月
生育場所	日本全国

育て方

植えつけ適期は3～4月か10～11月です。根が粗いので、支柱を添えて活着するまで動かないようにしてやります。花は前年の枝につくので、剪定は花が終わった直後にします。

漢字名：金雀枝　科・属名：マメ科エニシダ属　分類：常緑、落葉低木
性質：耐寒性　生育環境：日当たり、水はけ良　殖やし方：挿し木、実生

エボルブルス

アサガオを小形にしたような花

花色には多くの変化がある

大草原に自生する半つる性の多年草で、アサガオなどと同じように午前中に花が開き、午後になると閉じてしまう性質があります。株立ち状にほふくする性質を生かし、吊り鉢仕立てにして、こんもりした草形にします。

花色	●
別名	アメリカンブルー
花ことば	ひとときの情熱
高さ	10～20㎝
花径	3～5㎝
花期	6～10月
生育場所	日本全国

育て方

植えつけは4～5月が適期です。庭植えは株間20㎝、鉢植えは5号鉢に1株です。花が終わったら切り戻して形を整え、11月になったら、鉢植えは室内に入れて越冬します。

科・属名：ヒルガオ科エボルブルス属　分類：多年草　性質：非耐寒性
生育環境：日当たり、水はけ良、肥沃地　殖やし方：挿し芽

ホホベニエニシダ（頬紅金雀枝）

翼弁だけ赤くなる

赤と黄のコントラストを楽しむ

別名アカバナエニシダ。黄色の花に赤いぼかしが入る珍しい品種です。翼弁のみが赤く地が黄色なので、赤と黄のコントラストが華やかです。花期は5～6月。育て方などは他の仲間と同じで、挿し木は3～4月か梅雨時に行います。

代表的な国産の野生ラン

エビネの仲間

葉の間から長い花序を伸ばす

鉢植えは置き場所に注意

ラン科の山草として人気が高いエビネは、夏の直射日光に当たらない風通しが良い場所に置いて管理します。

花は、淡褐色の萼片（がくへん）と白色の唇弁です。茎は20～40cmで、20花くらいつきます。葉は長さ15～40cm、幅5～15cmで茎の下部から上向きに数枚がつきます。

花色	○○●●
別名	ジエビネ
花ことば	にぎやか
高さ	20～40cm
花径	10～20cm（花穂）
花期	4～5月
生育場所	日本全国

育て方

自生地は半日陰の林下なので、環境に注意します。観賞用に鉢植えで育てられることが多く、4～5号の深鉢で1株が基準です。葉質が弱いので、強い風は避けるようにします。

漢字名：海老根　科・属名：ラン科エビネ属　分類：多年草　性質：耐寒性
生育環境：半日陰（夏）、霜よけ、室内（冬）　殖やし方：株分け

キエビネ（黄海老根）

大輪になるキエビネ

花は黄色の大輪

花茎の上から中くらいまで花がつきます。花茎は40～70cmあり、花は黄色の大輪です。唇弁の中央の先がとがり、垂れ下がります。本州紀伊半島以南に育つ多年草で、葉は大きく、長さ30～40cmあります。花期は4～5月。

リュウキュウエビネ（琉球海老根）

赤紫色の花がまばらにつく

長い距（きょ）がある

別名オキナワエビネ。南西諸島に自生します。花は赤紫色で、まばらにつきます。花期は7～9月。葉は先がとがり、数枚がつきます。背萼片が前方に突き出して大きく開かず、唇弁の各片は比較的狭く、長い距があります。

ナツエビネ（夏海老根）

開花が夏になる花

花は淡い藤色

北海道南部以南に育つ多年草で、葉は長さ10～30cmになり淡緑色です。花茎は葉のわきから生じ、高さ20～40cmになります。花は淡藤色で長さ約3cmですが10～20個がつき、花弁の先が強く反転します。花期は7～9月。

小さな花が枝にびっしりつく

エリカの仲間

冬に小さな花が多数枝につく

通年鉢植えで利用

アワユキエリカは、その姿がかわいらしい女の子をイメージします。ラテン語名やギリシャ語名も、このことに由来してつけられています。花色はほとんどが桃色で花つきが良く、近年は鉢植え花木として、多く利用されています。花形は広めの鐘形で、長さ2㎜の小さな花ですが、全体に数多くつくので、見応えがあります。細かく枝分かれして、枝先に花が3個ずつつきます。

花色	○○
花ことば	孤独な思い
高さ	30～50㎝
花径	2㎜
花期	11～12月
生育場所	日本全国（鉢植え）

育て方

鉢植えは、4号鉢に1株が基準です。3～4月に苗木を植えつけ、5月ごろまでに1～2回摘芯して形を整え、秋～冬に開花させます。本種は南アフリカ産なので、ヨーロッパ産より寒さに弱いので注意します。

科・属名：ツツジ科エリカ属　分類：常緑低木
性質：非耐寒性　生育環境：日当たり　殖やし方：挿し木

ジャノメエリカ

エリカ・セッシリフロラ

▼'クリスマスパレード'

'パールネックレス'

エリカ・ダーリーエンシス

スズランエリカ

エリカ・グラキリス

長期間咲き続ける

エリスリナの仲間

多数の花が集まり房状になる

アメリカデイコ

豆果は長さ15～20cm

沖縄で広く親しまれているデイコは、その特異な形の花でよく知られていますが、寒さに弱い木なので、冬は注意します。
花は長さ7～8cmあり、それが集まって長さ50～70cmの花房につくので、見応えがあります。花後には、大きい豆果ができます。枝に鋭い刺があり、葉は細長い形です。個体差があり、広くなったり狭くなったりします。

花色	●
別名	カイコウズ、デイグ
花ことば	派手
高さ	3～5m
花径	7～8cm
花期	5～9月
生育場所	本州関東地方以西

育て方

寒さを嫌います。植えつけは、5月ごろにします。花は新梢につきます。小枝が多くなると花つきが悪くなるので、萌芽前に強く切り戻して、元気が良い枝をださせます。

科・属名：マメ科エリスリナ属　分類：落葉小高木
性質：非耐寒性　生育環境：日当たり、水はけ良　殖やし方：挿し木

鉢植えで小さく楽しむことができる

花はペンシル形

別名ヒシバデイコ。デイコとアメリカデイコの交配園芸品種で、高さは4mくらい。花はペンシル形で、1年に3～4回開花します。葉は長さ8～11cmの菱形をしています。

花が白いシロバナデイコ

ブラジルデイコ

ペンシル形をしたブラジルデイコ

ペンシル形の赤い花

ブラジル南東部原産の低木。高さは4m以下。花軸は長さ10～30cmで、ペンシル形の赤い花が6～9月に多数つきます。幹や枝には大形の刺があり、葉は正方形に近い菱形で、長さ14～20cm。

エリゲロン

エリゲロン・カルヴィンスキアヌス

エリゲロン・プロヒュージョン

エリゲロン・スペキオスス
'ローズ・ジュエル'

エリゲロン・シリニティ

鉢植えは山野草仕立て

北アメリカ原産が多く、日本の自生種にはアズマギク、ミヤマノギクなどがあります。花は茎の先や枝の先につき、青みをおびた桃色などです。根元からでる葉はへら形で長さ2～3㎝。茎の葉は長めの卵形か線形です。

花色	
別名	ムカシヨモギ、アズマギク
花ことば	広い心
高さ	10～40㎝
花径	約3㎝
花期	4～5月
生育場所	本州中部地方以北

育て方

鉢植えで観賞されることが多く、植えつけと株分けは、3月か10月が適期です。4～5号鉢の底にゴロ土を厚さ2㎝くらい入れ、用土に径2～5㎜の砂を混ぜます。

科・属名：キク科エリゲロン属　分類：多年草　性質：耐寒性
生育環境：日当たり、水はけ良　殖やし方：株分け

エレムルス

花穂は花茎の半分くらいになり、キツネの尾のよう

多くは夏枯れする

開花期は品種によって差があります。葉の間から長い花茎を伸ばし、小さな花が多数つき、先がとがる花穂になります。葉はすべて根元からでて、大形種は長さ1m、幅10～12㎝です。

育て方

花色	
花ことば	孤高を保つ
高さ	1～2m
花径	50㎝～1m（花穂）
花期	5～7月
生育場所	日本全国

浅根性で地下4～5㎝を横に這います。春に地中の芽から発芽して、5～7月に開花した後、60日くらいで地上部は枯れて休眠に入ります。3～4年に1回、株分けして株を更新します。

科・属名：ユリ科エレムルス属　分類：多年草　性質：耐寒性
生育環境：水はけ良、肥沃地　殖やし方：実生、株分け

エリンギウム

萼が長く刺状になるのが特徴

関西以西はやや育てにくい

高さ30㎝の小形種から1.5mになる高性種まであるので、小形種は鉢植え、高性種は庭植えに利用します。花は球状または円柱状になり、花弁は5枚です。萼片の先は刺状になり、花の下から八方に広がります。

育て方

花色	
別名	マツカサアザミ、エレンジウム
花ことば	傷つく恋
高さ	30㎝～1.5m
花径	6～10㎝
花期	7～8月
生育場所	日本全国

本来が乾燥地の植物です。高温多湿を嫌うので夏の暑さに弱く、関西地方以西は育てにくくなります。多年草ですが、2年草として扱うことが多く、春まきして育苗してから、定植します。

科・属名：セリ科エリンギウム属　分類：2年草、多年草
性質：耐寒性　生育環境：水はけ良　殖やし方：株分け、実生

サトウニシキの果実

オウトウ

'佐藤錦（サトウニシキ）'

一般にはサクランボで有名

果実（サクランボ）は径1.5～2㎝で、赤く熟すと生食で楽しみます。花はカップ状で、枝先に多数がまとまってつきます。寒地性で、東北や長野、山梨などで多く育てられています。

花色	○●
別名	サクランボ、セイヨウミザクラ
花ことば	幼い心
高さ	10～15m
花径	1.5～2㎝
花期	4月
生育場所	日本全国

育て方

1品種では実がならないものが多いので、果実を見ようと思えば、2品種以上を混植する必要があります。また果期と梅雨期が重なり、果実に雨が当たると障害を起こすので、庭植えは雨よけが必要になります。

漢字名：桜桃　科・属名：バラ科サクラ属　分類：落葉高木
性質：耐寒性　生育環境：雨よけ　殖やし方：接ぎ木

'高砂（タカサゴ）'

▲ ナポレオンの果実

'月山錦（ガッサンニシキ）'の果実

ナポレオン

オカトラノオ

花穂の先が尾状に曲がる

花序がトラの尾状になる

茎の先に、小さな花が多数集まって穂状につきます。花穂の細い先が尾状に曲がります。地下茎を長く伸ばして殖え、茎にはまばらに短毛があります。葉は長さ6～13㎝、幅2～5㎝で、先がとがる長い楕円形です。

花色	○●
花ことば	清純な心
高さ	60㎝～1m
花径	10～20㎝（花穂）
花期	6～7月
生育場所	日本全国

育て方

砂混じりの場所を好みます。過湿になると根腐れを起こしやすくなります。茎葉が密生しやすいので、生育を見て、込んでいる葉を早めに間引きます。徒長して軟弱にならないように、注意して育てます。

漢字名：岡虎尾　**科・属名**：サクラソウ科オカトラノオ属
分類：耐寒性　**性質**：多年草　**生育環境**：水はけ良　**殖やし方**：挿し芽、株分け

オオデマリ

花は枝先に丸くまとまる

ヤブデマリの改良品種

花はすべて装飾花で丸くまとまり、アジサイの花に似ています。5～6月に咲く花は、一対の葉がある短い茎の先につきます。葉は長さ7～10㎝、幅4～7㎝の卵形で、表面にはプリーツ状（ひだや折り目）のしわがあります。

花色	○
別名	テマリバナ
花ことば	童心
高さ	2～6m
花径	5～10㎝（花穂）
花期	5～6月
生育場所	本州以南

育て方

植えつけ適期は2月下旬～4月。植え穴に、腐葉土を多めにすき込んでおきます。花は前年の枝につくので残し、4年生の枝を根元から切って、花つきが良い若い枝をつくります。

漢字名：大手毬　**科・属名**：スイカズラ科ガマズミ属
分類：落葉低木　**性質**：耐寒性　**生育環境**：肥沃地　**殖やし方**：接ぎ木

オクシペタルム

オクシペタルム・カエルレウム'ブルースター'

つる性で切り花に利用

花は葉のわきに1～数個つき、車形で淡青色ですが、老化すると青色が濃くなります。基部が木質化するつる性多年草で、全株に白毛があります。つるを傷つけると白い汁が出ます。葉は、長さ9㎝前後で細めの卵形。先は鈍くとがります。

花色	○●●
花ことば	身を切る想い
高さ	30～40㎝
花径	約3㎝
花期	4～8月
生育場所	本州関東地方以西

育て方

栽培温度で花期が変わります。温室で栽培すると春に開花し、庭植えにすると夏に開花します。関東地方以西の暖地では多年草で越冬できますが、以北の寒地では越冬できないので、1年草として栽培します。

科・属名：ガガイモ科オクシペタルム属　**分類**：多年草　**性質**：半耐寒性
生育環境：日当たり、半日陰　**殖やし方**：挿し木

オキナグサ

6枚の萼が下向きに開く
花後、花柱に長い毛が密生する

花後の白毛が翁の白髪のよう

山野の日当たりに育ち、有毒です。花茎が10㎝くらいで花がつき、花後さらに伸びます。全体に縮毛があります。根元からでる葉は長い茎があり、小葉はさらに深く2～3裂します。上の方につく茎葉は、輪生します。

花色	●
別名	ツクミグリ
花ことば	背信
高さ	20～30㎝
花径	約3㎝
花期	4～5月
生育場所	本州以南

育て方

植えつけ、植え替え、株分けの適期は10～11月。鉢植えは、ゴボウ根を傷めないように深鉢を使います。ゴロ土を多めに入れ、赤玉土に砂類を2～3割混ぜた用土にします。

漢字名：翁草　**科・属名**：キンポウゲ科オキナグサ属　**分類**：多年草
性質：耐寒性　**生育環境**：日当たり、水はけ良　**殖やし方**：株分け

日本に自生する品種

オクサリスの仲間

黄色い花の群生

葉色が赤い品種もある

葉の一方が欠けるようにみえるので、傍食（かたばみ）の名がついたといわれています。葉や茎は酸味があり、食べられます。花径1cmの小さな花で5弁あり、まばらにつきます。花後に果実が熟すと、多数の種子をはじきとばします。茎は地を這って広がり、葉は長さ1cmで、ハート形の小葉が3枚まとまってつきます。葉が暗赤色のものは、アカカタバミです。

育て方

道端などに見られる草花ですが、山野草仕立てにして楽しむことができます。中深鉢を用い、用土は水ゴケ単用です。軽くふんわりと植えつけ、過湿を避け、乾かしぎみに育てます。梅雨期は雨を避けます。

花色	●
別名	スイモノグサ
花ことば	悲しい片思い
高さ	5〜20cm
花径	約1cm
花期	5〜7月
生育場所	日本全国

漢字名：傍食　科・属名：カタバミ科オクサリス属
分類：多年草　性質：耐寒性　生育環境：日当たり　殖やし方：実生

ハナカタバミ（花傍食）

花は大きい

南アフリカ原産の球根性植物。日本には天保年間に渡来したといわれています。花は桃色で中心は黄色になり、径3〜5cmの大花です。大形で高さ40cmになり、ハート形の小葉は長さ4cmくらいになります。花期は8〜9月。

中心が黄色のハナカタバミ▲▶

ハナカタバミ'オクサリス・セルヌア'

イモカタバミ（芋傍食）

桃色が強い花が多くつく

イモ状の塊茎がある

別名フシネハナカタバミ。ムラサキカタバミの花に似ています。花期は5〜9月。南アメリカ南部原産の球根性植物。イモ状の塊茎があり、子イモができて殖えます。茎の先には10数個の花がつきます。ハート形の3小葉がつきます。

ムラサキカタバミ（紫傍食）

花は結実せず鱗茎（りんけい）で殖える

花径は約1.5cm

南アメリカ原産の多年草。観賞用に輸入されたものが野性化しました。各国ではびこり、駆除しにくい帰化植物となっています。日本では関東地方以西に広く分布。花は淡紅紫色で、径約1.5cm、花期は5〜7月。

オジギソウ

葉に触れると刺激に反応しておじぎをする

本来は多年草ですが、寒さに弱く越冬できないので、春まき1年草として取り扱われています。花は淡紅色で葉のわきに、球形の花房でつきます。葉は細長い小葉が多数対生し、てのひら状に開きます。

花は短い花茎の先に丸くつく

花色	
別名	ネムリグサ
花ことば	繊細
高さ	30～50㎝
花径	1㎝
花期	7～9月
生育場所	日本全国

育て方

5月に種子まきして6月に定植し、7月から夏の終わりまで花が咲き続けます。庭植えは、本葉2～3枚の苗を株間25㎝で植えつけます。鉢植えは5号鉢に1株が目安。

漢字名：含羞草　科・属名：マメ科ミモザ属　分類：1年草、多年草
性質：非耐寒性　生育環境：日当たり、水はけ良　殖やし方：実生

オシロイバナ

夕方から咲く香りが良い花

夕方4時ごろから花が開きはじめ、朝方には閉じてしまうので、夜間でも見られる身近な場所で育てます。本来は多年草ですが、ふつうは春まき夏咲きの1年草として扱われ、庭や鉢植えに利用されています。

1株で色変わりの花がつく品種もある

花色	
別名	ユウゲショウ
花ことば	おしゃれ
高さ	50～80㎝
花径	3～5㎝
花期	7～10月
生育場所	日本全国

育て方

4～5月が種子まきの適期です。庭植えは株間40～50㎝で2～3粒ずつ点まきし、発芽したら、良い苗を1本残して間引きます。鉢植えは、10号鉢で1株育てます。

漢字名：白粉花　科・属名：オシロイバナ科オシロイバナ属　分類：1年草、多年草
性質：非耐寒性　生育環境：日当たり、水はけ良、肥沃地　殖やし方：実生

オクナ・セルラタ

越冬は室内で保温

花は春～夏に開花し、長期間観賞できます。萼片は黄緑色から赤く変わり、赤い花床に黒い石果がつきます。幹はでこぼこしており、葉は長さ4㎝の細長い卵形で、ふちにはギザギザ（鋸歯）があります。

赤い花床と黒い石果は長期間見られる

花色	
別名	ミッキーマウス・プラント
花ことば	心おどる
高さ	約1.5m
花径	2～3㎝
花期	4～7月
生育場所	本州関東地方以西

育て方

寒さに弱く、越冬は13℃以上を必要とするので、鉢植えにして室内で保護します。剪定は早春に行い、形を整えます。挿し木は、今年の半熟枝を使います。

科・属名：オクナ科オクナ属　分類：常緑低木　性質：非耐寒性
生育環境：日当たり、水はけ良　殖やし方：実生、挿し木

オステオスペルムム

花色の変化や大小がある

アフリカ原産で、やや寒さに弱いところがありますが、花色が鮮やかで美しく、欧米では花壇に多用されます。日本では鉢植えや切り花、暖地での花壇によく使われています。花色は品種によって変わり、さまざまです。

オステオスペルムム'ピンクウィールズ'

花色	
別名	ディモルフォテカ、アフリカキンセンカ
花ことば	忍ぶ恋
高さ	15～60㎝
花径	4～10㎝
花期	4～5月
生育場所	日本全国

育て方

秋まきして、翌春に開花させるのが一般的です。寒地では春まきして夏に咲かせることができます。一般的な種子まきの適期は9月中旬～10月上旬。苗で越冬させ、翌春4月に定植して、開花させます。

科・属名：キク科オステオスペルムム属　分類：1年草、多年草
性質：半耐寒性～非耐寒性　生育環境：日当たり　殖やし方：実生

花は茎先で下向きに咲く

日本原産もある山野草

オダマキの仲間

花は紫色と白色

花弁から管状のものがとび出し、その形から糸を紡ぐ糸巻きの名をとって苧環（おだまき）になったといわれています。

日本に自生するミヤマオダマキを園芸化したものといわれ、古くから栽培されてきました。花は5月ごろ開花し、紫色の花と白色の花があります。花芽は、1度低温に感応して開花する性質があります。葉は数枚が集まります。

育て方

多年草ですが数年で株は弱り、株分けにも向かないので、実生で育て直します。春まきして苗を育て、秋に定植します。冬の低温で越冬して、翌年開花させます。低温に遭わせないと開花しないので、鉢植えは注意します。

花色	○●
別名	イトクリ
花ことば	努力の勝利
高さ	30～50㎝
花径	3～5㎝
花期	5～6月
生育場所	日本全国

漢字名：苧環　科・属名：キンポウゲ科オダマキ属
分類：多年草　性質：耐寒性　生育環境：日当たり　殖やし方：実生

ミヤマオダマキ（深山苧環）

花弁の先が黄白色

北海道、本州中部～北部の高山帯に分布する耐寒性の多年草。夏の暑さには弱い性質です。高さ20㎝くらいで初夏に細い花茎を伸ばし、青紫色の花を1～2個つけます。花径は3㎝前後で、花弁の先は黄白色をおびます。花期は5～6月。

ミヤマオダマキ▼

花弁の先が黄白色をおびる

セイヨウオダマキ（西洋苧環）

花は下向きに咲く

ヨーロッパに広く分布する多年草。根元からでる葉は羽形です。よく枝分かれし、花の数が多く下向きに咲きます。本来の花色は紫ですが、欧米で古くから栽培され他種との交雑で赤、青、桃などの花色があります。花期は5～6月。

セイヨウオダマキ'ローズ・バーロー'

ヤマオダマキ（山苧環）

距は弓形に曲がる

本州以南に分布する多年草。高さ50～60㎝です。根元からでる葉は羽形で、小葉は2～3裂します。茎の先は枝分かれして花を下向きにつけます。花は径約3㎝の紫褐色で、花弁と萼片（がくへん）が互生し、淡黄色になります。花期は5月。

ハヤチネミヤマオダマキ

花は茎先に下向きにつく

秋の七草のひとつ

オミナエシの仲間

オトコエシ（男郎花）

花は茎先に散房状につく

花期はオミナエシと同じ

日当たりが良い山野で、一般的に見られる多年草。花色は白。高さは60cm～1m。花期は8～10月。根元から長いほふく枝を出し、先端に新苗をつくる性質があります。葉は長さ3～15cmで、多くは羽状に裂けます。

オミナエシ〈代表種〉

日当たりが良い草地に群生する

小さい花が多数集まって散房状になる

根は漢方薬に利用

秋の七草のひとつで、干した根は毒消しや利尿の薬効があるとされています。小形種や早咲き種もあります。

草地に育つ多年草。花色は黄色で、枝分かれした先にそれぞれ花房がつきます。茎は直立します。茎の葉は羽状に深く裂けて先がとがります。茎の上の方はよく枝分かれし、小さい花が多数集まり、散房状につきます。

花色	●
別名	オミナメシ
花ことば	深い愛
高さ	60cm～1m
花径	4mm
花期	8～10月
生育場所	日本全国

育て方

植えつけや株分けは、梅雨期が適期。鉢植えで山野草に仕立てるときは、山砂に赤玉土を2～3割混ぜ、水はけが良い用土にします。

漢字名：女郎花　科・属名：オミナエシ科オミナエシ属　分類：多年草
性質：耐寒性　生育環境：日当たり、水はけ良、通風良　殖やし方：株分け

オリヅルラン

シャムオリヅルラン

子ヅルが空中に浮かぶ

吊り鉢で楽しむ子ヅル

春に白い小さな花がランナーの節につきますが、花の観賞価値は低く、本来は観葉植物で、葉とランナーにつく子株を観賞する植物です。古くから吊り鉢で育てられ、斑入り種に人気があり、外斑と、中央に斑が入る中斑があります。

花色	○
別名	チョウラン
花ことば	気が多い恋
高さ	10～40cm
花径	2～3cm
花期	3～4月
生育場所	日本全国（鉢植え）

育て方

盛夏の直射日光は葉焼けの原因になるので、半日陰で遮光します。寒さには比較的強く、5℃以上あれば越冬できるので、室内に入れれば問題ありません。なお小形のシャムオリヅルランは、ランナーがでないので注意します。

漢字名：折鶴蘭　科・属名：ユリ科クロロフィツム属　分類：多年草
性質：耐寒性　生育環境：半日陰　殖やし方：株分け

オリーブ

寒さに案外強い果樹

乾燥を好む暖地性の果樹とされていましたが、案外寒さに強く、東京近辺でも庭植えにされています。良果は小豆島が産地です。葉は長さ3～6cm、幅1cm前後の細長い形で、かたい革質です。両面には鱗状毛があります。

黄白色の花が枝に多くつく　果実は熟すと黒紫色になる

花色	○●●●
別名	オレイフ
花ことば	勇者
高さ	7～18m
花径	2～3cm（花穂）
花期	5～7月
生育場所	本州関東地方以西

育て方

乾燥には強いですが、花の発達期になる冬～春は、水分が不足すると不完全花が多くなります。ただし根は湿害に弱いので、水はけが良いことが条件になります。

科・属名：モクセイ科オリーブ属　分類：常緑高木
性質：半耐寒性　生育環境：日当たり、水はけ良　殖やし方：挿し木

オレガノ

小さい花が密について花穂をつくる

利用価値が高いハーブ

白色や桃色の小さな花が集まって花穂になります。小さな卵形の緑葉が対生し、茎につく葉にはハッカに似た香りがあります。茎は斜上したり地を這ったりして広がり、枝分かれします。葉には、斑入り種もあります。

花色	○○
別名	ハナハッカ、ワイルドマジョラム
花ことば	自然の恵み
高さ	20～60㎝
花径	3～5㎝（花穂）
花期	6～7月
生育場所	日本全国

育て方

暑さ寒さに強く、よく育ちます。種子まきは4～5月が適期です。3週間くらいして本葉がでてきたら、株間50㎝で植えつけます。葉が茂りすぎるとむれるので、茎につく葉を間引きます。

科・属名：シソ科オリガヌム属　分類：多年草　性質：耐寒性
生育環境：日当たり、水はけ良　殖やし方：実生、株分け、挿し芽

オルニトガルム

オルニトガルム・ウンベラツム

品種により育て方が違う

ヨーロッパ系は寒さに強く庭植えできます。南アフリカ系は寒さに弱く、霜がない暖地以外は、温室やフレームを利用する必要があります。球根で入手するときは、品種がはっきりしているものを選びます。

花色	○●●
別名	オオアマナ、オーニソガラム
花ことば	ゆれ動く心
高さ	30～50㎝
花径	約3㎝
花期	4～5月
生育場所	日本全国

育て方

10～11月に植えつけて、翌年の春に咲かせます。大形種は株間15㎝、小形種は10㎝で、球根の3～4倍の深さに植えつけます。6～7月に葉が枯れたら、掘り上げます。

科・属名：ユリ科オルニトガルム属　分類：球根植物　性質：耐寒性、半耐寒性
生育環境：日当たり、水はけ良、肥沃地　殖やし方：分球

ガーデニア

果実

八重咲き

一重咲き

芳香がある白花

香りが良い花として有名です。純白の花と光沢がある緑葉で、広く親しまれてきました。花は一重と八重があり、葉に斑が入るものもあります。鉢植えは、高さ20～30㎝で花を楽しみます。

花色	○
別名	クチナシ
花ことば	美しい日々
高さ	2～3m
花径	5～10㎝
花期	6～7月
生育場所	本州以西

育て方

根の乾燥を嫌います。植えつけ適期は5～7月中旬。植え穴に腐葉土など有機質を多くしておきます。鉢植えで室内に置くときは、日光不足に注意します。

科・属名：アカネ科クチナシ属　分類：常緑低木
性質：半耐寒性　生育環境：半日陰、肥沃地　殖やし方：挿し木

カーネーション

八重咲き

大輪の花

高性種と小形種がある

高性種は切り花に利用され、草丈30㎝くらいの小形種は鉢植えに適します。日光不足は花つきを悪くします。苗の市販は2～5月、つぼみつきを入手します。

花　色	○○○●
別　名	オランダセキチク
花ことば	激しい愛
高　さ	20㎝～1m
花　径	5～8㎝
花　期	4～6月（周年）
生育場所	日本全国

育て方

種子まきの適期は一般に9月上旬。箱かピートパンにまきます。発芽したら、育苗箱などに株間3㎝で植え広げ、本葉4～5枚でさらに仮植え。ビニールトンネルで越冬させ、3～4月に定植します。

科・属名：ナデシコ科ナデシコ属　分類：多年草
性質：耐寒性　生育環境：日当たり　殖やし方：実生、挿し芽

花が丸くなる

ミニカーネーション

多花性の白色の花

花弁に特徴がある‘マーマレード’

ガーベラ

花は茎先につく

キク形の花

小形品種の1種

鉢植えの小形種

白色の花

紅色の花

切り花向きと鉢花向き

10℃以上あれば、年間を通して開花させることができ、栽培されたものは周年見られます。花色が多く、一重、八重、半八重などがあり、切り花用の高性種や鉢植えに適した小形種もあります。

花色	○○●●●
別名	ハナグルマ、アフリカセンボンヤリ
花ことば	神秘
高さ	20～50㎝
花径	3～10㎝
花期	4～9月（周年）
生育場所	日本全国

育て方

種子はあまり市販されていないため、ポット苗を利用します。植えつけ適期は3～5月。庭植えは株間50㎝、鉢植えは5号鉢に1株が目安です。株分けは、2～3月に行います。

科・属名：キク科ガーベラ属
分類：多年草　**性質**：耐寒性～半耐寒性　**生育環境**：日当たり　**殖やし方**：株分け

ガウラ

花は茎先に穂状につく

長い花穂が突きでる

花は白または淡い桃色で、花弁は4枚です。細い茎が直立し、先が長い花穂となって少し弓なりに曲がり、葉の上に突きでるようにつきます。葉は細長い形で、ふちに粗いギザギザ（鋸歯）があります。

花色	○○
別名	ヤマモモソウ、ハクチョウソウ
花ことば	清楚
高さ	約1m
花径	10～30㎝（花穂）
花期	6～8月
生育場所	日本全国

育て方

過湿を嫌います。草丈が高く、葉が込み合うと下葉がむれやすくなるので、注意します。実生は3～4月に直まきして育て、株分けは9～10月に行います。

科・属名：アカバナ科ヤマモモソウ属　**分類**：多年草　**性質**：耐寒性
生育環境：日当たり、水はけ良、肥沃地　**殖やし方**：株分け、実生

ガイラルディア

園芸上は1年草

本来は多年草ですが、園芸品種が多く、実生でできる1年草として扱われます。高さ30～50㎝のテンニンギク、60～90㎝になるオオテンニンギクとがあり、本来の花色は花弁の下半分が赤で、先は黄色になります。

赤が華やかな園芸品種　ガイラルディア・アリスタタ'ビジョウ'

花色	○●●
別名	テンニンギク
花ことば	きらびやか
高さ	30～90㎝
花径	5～10㎝
花期	7～10月
生育場所	日本全国

育て方

乾燥を嫌います。春に種子まきすれば夏には花が見られ、翌春にはこぼれ種で発芽するほど丈夫です。株分けや挿し芽もできますが、多くは実生で育てられます。

科・属名：キク科テンニンギク属　**分類**：1年草、多年草　**性質**：耐寒性
生育環境：日当たり、水はけ良、肥沃地　**殖やし方**：実生、株分け、挿し芽

イロハモミジ

秋には美しく紅葉する

暗紫色になる花

小さな花が多数集まる

別名タカオモミジ。本州福島県以南に育つ落葉高木。花は径4～6㎜と小さく、10～20個が集まってつきます。花期は4～5月。高さ約15m。葉の裂片の先はとがり、ふちにはギザギザ（鋸歯）があります。

ウリハダカエデ（瓜膚楓）

花は小さい

本州以南に広く分布し、山地のやや高地に育つ落葉高木。花期は5月、高さ8～10m。淡緑色～淡黄色の小さな花が集まり、花穂になります。

紅葉しはじめた葉

雄花序

トウカエデ（唐楓）

紅葉が美しい3裂葉

紅葉が美しい

街路樹として広く使われています。中国原産で、日本には享保年間に渡来。花期は4～5月。高さ10～20mの落葉高木。淡黄色の小さな花が、20個くらい集まり花穂になります。葉は浅く3裂し、裂片は3角形で先がとがります。

日本固有の紅葉樹

カエデの仲間

イタヤカエデ〈代表種〉

葉が上の方で密生する

葉がよく茂り板屋根状になる

カエデ、モミジと総称されますが、分類上はすべてカエデかカエデ属で、モミジは紅葉の美しい種の俗称です。

イタヤカエデは、秋に黄葉します。小さい花がまとまってつき、花弁は5枚です。葉は径6～14㎝で5～7に裂け、てのひら状になります。裂片は幅が広い卵形か3角状で、先がとがります。

花色	●
別名	カエデ
花ことば	遠慮深い
高さ	15～20m
花径	5～7㎜
花期	4～5月
生育場所	本州以南の主に太平洋側

育て方

植えつけ適期は2～3月か11～12月。植え穴を大きく深めに掘り、腐葉土などをすき込んで、15～20㎝埋め戻し、やや高めに植えつけます。種子まきは、採取した種子を湿った砂に貯蔵しておき、3月に1昼夜水に浸してからまきます。

漢字名：板屋楓　科・属名：カエデ科カエデ属
分類：落葉高木　性質：耐寒性　生育環境：日当たり　殖やし方：実生

ネグンドカエデ

'フラミンゴ'

街路樹に利用される

別名トネリコバノカエデ。カナダ、アメリカに広く分布する高さ15～20mになる落葉高木。温帯諸国で栽培され、日本でも街路樹に利用されています。花期は4月。園芸品種には、葉が明るい黄金色になるものがあります。

▼花茎は糸のように細長い

メグスリノキ（目薬木）

紅葉が美しい

別名チョウジャノキ。民間薬として樹皮を煎じ、洗眼薬に。本州宮城、山形県以南に育つ日本固有の落葉高木。花期は5月。高さ10～15m。淡黄色の花がまばらにつきます。

花序の花数は少ない

美しい紅葉

ノルウェーカエデ

園芸品種が多い

別名ヨーロッパカエデ。ヨーロッパからアジア原産で、欧米ではよく栽培されています。園芸品種が多く、葉は大きくて5裂します。花期は4～5月。

白覆輪の‘ドラモンディー’

ヤマモミジ（山紅葉）

日本固有の落葉樹

本州島根県以北の日本海側に育つ日本固有の落葉高木。花は淡黄～淡紅色。花期は5月。高さ5～10m。葉のふちには不ぞろいのギザギザ（鋸歯）があります。

花は淡黄～淡紅色

ハウチワカエデ（羽団扇楓）

花は紅紫色

別名メイゲツカエデ。北海道と本州に育つ日本固有の落葉高木。花期は4～5月。高さ5～10m。花は紅紫色で、10～15個集まります。葉は浅く裂け、裂片は先が鋭くとがります。

垂れ下がる花

美しい紅葉

園芸品種

‘サツキベニ（五月紅）’

‘デショウジョウ（出猩々）’

‘シギタツサワ（鴫立沢）’

‘ウツセミ（空蝉）’

ハナノキ（花木）

日本固有のカエデ

別名ハナカエデ。長野、愛知、岐阜県に育つ日本固有の落葉高木。花期は4月。高さ15～20m。花は葉がでる前に前年枝の葉のわきに4～10個集まって束生し、目立ちます。

黄葉したハナノキ

カスミソウ

小さい花が多数つく

1年草は庭に多年草は鉢に

小さな白い花がカスミのように、枝いっぱいにつきます。1年草は秋に種子をまいて苗で越冬し、春に定植して初夏に花を咲かせます。多年草は9月に植えつけか株分けして、翌年花を咲かせます。切り花に多用されます。

花色	○○
別名	ハナイトナデシコ、ムレナデシコ
花ことば	深い思いやり
高さ	30～90cm
花径	20～50cm（花穂）
花期	5～7月
生育場所	日本全国

育て方

1年草の種子まきは、9月中旬～10月が適期。育苗箱などにばらまきして、種子が隠れる程度に薄く覆土します。発芽して本葉2～3枚になったら、3号ポットに移植して育苗します。定植は3月、株間30cm。

漢字名：霞草　科・属名：ナデシコ科ギプソフィラ属　分類：1年草、多年草
性質：耐寒性　生育環境：日当たり　殖やし方：実生、挿し木、株分け

ガザニア

花は茎の先につく

暗くなると花が閉じる

花は茎の先につき、花のつけ根に斑紋が入り、勲章のよう。本来は多年草ですが、園芸上では1年草として扱われます。寒さにはあまり強くないのですが、暖地では霜よけ程度で越冬できます。根元からでる葉は細長い形ながら、同じ株でもさまざまな形に変化します。

花色	●●複色○
別名	クンショウギク
花ことば	照り映える
高さ	30～40cm
花径	7～8cm
花期	5～7月
生育場所	日本全国

育て方

種子まきの適期は9月中旬～下旬。箱にまいて発芽させ、本葉3～4枚になったら3号ポットに移植して、凍らせないように保護して越冬させます。庭植えは3月下旬～4月上旬に株間25cm、鉢植えは5号鉢に1株定植します。

科・属名：キク科ガザニア属　分類：1年草、多年草
性質：半耐寒性　生育環境：日当たり　殖やし方：実生、株分け

セイヨウカタクリ

キバナカタクリ（エリトロニウム）

花は下向き

北アメリカに多い多年草。高さ10～30cmくらいでいくつかの品種があります。花は淡紅色もありますが、多くは黄色系で、ほとんどが単生。花は日本産のカタクリに似て、下向きにつきます。花期は3～4月上旬。パゴダという園芸品種がよく知られています。

半日陰の林内に育つ

カタクリの仲間

特徴がある美花が咲く

早春に葉の間から茎が立ち上がり、先に美しい花をうつむくように1つつけます。自然に分球して殖え、群生します。6枚の花弁は、上に強く反り返ります。葉は長めの卵形で長さ6～12cm。2枚が向き合ってつき、質は厚く、やわらかです。

花弁が反り返り下向きにつく

花色	●
別名	カタカゴ
花ことば	初恋
高さ	20～30cm
花径	4～5cm
花期	3～5月
生育場所	北海道～九州

育て方

植えつけや植え替えの適期は9～10月。庭植えは水はけが良い場所を選び、鉢植えは赤玉土に腐葉土を3割混ぜた用土にします。植えつけから翌年初夏の葉が枯れるまでは日に当て、休眠期は半日陰にします。

漢字名：片栗　科・属名：ユリ科カタクリ属　分類：球根植物
性質：耐寒性　生育環境：半日陰　殖やし方：分球

群生している様子

円柱状の花穂が特徴

ガマの仲間

水辺に群生する

花粉は傷薬として薬効があり、因幡の素兎（いなばのしろうさぎ）の傷を治したという話は有名です。完熟するとガマの穂綿になります。

池や沼、川のふちなどに育つ大形の多年草。茎の先につく花穂は、上が雄花で下が雌花になっており、1本につながっています。地下茎は横に長く伸び、水底から茎を直立させます。

ガマ〈代表種〉

直立した茎の先につく花穂

完熟した果穂は崩れてガマの穂綿になる

花色	●●●
花ことば	無分別
高さ	1.5～2m
花径	10～20cm（花穂）
花期	6～8月
生育場所	北海道～九州

育て方

水栽培には、水桶や大きなバケツなどを利用します。肥沃な粘質土を好むため、細かい腐葉土などを用土に混ぜておきます。実生は用土を入れた鉢を水中に入れ、ふちまで沈めて種子まきをします。

漢字名：蒲　科・属名：ガマ科ガマ属　分類：多年草
性質：耐寒性　生育環境：湿地　殖やし方：株分け、実生

コガマ（小蒲）

全体にガマより小形

ガマより小形

本州～九州に育ち、ガマに似ていますが、全体にガマより小形。雄花穂は長さ3～9cmで、雌花穂は長さ6～10cm。花穂の花粉は、1つずつ離れています。花期は6～8月。茎は高さ1～1.5m、葉の幅は約1cm、細長い形をしています。

完熟したコガマの果穂

コガマの果穂の拡大

ヒメガマ（姫蒲）

雄花穂と雌花穂の間が離れていて面白い

雄花穂と雌花穂が離れている

日本全国に広く分布する多年草。上の方の雄花穂と下の方の雌花穂の間が離れています。茎は高さ1.5～2mになり、コガマより高くガマと同じくらいで、葉はガマよりやや細くなります。花期は6～8月。

冬期のヒメガマ

ガマズミ〈代表種〉

白い花が多数枝先にまとまる

白花と赤熟果を観賞

ガマズミの仲間

日本特産の花木

花は白い小さな花が集まったものですが、秋に房状につける果実は鮮やかな赤で、切り枝として利用されます。

白い小さな花が枝先に多数集まって、花房になります。葉の両面には毛があります。9～10月には、果実が赤く熟します。果実酒にします。

育て方

落葉期の2～3月が、植えつけの適期。植え穴を大きめに掘り、腐葉土をすき込んでおいて植えつけます。枝を切るときは必ず根元から切り、切ったあとには保護剤を塗っておきます。

花色	○
別名	アラゲガマズミ
花ことば	恋のあせり
高さ	2～5m
花径	6～10cm（花穂）
花期	5～6月
生育場所	北海道、本州～九州

漢字名：莢蒾
科・属名：スイカズラ科ガマズミ属
分類：落葉低木　性質：耐寒性
生育環境：日当たり、水はけ良
殖やし方：接ぎ木、実生

カンボク（肝木）

装飾花が美しい

花は枝先につく

北海道～九州に分布するやや寒地性の花木。山地の林内などに自生しています。花は5～7月、枝先につきます。中心部に小さな淡黄の両性花が多数つき、周りに径2～3cmの装飾花がつきます。

赤熟するガマズミの果実

キミノガマズミ（黄実莢蒾）

枝先に黄色い果実が多数つく

ガマズミの1品種

一般にはガマズミの1品種。果実が黄色に熟する品種を指しますが、葉がガマズミより小さいコバノガマズミの変種。4～6月が花期になり、秋に黄色い果実が熟すキミノコバノガマズミを指すこともあります。

赤熟するカンボクの果実

チョウジガマズミ（丁字莢蒾）

花はまとまってつく

花は淡紅色

本州中国地方以西に分布する落葉低木で、高さは3mくらいになります。花は淡紅色をおびた白い小さな花で、枝先に多数集まり、3〜6㎝の花房になります。花期は4〜5月。葉は長さ3〜10㎝、幅2〜7㎝の卵形で、ふちにはギザギザ（鋸歯）があります。

テマリカンボク（手毬肝木）

大きな白い手毬状になる

両性花はない

カンボクの1品種。本州中部地方以北に分布します。両性花がなく、装飾花が多数集まって、手毬状につくことから名がついており、花房は大きく径15㎝くらいになります。花色は白で、樹形はカンボクと同じです。花期は5〜7月。

ハクサンボク（白山木）

白い小さな花がまとまってつく

花は平開する

別名イセビ。本州伊豆半島以西の海岸林に多い常緑低木〜小高木。高さ6mくらいになり、よく枝分かれして茂ります。白い小さな花が平開します。花期は3〜5月。葉は光沢があります。

ヤブデマリ（藪手毬）

装飾花は径2〜4㎝

中心に両性花が集まる

本州太平洋側以西に育つ日本固有の落葉低木〜小高木。高さ6mくらいになります。花は中心に小さな両性花が集まり、周囲に装飾花がつきます。花期は5〜6月。葉は卵形で、ふちには鈍いギザギザ（鋸歯）があります。

ゴモジュ

花はまとまって下向きにつく

花は下向きにつく

別名タイトウガマズミ。九州、沖縄に自生する暖地性の常緑低木。よく枝分かれして茂り、高さ3〜4mになります。白い小さい花を枝先に多数つけ、花穂になって垂れ下がります。花弁は上の方で5裂します。花期は12〜3月。

サンゴジュ（珊瑚樹）

花は花房になる

火災に強い木です。本州関東地方南部以西に多い常緑高木。高さ10mくらいまで育ちます。白い小さな花が多数集まり、枝先に5〜16㎝の花房になります。花期は6〜7月。葉は長さ7〜20㎝、幅4〜8㎝の卵形で、光沢があります。

花は円錐状にまとまる

赤〜黒に熟すサンゴジュの果実

白花と赤熟果を観賞

カラスウリの仲間

花はレース状になる　　赤果は枯れた後も長く残る

茎はつる状になる

ヨーロッパでは医療用に消炎、発汗、入浴剤などに利用されてきたハーブで、近年ではハーブティーとして人気があります。花は純白で5枚に裂け、レース状に広がります。果実は長さ5～7㎝の楕円形。熟すと赤くなり、生け花に用います。茎には巻きひげがあり、ほかのものに巻きついて長く伸びます。葉はてのひら状に裂けます。

花色	○
別名	タマズサ
花ことば	二面性
高さ	つる性
花径	8～10㎝
花期	8～9月
生育場所	本州以西

育て方

どこにでも育つ丈夫な植物。垣根を利用したり壁ぎわに支柱を立ててからませる、などつるの処理を考えておきます。雌雄異株なので、結実には両株が必要。

漢字名：烏瓜　科・属名：ウリ科カラスウリ属
分類：多年草　性質：半耐寒性　生育環境：日当たり、半日陰　殖やし方：実生

キカラスウリ（黄烏瓜）

花は大きなレース状に広がる

黄色の果実がつく

名の通り、黄色の果実がつきます。日本全国のやぶなどに育つ、つる性の多年草です。葉の表面は光沢があり、雌雄異株で雌花は1つ、雄花は数個が穂状につきます。花形もカラスウリに似ています。花期は7～9月。

カミツレ

1年草と多年草があるハーブ

1年草のジャーマン種は実生で育て、多年草のローマン種は、株分けで殖やします。キク形の花で、周りの舌状花は白ですが、中央の筒状花は開花が進むと黄色く球状に盛り上がり、特有の花形になります。

黄色の筒状花が盛り上がる

花色	○○
別名	カモミール、カモマイル
花ことば	ほほえみ
高さ	40～60㎝
花径	1～2㎝
花期	3～7月
生育場所	日本全国

育て方

種子まきの適期は、4月と9月。春まきは6～7月(5月下旬に定植)、秋まきは翌年3～5月(翌春3月に定植)に開花します。庭植えは株間30㎝、鉢植えは5号鉢に1～2株が目安です。高温、乾燥を避けます。

科・属名：キク科マトリカリア属　分類：1年草、多年草
性質：耐寒性　生育環境：日当たり　殖やし方：実生、株分け

カラタチ

刺があり垣根に利用

ミカンの仲間。「からたちの花が咲いたよ」と歌われる花は葉がでる前につく白い5弁花です。果実は球形で、黄熟します。枝には太くて鋭い刺があります。葉は複葉で光沢があります。

径3～5㎝の球果ができる　　花は花弁の間が広くあく

花色	○
別名	キコク
花ことば	風流を解する
高さ	2～3m
花径	3～5㎝
花期	4～5月
生育場所	日本全国

育て方

実生は2月下旬～3月上旬に種子まきすると、30～40日で発芽します。1年育苗して翌年の春に切り接ぎします。接ぎ木は、ミカン科の多くの品種に台木として使えます。

漢字名：唐橘　科・属名：ミカン科カラタチ属　分類：落葉低木
性質：耐寒性　生育環境：日当たり　殖やし方：接ぎ木、実生

アキカラマツ（秋唐松）

淡黄白色の花がまとまってつく

花は淡黄白色

北海道〜四国、九州に分布し、山野の日当たりに育ちます。花は淡黄白色の小さな花で、多数がまとまってつきます。花期は7〜9月。高さ70cm〜1.5mになる大形の多年草。

ツクシカラマツ（筑紫唐松）

淡紅紫の花がつく

ほふく枝を出す

九州原産といわれますが、はっきりしていません。高さ15cmくらいの小形種で、ほふく枝を出します。花は淡紅紫色で、日本では大正末期から、山野草として育てられています。花期は6〜8月。

花の形が唐松の新葉に似る

カラマツソウの仲間

カラマツソウ〈代表種〉

枝先にまばらにつく

花弁はなく雄しべが花

北半球の温帯に約100種あり、寒さに強い草花です。花色の違う園芸品種が多いので、いろいろな花が楽しめます。

径約1cmの花が枝先に集まり、まばらにつきます。花の形は唐松の新葉に似ています。萼片（がくへん）は広めの楕円形で花の直後に散ります。

花色	○○●
花ことば	さりげない優しさ
高さ	50cm〜1.2m
花径	約1cm
花期	7〜9月
生育場所	日本全国

育て方

夏の西日は嫌います。庭植えで大きく育てることもできますが、鉢植えで山野草仕立てで楽しむことも可能です。植えつけや植え替えの適期は、芽出し前の2月上〜中旬。年1回植え替えます。

漢字名：唐松草　**科・属名：**キンポウゲ科カラマツソウ属　**分類：**多年草
性質：耐寒性　**生育環境：**日当たり、半日陰　**殖やし方：**株分け、実生

シキンカラマツ（紫錦唐松）

紅紫色の花がまとまってつく

花は円錐状につく

本州中部地方の山地に多く育つ多年草。仲間には小形のシギンカラマツ（紫銀唐松）もあります。茎の上の方で多数枝分かれし、紅紫色の小さな花が多く集まり、まとまってつきます。花期は7〜8月。茎は高さ1m以上になり、紫色をおびます。

カリオプテリス

花は下から上の方へ咲き上がる

花が段になってつく

葉のわきから長い茎を伸ばし、香りが良い青紫色などの花を、まばらにつけます。葉は菊に似ており、長さ3〜6cmの広めの卵形です。先がとがり、ふちにはギザギザ（鋸歯）があり、対生します。

花色	○●●
別名	ダンギク、カリガネソウ
花ことば	実質を求める
高さ	60cm〜1m
花径	7mm〜1cm
花期	7〜9月
生育場所	本州関東地方以西

育て方

日光不足になると徒長して倒れやすく、花つきも悪くなります。株分けは、2〜3月が適期。寒さに強いですが、厳寒期には、霜よけ程度は必要です。

科・属名：クマツヅラ科カリオプテリス属　分類：多年草　性質：耐寒性
生育環境：日当たり、水はけ良、肥沃地　殖やし方：実生、株分け

カラミンタ

カラミンタ・ネペタ

葉にはハッカの香り

夏〜秋に淡紫色の小さな花を、節から伸びた茎の先に、10〜20個まとめてつけます。あまり目立たない草花です。葉は長さ1.5cm、幅1cmの小さい葉。卵形で、ふちには鈍いギザギザ（鋸歯）があります。

花色	●
別名	カラミンサ
花ことば	拒否する心
高さ	40〜50cm
花径	約1.5cm
花期	8〜10月
生育場所	日本全国

育て方

丈夫で育てやすい多年草です。種子まきは4〜5月で、株間20cmで5〜6粒点まきして薄く覆土します。発芽して本葉1〜2枚になったら、良い苗を残し、順次間引いて1本立ちにします。発芽したら、よく日に当てます。

科・属名：シソ科カラミンタ属　分類：多年草
性質：耐寒性　生育環境：日当たり　殖やし方：実生、挿し木、株分け

ガルトニア

花は下向きに咲く

葉の間から花茎が伸びる

長く伸びる茎に芳香がある長さ3〜5cmの白色の花が、20〜30個下向きにつきます。鱗茎は球形で肉質になり、黄白色の被膜があります。葉は4〜6枚が根から伸び、長さ40〜60cmあり、細長い肉質です。

花色	○
別名	ツリガネオモト
花ことば	誠実な愛
高さ	60cm〜1.2m
花径	3〜5cm
花期	7〜8月
生育場所	本州関東地方以西

育て方

やや湿り気がある肥沃地が適地です。植えつけは3〜4月。株間40cmで、15cmの深さに植えつけます。寒地では秋に掘り上げて、春まで貯蔵します。

科・属名：ユリ科ガルトニア属　分類：球根植物
性質：非耐寒性　生育環境：日当たり、水はけ良　殖やし方：分球

カルセオラリア

花が袋状になる

花形は巾着状になる

本来は多年草ですが、寒さに弱いため園芸上は1年草として扱われ、鉢植えで利用されます。花形は巾着のような袋状、花色は単色や複色です。上下唇弁の周囲は黄色、中が赤い覆輪のものなどもあります。

花色	○●●複色
別名	キンチャクソウ
花ことば	無邪気
高さ	20〜30cm
花径	3〜4cm
花期	3〜5月
生育場所	日本全国

育て方

8月下旬〜9月が種子まきの適期。種子が小さいため、ピートパンを利用します。発芽したら植え広げ、本葉2〜3枚で3号ポットに移植し、本葉5〜6枚の苗を、2月ごろ5号鉢に定植します。用土は赤玉土7、腐葉土3。

科・属名：ゴマノハグサ科カルセオラリア属　分類：1年草、多年草
性質：半耐寒性　生育環境：日当たり　殖やし方：実生

カランコエ・ブロスフェルディアナ‘シンガポール’の枝変わり

品種が多く好みで選べる

カランコエ

花は周年出回る

カランコエは、中国名の加藍菜に由来したといわれています。近年出まわっているのはすべて改良された園芸品種です。

本来カランコエは初夏の花ですが、開花を促進する短日処理で、盛夏を除いて周年鉢花が出回っています。1茎に小さな花が多数集まり、開花期には華やかな草形になります。品種が多く、花形もさまざまです。

育て方

寒さを嫌うので、鉢植え向きです。開花株を入手したら、花後に花がついた茎を根元から切り、ほかの茎も半分に切り戻して植え替えます。根張りが良いので、植え替えは毎年行います。用土は赤玉土7、腐葉土3の混合土。

花色	
別名	ベニベンケイ
花ことば	おおらかな愛
高さ	20～40㎝
花径	3～6㎝（花穂）
花期	3～4月、周年
生育場所	日本全国

科・属名：ベンケイソウ科カランコエ属
分類：多年草　性質：非耐寒性
生育環境：日当たり　殖やし方：挿し芽

カランコエ・ブリオフィルム‘エンゼルランプ’

カランコエ・ブロスフェルディアナ‘胡蝶の舞’

カランコエ・ブロスフェルディアナ‘ウェンディ’

ランプ性

カランコエ・ブロスフェルディアナ‘ポーラ’

カランコエ‘オレンジキッド’

カランコエ・ブロスフェルディアナ

花穂がブラシ状になる

カリステモンの仲間

花穂が筒状になってつく

鉢植えは花を見て選ぶ

長い雄しべをもつ小さな花が密についていて、びんを洗うブラシに似ているためにブラシノキの名がつきました。

花色が異なるので、鉢植えを入手するときは、品種がはっきりわかるものにします。庭植えは、しっかりした小苗を入手します。花形に特徴があり、小さな花が多数外側に向かって直立し、筒状の花房になります。

育て方

強い風当たりを嫌います。庭植えは植え穴に腐葉土を多めにすき込み、小苗の根土ごと植えつけます。根が粗いため、根土をくずした苗は、活着しにくくなります。適期は3月中旬～4月。

花色	○●●○
別名	キンポウジュ
花ことば	気取る心
高さ	2～3m
花径	10～20㎝(花穂)
花期	5～6月
生育場所	本州関東地方以西

科・属名：フトモモ科カリステモン属
分類：常緑低木
性質：耐寒性～半耐寒性
生育環境：日当たり、肥沃地
殖やし方：挿し木

ハナマキ

雄しべの先が金色に光る花穂

花は枝先につく

別名キンポウジュ。5m以下の小高木で、若い枝には絹状毛がつきます。花は濃赤の花穂が長さ10㎝で、枝先につきます。実生でつくりやすいので、多くの園芸品種があります。花期は5月。

マキバブラシノキ

大形の花穂が枝先につく

大形の花穂

オーストラリア原産で、明治時代の中期に渡来したといわれています。葉が槙に似て細長い形なので、この名があります。雄しべは濃赤色、葯は暗色で、大形の花穂状になります。花期は3～7月。

シロバナブラシノキ

花穂は他種よりやや小形

花は花穂状

オーストラリア原産の常緑低木。高さは1～2m。花期は5月です。葉は細長い形で、小さな花がややまばらに花穂状につきます。雄しべはクリーム色で、変種にはシロバナハナマキがあります。

カルミア

カルミア・ラティフォリア'レッド・クラウン'

自然に樹形が整う花木

葉は厚く、長さ7～11㎝の卵形で先がとがります。花色は品種によって異なりますが、花形は杯状に開きます。実生もできますが、生長が遅いので、苗を入手して育てる方が早く花が見られます。

桃色の園芸品種

花色	○○●●●複色
別名	アメリカシャクナゲ
花ことば	さわやかな笑顔
高さ	1～5m
花径	約2㎝
花期	5～6月
生育場所	日本全国

育て方

冬の風が当たらないような場所が適地です。植えつけ適期は2～4月上旬か9月中旬～11月。根が細いため、植え穴は広めに、腐葉土は多めにすき込み、やや高植えにします。

科・属名：ツツジ科カルミア属　**分類**：常緑低木　**性質**：耐寒性
生育環境：日当たり、水はけ良、肥沃地　**殖やし方**：実生、接ぎ木、取り木

多花性で花は多くつく

カロライナジャスミン

細いつるが伸びる

一般にカロライナジャスミンの名でとおっているのは、センペルウィレンスという品種です。細いつるがよく伸びて、ほかのものに巻きついて育ちます。濃黄色の花が、葉のわきにつきます。

花には芳香がある

花色	●
花ことば	魅惑
高さ	つる性植物
花径	約1cm
花期	4月
生育場所	日本全国

育て方

つる性なので、鉢植えはあんどん仕立て、庭植えはフェンスなどにつるを誘引します。鉢仕立ては、花は新梢につくので、新しい枝を伸ばします。花後につるを切り戻して、樹形を整え直します。

科・属名：マチン科ゲルセミウム属　分類：常緑低木
性質：耐寒性　生育環境：日当たり、肥沃地　殖やし方：挿し木

カロコルツス

花に蜜腺をもつ品種もある

花は鐘形で数個がつき、変異が大きく、花色もさまざまで、中心部に赤褐色の斑点が入ります。茎は直立して枝分かれします。ウェヌスツス種は、長方形をした蜜腺が入るのが特徴。

カロコルツス・ウェヌスツス・オーレウス

花色	●●●●●
別名	アメリカンチューリップ
花ことば	甘いことば
高さ	30～60cm
花径	6～9cm
花期	7～8月
生育場所	日本全国

育て方

鉢植えで楽しみます。4～5号鉢に3～4球を目安に、秋に植えつけて育てます。冬の間は凍らせないように保温して管理し、花後は茎や葉が褐変するまでは適当な湿度を保ち、以後は完全に水を切ります。

科・属名：ユリ科カロコルツス属　分類：球根植物
性質：非耐寒性　生育環境：水はけ良　殖やし方：分球

'ミスターオクラホマ・ピンク'

'トロピカルレッド'

'タリスマン'

'アンフーファン'

カンナ

夏に似合う原色の花

日本の夏の高温多湿に強く、花期が長いので、よく花壇に利用されます。高性種は高さ1m以上になります。鉢植えにできる、50cmくらいの小形種もあります。

'ベンガルタイガー'

花色	●●●●●
別名	ハナカンナ
花ことば	永遠
高さ	50cm～1.5m
花径	3～5cm
花期	6～10月
生育場所	日本全国

育て方

植えつけ適期は4月下旬～6月上旬です。植え穴を大きく深めに掘り、腐葉土や肥料を入れて埋め戻しておきます。庭植えは株間50cm、深さ7～8cmで、鉢植えは5号鉢に1球です。

科・属名：カンナ科カンナ属　分類：球根植物
性質：非耐寒性　生育環境：日当たり、肥沃地　殖やし方：分球

オトメギキョウ（乙女桔梗）

茎先に横向きにつく

花は横向きにつく

小形の多年草。高さ10～15cm。山野草仕立ての鉢植えとしてよく栽培されています。花は茎の先につき、横向きに開く鐘形の青紫色か白色です。花期は5～7月。葉は小さな円形、ふちにはギザギザ（鋸歯）があります。

シマホタルブクロ（島蛍袋）

ホタルブクロの変種

花色は白

ホタルブクロの変種で、本州関東地方の太平洋岸に分布し、伊豆諸島に多い品種。全体に毛が少なく、花は長さ3cmとやや小形ですが、多花性です。花期は6～7月。花色は白。半日陰を好み、茶花としてよく利用されます。

チシマギキョウ（千島桔梗）

それぞれの茎の先につく

花は狭い鐘形

本州中部地方以北の高山帯に育つ多年草で、高さ5～15cmの小形種です。花は茎の先に単生する長さ3～4cmの狭い鐘形で、花色は青です。花期は7～8月。根元からでる葉はヘラ形をしていて光沢があり、ふちには鈍いギザギザ（鋸歯）があります。

枝から提灯がぶら下がる

カンパヌラの仲間

ホタルブクロ〈代表種〉

下向きに咲き浅く開く

鐘形の花が下向きにつく

垂れ下がる細長い鐘形の花から、蛍袋や提灯花の名がつけられました。仲間には花が横向きにつくものもあります。

花は浅く5つに裂けて反り返り、花色は淡紅紫色または白色です。萼の裂片の間に、同じ形の小さな反り返る付属片があります。根元からでる葉は、花期には枯れます。

花色	●○
別名	チョウチンバナ
花ことば	夏の思い出
高さ	20～80cm
花径	約4cm
花期	6～7月
生育場所	日本全国

育て方

鉢植えで、山野草風に仕立てることができます。用土は赤玉土に砂を2割くらい混ぜます。小形で楽しむためには水やりを控えめにして、乾かしぎみに育てます。株分けは、芽出し前の3月ごろ行います。

漢字名：蛍袋　科・属名：キキョウ科カンパヌラ属　分類：多年草
性質：耐寒性　生育環境：日当たり、半日陰、水はけ良　殖やし方：株分け

イトシャジン（糸沙参）

花は鐘形

北アメリカなどの草原や砂礫地などに広く分布する多年草。短いほふく枝を出してマット状に広がります。高さは15～45cm、花期は6～10月。花は長さ2～3cmの鐘形で、花色は青。ところどころにまとまってつくか、単生でつきます。

変種には白い花もある

イワギキョウ（岩桔梗）

自生地により個体差がある

本州中部地方以北の高山帯に育つ小形の多年草。高さ5～15cm。花期は7～8月。青い花が、茎の先に単生し横向きにつきます。鐘形で長さ2～3cm。自生地により個体差が大きく、白い花もあります。

小形種で青い花が単生

ヤツシロソウ（八代草）

花は基本種より大きくなる

花はまとまってつく

シベリアに分布するリンドウザキカンパヌラの変種。花は基本種より大きくなり、日本国内にも自生しています。花期は5～7月。茎が短く、高さ15cmくらいの小形種にチャボヤツシロソウがあります。

フウリンソウ（風鈴草）

花色が豊富でまとまってつく

花は斜め上向きや横向き

ヨーロッパ南部原産の2年草。花色は白、青、桃などで、斜め上向きや横向きにつきます。花期は5～7月。茎は太く有毛で枝分かれせず、高さ60cm～1mになる高性種です。根元からでる葉は広い細長の形で、花は長さ約5cmの鐘形です。

ヤマホタルブクロ（山蛍袋）

ホタルブクロのような小裂片はない

萼（がく）の小裂片がなく膨らむ

本州東北地方南部～近畿地方東部の山地にかけて育つ多年草。高さ30～60cm、花は長さ4～5cmの鐘形。萼の反り返る小裂片はありません。花期は6～8月。葉は3角状卵形で長さ5～8cmになり、ふちには不ぞろいのギザギザ（鋸歯）があります。

モモバギキョウ（桃葉桔梗）

春まき2年草として扱われる

花は鐘形

ヨーロッパ、アジア西部、北アフリカ原産の多年草で、高さ30cm～1mになります。花は葉のわきにつく長さ3～4cmの鐘形で、数個咲きます。花期は5～7月。茎につく葉と細長い形のロゼット葉があります。

リンドウザキカンパヌラ

花は葉の上に突きでる

花はろうと状

花がリンドウに似ているところから、この名があります。ヨーロッパ中北部～シベリアにかけて広く分布する多年草。高さ30～90cmになり、花は長さ約3cmのろうと状です。花色は紫または青です。花期は5～7月。

カジイチゴ（梶苺）

4～5月に咲く白い花

カジノキの葉に似る

葉がカジノキの葉に似るため、この名があります。本州中・南部、四国の太平洋沿岸に多い暖地性の落葉低木です。高さ約2mの株立ちになります。4～5月に白い花が咲き、6月ごろには淡黄色の果実が熟します。

フユイチゴ（冬苺）

11～1月に赤熟する果実

冬に結実する

本州南関東地方以西に育つ、暖地性の常緑つる性小低木です。花は枝先や葉のわきにつく白い小さな花で、5～10個が集まります。花期は9～10月。葉は長さ幅とも5～10cmのほぼ円形で、3～5に浅く裂け、ふちには細かいギザギザ（鋸歯）があります。

ラズベリー

ラズベリーの花

デザートに使われる

ヨーロッパ、北アメリカ原産。英語でラズベリーと呼ばれる品種の総称です。フランスでは、フランボワーズの名で親しまれ、デザートによく使われます。多くは直立性で株立ちになり、花期は5月。7月には果実が熟します。

赤～黒に熟す果実

キイチゴ類の総称

キイチゴの仲間

キイチゴ〈代表種〉

白い5弁の花が開く

花後に果実ができる

世界に数百種がある

キイチゴ類は英語でラズベリー、ドイツ語でヒンベーレと呼ばれる品種の全部を含みます。

世界に広く分布する落葉低木（一部は常緑もある）で数百種があり、さらにそれらの園芸品種が数多くつくられています。果実は熟すと甘く、食べられます。葉は、切れ込みがないものや3～5に裂けるものなどがあります。

花色	○
花ことば	甘い思い出
高さ	20cm～3m
花径	3～4cm
花期	2～5月
生育場所	日本全国

育て方

芽出し前の2～3月が植えつけの適期です。株立ちになるものが多いので、植え穴は大きめに掘り、腐葉土をすき込んで埋め戻し、苗木の根土ごと植えつけます。自然に受粉結実し、小果なので摘果は不要です。

漢字名：木苺　科・属名：バラ科キイチゴ属　分類：落葉低木
性質：耐寒性　生育環境：日当たり　殖やし方：株分け

ブラックベリー

ブラックベリーの花

改良品種がある

北アメリカ原産、輸入果実のひとつです。高さ1.5～2mの株立ちになり、枝葉には鋭い刺がありますが、最近は改良されて、刺の小さいものやないものも出てきました。ニュージーランド産や、カリフォルニア産があります。花期は4～6月。

果実は熟すと黒くなる

キオノドクサ

鉢植えの山野草仕立ても楽しい

早春に花と葉が同時に出て、楽しませてくれます。短い茎の先に、紫色などの6裂した花がつきます。寒さに強く暑さを嫌い、暖地では高温により数年で球根が腐ります。

紫色の6裂した花

花色	●●○○●
別名	ユキゲユリ、チオノドグサ
花ことば	たくましさ
高さ	10～20㎝
花径	2～3㎝
花期	3～4月
生育場所	日本全国

育て方
落葉樹の下などに、10月ごろ植えつけます。株間は3㎝くらい、深さは7㎝くらいと深めに植えつけ、凍らせないようにして越冬させます。

科・属名：ユリ科キオノドクサ属　分類：球根植物
性質：耐寒性　生育環境：半日陰（夏）、肥沃地　殖やし方：分球

キーウィフルーツ

暖地性で寒さを嫌う

中国原産ですが、ニュージーランドに渡り改良されて広がった果実で、形が同国の国鳥に似るのでこの名がつけられました。果実の成熟期に気温が高い暖地で良品ができます。

花はつるにつく　良い果実を残して摘果する

花色	○○
別名	オニマタタビ、トウサルナシ
花ことば	甘い香り
高さ	つる性
花径	2～3㎝
花期	5～6月
生育場所	本州関東地方以西

育て方
植えつけ適期は、落葉中の11～12月です。庭植えは高さ2mくらいの棚をつくり、つるを這わせて育てます。鉢植えは、あんどん仕立てにします。収穫は3～4年めからです。

科・属名：マタタビ科マタタビ属　分類：落葉樹
性質：半耐寒性　生育環境：日当たり、肥沃地　殖やし方：挿し木

キクイモ

地下に芋状の塊茎ができる

北アメリカからの帰化植物。地下茎は芋状で食用になります。花は茎先に1つずつつき、筒状花の周りに花弁がつきます。葉は長さ10～20㎝の卵形で先がとがり、ふちには不ぞろいのギザギザ（鋸歯）があります。

舌状花は細く10～20枚つく

花色	○
花ことば	勇気
高さ	1～3m
花径	6～8㎝
花期	9～10月
生育場所	日本全国

育て方
やせ地でもよく育つ丈夫な多年草。各地で野生化しているので、あまり広げすぎないようにします。鉢植えは鹿沼土7、赤玉土3の混合土で、春と花後に固形肥料を少量置肥する程度で十分です。

漢字名：菊芋　科・属名：キク科ヒマワリ属　分類：多年草
性質：耐寒性　生育環境：日当たり　殖やし方：株分け

キキョウ

根は薬効がある

中国から薬草として渡来し、その後花が観賞されるようになりました。茎の先につく花は鐘形で、青紫色が基本です。太い黄白色の根は、地中深く伸びます。葉は長さ4～7㎝で、ふちには鋭いギザギザ(鋸歯)があります。

5裂した花が茎の先につく

花色	●○○
別名	オカトトキ
花ことば	清楚な美しさ
高さ	50㎝～1m
花径	4～5㎝
花期	7～9月
生育場所	日本全国

育て方
種子まきは、春と秋にできます。4月中旬～6月下旬(定植10月)、9月(定植4月)です。育苗箱などにばらまきして敷ワラをしておくと、10～15日で発芽します。庭植えは株間30㎝、鉢植えは5号鉢に3本です。

漢字名：桔梗　科・属名：キキョウ科キキョウ属
分類：多年草　性質：非耐寒性　生育環境：日当たり　殖やし方：実生

イワギボウシ〈代表種〉

花はろうと状で平開しない

つぼみの形が橋の欄干の擬宝珠（ぎぼうし）に似る

ギボウシの仲間

育て方

3月下旬～4月に水ゴケ床に種子をまきます。自然交雑が多く、同系統を維持するには、3～4月に植え替えをかねて株分けします。夏は日差しが強くなるころから、半日陰に移して管理します。

花色	○●
花ことば	静寂
高さ	10～40cm
花径	約4cm
花期	8～9月
生育場所	本州関東～東海地方、四国、九州

漢字名：岩擬宝珠
科・属名：ユリ科ギボウシ属
分類：多年草
性質：耐寒性
生育環境：日当たり、半日陰
殖やし方：株分け、実生

湿った岩場に育つ

花の形に特徴があるギボウシの仲間は、大小や地方差があり、花期がずれたり夜咲きのものなどもあります。

イワギボウシは、山地の岩上や樹上に着生して育ちます。茎は斜めに立ち上がり、葉は、長さ10～15cmの卵形で先が鋭くとがります。葉の茎には紫点があり、花はろうと状で広筒部が膨らむ1日花です。

オトメギボウシ（乙女擬宝珠）

花は下向きにつく

苞は開出しない

日本でも栽培されている小形種。本来は済州島やその付近の諸島に分布している外来種です。7月に花の濃淡がまばらに着色し、花茎には縦の筋が盛り上がって見られ、苞は舟形で開出しません。

オオバギボウシ（大葉擬宝珠）

淡紫色の1日花が咲く

花はろうと状

山地の草原に育つ多年草。花期は7～8月。花は1日花で、朝開いて夕方には閉じてしまいます。花茎は高さ50cm～1mに伸び、先にろうと状の花を多数、房状につけます。全体に大形。葉も大きく、長さ30～40cmの卵形で葉脈が目立ちます。

タチギボウシ（立擬宝珠）

多数の花がつく

花は房状につく

本州中部地方以北に育つ多年草。日当たりが良い湿地を好みます。コバギボウシの変異とする説もありますが、全体に大形です。花茎は高さ1mにもなり、花が房状に多数つきます。花期は7～8月。

コバギボウシ（小葉擬宝珠）

紫色の花が数個茎の先につく

花はやや下向き

日本全国の日当たりが良い湿地や林内に育つ多年草。高さは30～40cm。小柄で葉も小さい。茎の先に数個つく花は淡紫～紫で長さ4～5cmあり、やや下向きです。花期は7～8月。

ミズギボウシ（水擬宝珠）

筒状鐘形の花は長さ3～5cm

花は横向きにつく

別名ナガバミズギボウシ。本州愛知県以西の水辺に育つ多年草。花茎は45～60cm、3～5個横向きにつきます。花期は8～10月。ギボウシの仲間では最も葉が細長い形です。

トクダマ

花は多数まとまる

花は平開しない

北海道～九州、四国まで分布し、オオバギボウシの変異のひとつとされています。比較すれば葉が小さく、葉脈の盛り上がりはオオバギボウシより著しく、さらに花が平開しません。ほかの性質は、ほぼオオバギボウシと同じです。花期は7～8月。

キョウガノコ

自生地はない園芸品種

シモツケソウとコシジシモツケソウの雑種といわれ、古くから栽培されていますが、自生地はありません。親より大柄で、茎はよく枝分かれします。葉はてのひら状に5～7に裂け、ふちにはギザギザ（鋸歯）があります。

紅紫色の小さな花がまばらにつく

花色	
花ことば	たおやかな風情
高さ	60㎝～1.5m
花径	5～7㎜
花期	7～8月
生育場所	日本全国

育て方

やや湿り気がある場所を好み、夏の直射日光や乾燥を嫌います。鉢植えにされることが多いのですが、場所を選べば庭植えもできます。植えつけや株分けは3～4月か9～10月。夏の水切れに注意します。

漢字名：京鹿子　**科・属名**：バラ科シモツケソウ属
分類：多年草　**性質**：耐寒性　**生育環境**：半日陰　**殖やし方**：株分け

ギヌラ

多年草と亜低木がある

羽状の葉が3～7個に裂けるところから、サンシチの名があります。秋にはタンポポに似た花が咲きますが、悪臭があるので多くはカットされます。葉は長さ10㎝、幅5㎝で、ふちには不ぞろいのギザギザ（鋸歯）があり、紫色のやわらかい毛が密生します。

葉がビロード状になる

花色	
別名	ビロードサンシチ、ベルベットプランツ
花ことば	独創的
高さ	60㎝～1m
花径	1～2㎝
花期	9～10月
生育場所	日本全国

育て方

冬は観葉植物として、室内の鉢植えで育てます。夏の直射日光は強すぎるので、半日陰で遮光します。多年草のものには耐寒性があります。

科・属名：キク科ギヌラ属　**分類**：多年草、亜低木
性質：非耐寒性　**生育環境**：日当たり、半日陰　**殖やし方**：挿し木

シロバナキョウチクトウ

キバナキョウチクトウ（テヴェティア属）

キョウチクトウ

小形に刈り込んで育てる

株立ち性で、葉は3枚ずつ輪生します。長さ6～20㎝、幅1～2㎝で細長く、両端がとがります。花は枝先につき、次つぎに長期間咲き続けます。有毒です。

大きな花が次つぎに咲く

花色	
花ことば	危険な心
高さ	3～5m
花径	4～5㎝
花期	6～9月
生育場所	本州東北地方南部以南

育て方

植えつけは5月ごろ、十分暖かくなってから行います。放置すると大きくなるため、4月中～下旬に早めに込み枝や細枝を切り、小柄に育てます。

漢字名：夾竹桃　**科・属名**：キョウチクトウ科キョウチクトウ属　**分類**：常緑低～小高木
性質：半耐寒性　**生育環境**：日当たり、水はけ良、肥沃地　**殖やし方**：挿し木

キングサリ

長い花穂が垂れ下がる

長い花穂が枝から垂れ下がる

冷涼な気候を好み、関東以北でないとうまく育ちません。花は長さ2～3cmの蝶形ですが、大きな花穂をつくり、枝から垂れ下がります。葉は羽状で、小葉は長さ5～10cmの卵形。裏には細かい毛がつきます。

花色	○
別名	キバナフジ
花ことば	栄誉
高さ	7～10m
花径	20～30cm（花穂）
花期	5～6月
生育場所	本州関東地方以北

育て方

実生は春に種子まきして育てます。開花までは年月がかかるので、接ぎ木で殖やすか苗木を入手して植えつけます。植えつけは芽出し前の3～4月。植え穴を大きめに掘り、腐葉土などをすき込んでおきます。

漢字名：金鎖　科・属名：マメ科キングサリ属　分類：落葉高木
性質：耐寒性　生育環境：日当たり　殖やし方：実生、接ぎ木

ギンバイカ

強い香りがある

葉には光沢がある

葉は舟形で、長さ4cm前後。光沢があり、ユーカリに似た香りがします。この葉を酒に浸して、祝いの宴席などで香りを利用してきました。花は白色の花でわずかに紅が入り、今年枝の葉のわきに単生でつきます。

花色	○
別名	イワイノキ、キンコウボク
花ことば	安定した愛情
高さ	1～2m
花径	3～4cm
花期	5月
生育場所	本州関東地方以西

育て方

年間をとおして葉が美しいので、関東地方以西ではよく庭木に利用されます。寒冷地では鉢植えにして、小柄に育てます。用土は赤玉土7、腐葉土3の混合土で、花後に剪定します。

漢字名：銀梅花　科・属名：フトモモ科ギンバイカ属　分類：常緑低木
性質：半耐寒性　生育環境：日当たり、水はけ良、肥沃地　殖やし方：実生、挿し木

キンギョソウ

花は金魚が泳ぐ形

特徴がある花形

高さ30cm以下の小形種と40～60cmの高性種があり、鉢植え、庭植え、切り花用などに使い分けます。花形も金魚形のほかに、平らな唇弁が開く形などもあります。本来は多年草ですが、園芸上は1年草で扱われます。

花色	○○○○
別名	スナップドラゴン
花ことば	恋の予感
高さ	30～60cm
花径	3～5cm
花期	5～7月
生育場所	日本全国

育て方

発芽適温は15～20℃。種子まきは9～10月ごろ、ピートパンに行います。発芽したら植え広げ、本葉2～3枚で3号ポットに移植します。本葉5～6枚で庭植えは株間15cm、鉢植えは5号鉢に定植します。

漢字名：金魚草　科・属名：ゴマノハグサ科キンギョソウ属
分類：1年草　性質：半耐寒性　生育環境：日当たり　殖やし方：実生

キンセンカ

種子まきは適期をはずさない

橙色花が群生する

ヨーロッパ原産。古くから日本でも仏花として栽培され、近年は多くの園芸品種がつくられています。鉢植え向き小形種から、切り花用の高性種まであります。本来は小さな花でしたが、かなりの大輪まであります。

花色	○○○
別名	トウキンセンカ、ポットマリーゴールド
花ことば	絶え間ない想い
高さ	20～50cm
花径	2～10cm
花期	3～6月
生育場所	日本全国

育て方

9月ごろが種子まきの適期です。遅れると花つきが悪くなります。育苗箱などにばらまきし、発芽したら間引いて苗間を広げ、本葉3～4枚で3号ポットに1本ずつ移植して越冬させます。3月中旬ごろ定植します。

漢字名：金盞花　科・属名：キク科キンセンカ属
分類：1年草　性質：半耐寒性　生育環境：日当たり　殖やし方：実生

大輪の小形園芸品種もある

キンポウゲの仲間

キンポウゲ〈代表種〉

路傍に黄色の5弁花が咲く

名は八重咲きの花色から

別名の馬の脚形は葉の形が馬のひづめに似ていることからで、花弁はつやがあり、英語でバターカップと呼ばれています。

ミヤマキンポウゲやハナキンポウゲなどと、まとめて扱われることがありますが、それぞれ違う環境に育ちます。ハナキンポウゲのなかには、日本で改良された小形種で、花径が10cmになる大輪もあります。有毒です。

花色	●
別名	ウマノアシガタ
花ことば	高潔
高さ	40～60cm
花径	2～3cm
花期	4～5月
生育場所	日本全国

育て方

適当な湿り気がある場所を好みます。鉢植えの山野草仕立てにされることが多く、その場合は硬質鹿沼土に赤玉土を混ぜた用土を使います。春の植え替え時に株が大きくなっていれば、株分けします。

漢字名：金鳳花　科・属名：キンポウゲ科キンポウゲ属
分類：多年草　性質：耐寒性　生育環境：日当たり　殖やし方：株分け

タガラシ（田辛）

茎につく葉に辛みをもつ

花は黄色

噛むと辛みがあるプロトアネモニンを含んでいます。水田や溝など湿地に育つ2年草で、高さは30～50cmになります。花は黄色でつやがあり、径1cm前後。花期は4～5月。有毒です。

ラナンキュラス

花は大輪で華やか

花色もさまざま

別名はハナキンポウゲ。ヨーロッパ東部や中近東原産の球根植物です。高さは20～50cmになり、花の大小や花形、花色は多種あります。花期は4～5月。植えつけは9～10月。鉢植えは5号鉢に1株が目安です。

キンバラリア

小さな花が葉の間に多くつく

つるなしの園芸品種もある

花は小さく、春から秋まで連続して開花します。茎はほふく性で1mくらい伸び、節から根をだして広がります。葉は互生し、てのひら状の裂片は、幅広です。つるが伸びない、小鉢向きの園芸品種もあります。

花色	●○○
別名	ツタガラクサ
花ことば	遠い夢
高さ	30～60cm
花径	約1cm
花期	4～9月
生育場所	日本全国

育て方

適当な湿度を保てる環境であれば、1度植えつけると素早く茎を伸ばして広がります。つるが伸びない園芸品種を小鉢植えにして、山野草仕立てにすることもできます。

科・属名：ゴマノハグサ科キンバラリア属　分類：多年草　性質：耐寒性
生育環境：日当たり、水はけ良、肥沃地　殖やし方：実生、挿し芽

キツネノボタン（狐牡丹）

湿地に多い黄色い小さな花

花はキンポウゲに似る

田のあぜなど湿った場所に育つ多年草で、高さは30～60cmです。花期は4～7月。茎の先につく黄色い5弁花は直径1～1.5cmで、つやがありウマノアシガタに似ています。実はコンペイ糖そっくりです。有毒。

ミヤマキンポウゲ（深山金鳳花）

大群になって生える場合が多い

つやがある黄色い花はよく光る

本州中部地方以北の高山帯に育つ多年草。高さは15～30cm。花は径約2cmで、鮮やかなつやがあります。花期は7～8月。やや湿った草地を好み、茎は上の方でよく枝分かれします。

高山の礫地に育つ小低木

キンロバイの仲間

低地でもよく咲く

山野草仕立てに適する

黄色の花のキンロバイと白色の花のギンロバイがあります。同じ仲間ですが、キンロバイは低木でギンロバイは多年草です。

高山性ですが、平地でもよく育つので、管理しやすい鉢植えで楽しみます。花は黄色いウメに似た5弁花で枝先につきます。葉は羽状、小葉は卵形になり、両面に絹毛がよくつきます。

花　色	○（黄）
花ことば	短い恋
高　さ	30～80㎝
花　径	2～3㎝
花　期	6～8月
生育場所	本州中部地方以北

育て方

浅根性なので、浅鉢が使えます。粗めの鹿沼土か赤玉土を3分の1くらい入れ、その上にミジンを除いた山砂を入れます。生長が早く根張りが良いので、毎年新しい用土で植え替えます。

漢字名：金露梅　科・属名：バラ科ポテンティラ属　分類：常緑小低木
性質：耐寒性　生育環境：日当たり、水はけ良　殖やし方：挿し木

ギンロバイ（銀露梅）

高山性の白い花

低地でよく咲く

基本的にはキンロバイと同じですが、生育場所と花色が違います。生育場所は南に動き、本州中部地方～四国にかけての高山帯です。石灰岩地に多く育ちます。花色は白。花期は5～8月。夏の温度に注意すれば、低地でもよく咲きます。

ミヤマキンバイ（深山金梅）

高山帯に咲く

ウメに似た花形

キンロバイの仲間が低木性なのに対して、本種は多年草。高さは10～20cm。木質の太い根茎が横に這います。中部地方以北の高山帯に育ちます。花は径2cmくらいで、黄色の花弁の中心部は、色が濃くなります。花期は7～8月。

クマガイソウ

山野の林内に多く育つ

花は草丈に比べて大きく、茎の先に1つつき、背萼（せがく）片（へん）は長さ4～5cmの卵形で先がとがります。側片が合着して、特有の花形になります。葉の表面には放射状のしわが目立ちます。

特徴がある形の花

花　色	○●（白・紫）
花ことば	闘志
高　さ	20～40㎝
花　径	8～10㎝
花　期	4～5月
生育場所	日本全国

育て方

植えつけ適期は11～3月。地下茎を折らないように注意して、4節植えつけます。クマガイソウは鉢植えに不向きですが、タイワンクマガイソウは節間が短く、鉢植えもできます。開花後は遮光して涼しい場所で管理します。

漢字名：熊谷草　科・属名：ラン科シプリペディウム属　分類：多年草
性質：耐寒性　生育環境：半日陰　殖やし方：株分け

キンレンカ

ハーブにも利用される

つるが伸びるほふく性で、よく吊り鉢にします。ナスターチウムは葉が蓮の葉に似ていて、ハーブとしても利用されます。全草にワサビに似た辛みがあり、根をおろしてワサビの代用に使うこともできます。

紅色の花
赤斑が入るものもある

花　色	○●（黄・赤）
別　名	ノウゼンハレン、ナスターチウム
花ことば	わが祖国を愛す
高　さ	10～30㎝
花　径	3～5㎝
花　期	6～10月
生育場所	日本全国

育て方

種子まきは、3月中旬～4月が適期。種子は皮が厚いので、刃物などで表皮に傷をつけて1晩水に浸し、発芽しやすくしておきます。庭植えは株間25㎝、鉢植えは5号鉢に1株を目安に直まきして、1㎝覆土します。

漢字名：金蓮花　科・属名：ノウゼンハレン科トロパエオルム属
分類：1年草　性質：非耐寒性　生育環境：日当たり　殖やし方：実生、挿し芽

種類により耐寒性が違う

グミの仲間

アキグミ〈代表種〉

花弁に見えるのは萼筒

赤く熟した果実は食べられる

アキグミは落葉性

グミ類は品種が多く落葉性と常緑性があり、果実が6～7月に熟すナツグミと10～11月に熟すアキグミとがあります。

花は葉のわきに5～6個ずつ垂れ下がり、白色が次第に黄色をおびます。花弁に見えるのは萼筒で、萼片の先は鋭くとがります。赤く熟す果実は球形～楕円形で、径6～8㎜です。

花色	○○
花ことば	楽しい会話
高さ	2～3m
花径	5～7㎜(萼筒)
花期	4～6月
生育場所	本州東北地方以南

育て方

落葉性で寒さに強く、東北地方以南で庭植えができます。2～3月が植えつけの適期。植え穴に腐葉土などを多めにすき込みます。過湿を嫌うので、やや高めに植えつけます。

漢字名：秋茱萸　科・属名：グミ科グミ属　分類：落葉低木
性質：耐寒性　生育環境：日当たり、水はけ良、肥沃地　殖やし方：挿し木

ナワシログミ（苗代茱萸）

萼筒が垂れ下がる

寒さに弱い常緑低木。本州伊豆半島以西に育つ高さ2～3mの果樹です。花は葉のわきに数個つく淡黄褐色の萼筒で、10～11月に枝から垂れ下がります。初夏の苗代をつくるころ果実が赤く熟します。

果実は長さ1.5㎝

萼筒は長さ6～7㎜

ダイオウグミ（大王茱萸）

果実は大きくなる

別名ビックリグミ。高さ4mになる落葉低木。寒さに強い園芸品種です。トウグミが親で、果実の大きいものを選抜し果樹として栽培するようになったもの。果実は長さ2.5㎝、葉もトウグミより大きくなります。花期は4～6月。

果実は大きく赤熟する

葉のわきから淡黄褐色の花が垂れ下がる

トウグミ（唐茱萸）

花は葉のわきに垂れ下がる

寒さに強い落葉低木。高さは4mくらいになります。本州近畿地方以北の山地や林内に育ちます。花は4～6月、葉のわきに1～3個垂れ下がってつきます。葉は長さ3～8㎝、幅1～3㎝の卵形で、先がとがります。

果実は6～7月に赤熟

花に見えるのは萼筒

ナツグミ（夏茱萸）

萼筒が多数つく

寒さに強い落葉低木。北海道～九州に自生。花期は4～5月、高さ2～3mの果樹です。花は葉のわきに1～3個が垂れ下がる萼筒で、銀色の鱗状毛が密生します。葉は長さ3～9㎝、幅2～5㎝で先がとがる卵形。

果実は7～8月に赤く熟す

淡黄色の萼筒が多数つく

'ビューティー'

'レッドファイヤー'

'リトルダーリン'

'アカズキン'

グラジオラス

花形や花色は変化が多い

夏咲き種と春咲き種があります。よく見られる夏咲きは品種が多く、色彩も華やかですが、春咲きは、花がやや小形になります。筒形の花が下から咲き上がります。寒さと多湿を嫌いますが、毎年掘り上げて植え替えれば、問題ありません。

'トパーズ'

花色	○○●●●●
別名	トウショウブ
花ことば	慎重な愛
高さ	15cm～1m
花径	3～10cm
花期	7～10月
生育場所	日本全国

育て方

植えつけは3月下旬～4月。腐葉土などを入れて土作りをしておきます。庭植えは株間30cmで、6～7cm覆土します。鉢植えは、6号鉢に小輪系を3球で3～4cm覆土します。

科・属名：アヤメ科グラジオラス属　分類：球根植物　性質：半耐寒性
生育環境：日当たり、水はけ良、肥沃地　殖やし方：分球

グリーンネックレス

球形の葉がつながってつく

花は白色で径約1cmあり、秋～冬にかけてつきます。1m以上伸びるつる状の茎は、ほふくまたは垂れ下がり、地につくと発根します。葉は径約1cmの球形で、茎にそってつながります。

ロウリーアヌス（グリーンネックレス）の球葉

花色	○
別名	ミドリノスズ、セネキオ
花ことば	忘れないで
高さ	1m以上（つる状）
花径	約1cm
花期	10～12月
生育場所	日本全国

育て方

日当たりが強すぎると、葉が小さくなります。夏の戸外は40%くらい遮光し、冬は室内にとり込んで明るい場所に置きます。挿し木は5～7月に伸びた茎を5～10cm切り、川砂床に挿します。

科・属名：キク科セネキオ属　分類：多年草
性質：非耐寒性　生育環境：日当たり　殖やし方：挿し木

クラッスラ・ポルツラケア

「金のなる木」で有名

一般には「金のなる木」と呼ばれて、親しまれています。枝分かれが多く、幹は太い低木状になる多肉植物で、葉は光沢がある肉厚な緑色です。暑さには強いのですが寒さにやや弱く、暖地以外では鉢植えにして、冬は室内か温室へ入れます。

小さな星形の花が集まって花房をつくる

花色	○●
別名	カネノナルキ、カゲツ
花ことば	温厚
高さ	50～60cm
花径	3～5cm
花期	1～3月
生育場所	日本全国

育て方

多肉植物で、葉や茎に水をたくわえることができるため乾燥に強く、夏の過湿は根腐れの原因になります。挿し木や植え替えは、5月ごろ行います。

科・属名：ベンケイソウ科クラッスラ属　分類：多年草、低木
性質：非耐寒性　生育環境：日当たり　殖やし方：挿し木

クレオメ

花房は下から咲き上がる

夏の花壇を飾る

風に舞う蝶のようです。明治時代の初めに渡来し、夏の花壇の草花として定着しました。花は茎の先に数多くつき、下から咲き上がります。全株に粘性をもつ毛があります。

花色	○○○
別名	セイヨウフウチョウソウ
花ことば	舞姫
高さ	約1m
花径	5～10cm（花穂）
花期	7～10月
生育場所	日本全国

育て方

株間20cmで2～3粒直まきします。適期は4～5月。発芽したら、良い苗を1本残して育てます。直根性なので、移植を嫌います。鉢植えは5～6号鉢に直まきして育てます。

科・属名：フウチョウソウ科クレオメ属　**分類**：1年草
性質：非耐寒性　**生育環境**：日当たり、水はけ良　**殖やし方**：実生

クリアンツス

特徴がある大きな蝶形の花

4～6花がまとまってつく

葉のわきから短い茎を出し、長さ7～8cmの花が4～6個まとまってつきます。花形は特徴がある蝶形です。本種は常緑低木ですが、挿し木をしない場合は1、2年草扱いになります。

花色	●○
別名	クリアンサス
花ことば	栄光
高さ	60cm～1m
花径	7～8cm
花期	5～6月
生育場所	日本全国

育て方

夏の高温多湿を嫌います。鉢植えで育てますが、ゴロ土を多めにして、赤玉土などで土作りをします。冬は0℃まで耐えるので、室内に入れれば、まず問題ありません。

科・属名：マメ科クリアンツス属　**分類**：常緑低木
性質：半耐寒性　**生育環境**：水はけ良、通風良　**殖やし方**：実生

ハマユウ（浜木綿）

花は夜開花する

花は茎先につく

別名ハマオモト。房総～三浦半島以西に育つ暖地性。白色の花が7～9月、長く伸びる茎の先に10～20個つきます。円柱状の茎は30～50cm。葉は長さ50～80cm、幅5～10cm。

インドハマユウ（印度浜木綿）

花は開くと横や下向きになる

白色の花が多くつく

インド原産、日本には昭和の初めごろ渡来しました。8～9月に高さ50～60cmの茎を伸ばし、白色の花が10～20個つきます。白色の筒部は、緑色がかります。葉は長さ60cm～1m、幅7～11cmです。

芳香がある大輪花

クリヌムの仲間

細長い花弁は反り返る

花には芳香がある

花がユリの花に似ているので、名はギリシャ語のユリに由来します。実生もできますが、開花まで5～6年はかかります。

花は日本では6～7月につきます。径10cmの大輪で芳香があり、長さ10～15cm、幅1～2cmの細長い花弁は、白地に赤線が入ります。葉は長さ約1m、幅7～10cmで細長いおび状。

花色	白地に赤線
別名	ハマオモト
花ことば	充実した日々
高さ	60～90cm
花径	10～12cm
花期	6～7月
生育場所	本州関東地方以西

育て方

寒さに強い品種。冬に地上部は枯れますが、暖地では地下茎が生きていて、春に再生します。越冬温度はマイナス2～3℃です。植え替えは3～4月。3～4年に1回は分球できます。

科・属名：ヒガンバナ科クリヌム属　**分類**：多年草　**性質**：半耐寒性
生育環境：日当たり　**殖やし方**：実生、分球

クレピス

タンポポの近縁種

道端でよく見られるタンポポの近縁種。茎や葉を切ると、白い乳液がでる点もタンポポと同じ。花は淡紅色ですが、白色の花をつける変種もあります。キクの仲間ですが、花は舌状花だけです。

鉢植えでも楽しめる

花色	
別名	モモイロタンポポ、センボンタンポポ
花ことば	温かみがある心
高さ	30～40cm
花径	2～3cm
花期	5～7月
生育場所	日本全国

育て方

花壇や鉢植えに適しています。種子まきは9～10月。移植を嫌うので、発芽したら幼苗のうちに定植します。苗で越冬しますが、厳しい寒さに弱いので保護が必要です。

科・属名：キク科クレピス属　分類：1年草　性質：非耐寒性
生育環境：日当たり、霜よけ　殖やし方：実生

グレヴィレア

品種によって大きく異なる

花は筒状で雄しべが突き出し、面白い形です。品種によって、ほふく性のものから直立性のものまであり、高さも異なります。花色も葉の形もそれぞれ異なるので、品種や性質にも注意します。

グレヴィレア・バンクシーの花穂

花色	
別名	シノブノキ
花ことば	燃える情熱
高さ	60cm～5m
花径	5～10cm（花穂）
花期	11～6月
生育場所	日本全国

育て方

暖地性で寒さに弱く、冬は10℃以上必要なため、関西地方でもハウスで越冬させます。実生は3～4月が種子まきの適期で、5月には鉢上げします。挿し木は7～8月が適期で、成熟枝をバーミキュライトに挿します。

科・属名：ヤマモガシ科シノブノキ属　分類：常緑低木
性質：非耐寒性　生育環境：日当たり　殖やし方：挿し木、実生

グロクシニア

園芸品種が多い温室の女王

短い茎の基部は、地中で肥大して塊茎になります。葉のわきに鐘形の花がつきます。園芸品種が多数あり、花形や花色はさまざまです。

花の大きい園芸品種

花色	複色
別名	オオイワギリソウ、ジニンギア
花ことば	美しい心
高さ	10cm
花径	5～8cm
花期	4～7月
生育場所	日本全国

育て方

生育適温が20～25℃と高いため、適温を維持できる室内か温室で育てます。植えつけ適期は3月。球根の表面が地上に少しでるように、浅く鉢植えにします。温度管理に注意します。

科・属名：イワタバコ科グロクシニア属　分類：多年草　性質：非耐寒性
生育環境：室内、温室　殖やし方：実生、挿し木、分球

クロウエア

名が同じ別種もある

花は径1.5～2cmの5弁花。本種は常緑低木ですが、別名のサザンクロスにセリ科の多年草があり、こちらは白色の小さな花で、花色や形が違います。葉は明るい緑色で、長さ3～4cmの細長い形。

桃色の5弁花が平開する

花色	
別名	サザンクロス
花ことば	遠い記憶
高さ	30cm～1m
花径	1.5～2cm
花期	10～4月
生育場所	日本全国

育て方

寒さに弱いため、管理しやすい鉢植えにして小柄に育てます。ミカンの仲間で、ミカン類の鉢植えと同じように育てます。7号くらいの大きめの鉢に植えて、冬は室内に入れ、5℃以上を保つようにします。

科・属名：ミカン科クロウエア属　分類：常緑低木
性質：半耐寒性　生育環境：日当たり　殖やし方：挿し木

クサボタン（草牡丹）

花は狭い鐘形で長さ1～2㎝

山地に育つ

高さ1mくらいになり、茎の下の方が木質化して直立する多年草です。本州の山地に育ちます。7～9月に淡紫の花が、下向きに開きます。

ハンショウヅル（半鐘蔓）

花は先が反り返る

花弁の先は反り返る

本州、九州の山地に育つ木質のつる性多年草。花期は5～6月。茎は暗紫色をおびます。茎の先端に紅紫色の鐘形の花が下向きにつきます。

ボタンヅル（牡丹蔓）

小さな花が集まって花房になる

花は白色

茎は木質化して、まばらに枝分かれするつる性。花は白色。花期は8～9月。径15～20㎜の小さな花が、上向きに多数つきます。

日本の風土に合う品種

クレマティスの仲間

直径10～15㎝の大輪

管理しやすい鉢植え

日本産のカザグルマ、中国産のテッセン、暖地性で常緑のセンニンソウなど性質が異なります。

細いつるには軟毛がありますが、後に消えて木質化します。花は枝先に1つずつつき、クレマティスの仲間の中では、大きいほうです。花弁状の萼は先がとがる舟形で、基本は8枚です。

花色	○●
花ことば	あきらめ
高さ	30～50㎝
花径	10～15㎝
花期	5～6月
生育場所	日本全国

育て方

6号鉢に定植し、つるをからませる支柱を立てます。植えつけは2～3月。12月は防寒、7～8月は日よけをします。挿し木は5～8月。つるを2節切りとり、下葉をとって挿し穂にします。

漢字名：風車　**科・属名：**キンポウゲ科クレマティス属　**分類：**つる性低木
性質：半耐寒性　**生育環境：**日当たり、半日陰　**殖やし方：**挿し木

センニンソウ（仙人草）

花弁に見えるのは白色の萼

白色の十字花

日本や中国南部に育つ常緑のつる性多年草。花は8～10月に、葉のわきに多数つく白色十字形。茎の下部は木質化します。葉がつく茎は、曲がりくねって他物にからみつきます。有毒です。

テッセン（鉄線）

花弁状の萼は白く中心は変色していく

茎は木質化

中国原産で、多くの園芸品種がつくられています。日本では、桃山時代から栽培されていたといわれています。花期は5～6月。花弁のような萼は6枚。茎はつる性で細く、木質化します。

枝葉を切ると臭い

クレロデンドルムの仲間

庭植えで観賞する

庭植えで花を観賞

一般にはクレロデンドロンやベンケイカズラの名で通用しています。巻きひげがあり、他物にからみついて育つものが多いです。

クサギは山や丘に生え、葉は長さ10～15cm、幅5～10cmの卵形で先がとがります。花は白色で先が5つに裂け、数個がまとまってつき、香りがあります。10～11月には、球形で光沢がある果実が、青く熟します。

花色	○○●
花ことば	おっくう
高さ	4～6m
花径	2～3cm
花期	8～9月
生育場所	日本全国

育て方

植えつけは落葉期で、芽出し前の3～4月が適期です。植え穴に腐葉土などを多めにすき込み、肥沃で適湿を保ちやすい土にしておきます。

漢字名：臭木　科・属名：クマツヅラ科クサギ属　分類：落葉低木
性質：耐寒性　生育環境：日当たり、半日陰　殖やし方：実生、挿し木、株分け

ゲンペイクサギ（源平臭木）

萼（がく）は白色で花は深紅色

冬は温室へ入れる

別名ゲンペイカズラ。熱帯アフリカに自生する暖地性のつる性低木。寒さに弱く、鉢植えにして冬は温室に入れるなど、10℃以上を保ちます。花は径約2cm。花期は7～8月。葉は長さ10～12cmの卵形。

ベニゲンペイカズラ（紅源平葛）

小さな花が集まって花房をつくる

花色が変わる

ゲンペイクサギに似る常緑つる性低木。花は淡緑色から開花時には淡紅色に変わり、星形に開きます。花径は約1.5cm。花筒は長さ2cmになり、深紅色です。花期は7～8月。

ボタンクサギ（牡丹臭木）

丸くまとまる淡紅紫色の花

花は半球状に集まる

別名ベニクサギ、タマクサギ。高さ1mの低木。亜熱帯では常緑ですが、温帯では落葉します。淡紅紫色の小さな花が多数集まり、半球状になります。花期は7～8月。

ジャワヒギリ

花弁も花筒も同じ鮮紅色

花は鮮紅色

ジャワやスマトラ原産の直立性低木。高さは1～2m。花期は7～8月。花は径約2.5cmの鮮紅色。花後に熟す果実は、黒紫色です。葉のふちには不ぞろいのギザギザ（鋸歯（きょし））があります。

クロタネソウ

幻想的な感じがする花

種子はメロンの香り

園芸品種は八重咲きで、花色は青のほかに白や桃もあります。花が散った後にできる果実は径2㎝くらいになり、種子は黒く、メロンのような香りがあります。

花色	
別名	ニゲラ
花ことば	不屈の精神
高さ	30～60㎝
花径	3～4㎝
花期	4～6月
生育場所	日本全国

育て方

種子まきの適期は9～10月上旬。3号鉢に2～3粒点まきにして、1㎝覆土します。発芽したら、良い苗を1本残して間引きます。本来移植を嫌うので、早めに鉢土ごと定植。庭植えは、株間15㎝で直まきします。

漢字名：黒種草　科・属名：キンポウゲ科ニゲラ属
分類：1年草　性質：非耐寒性　生育環境：日当たり　殖やし方：実生

クロコスミア

クロコスミア・クロコスミーフロラ

品種によって花色が異なる

花は橙～深紅色などで筒部が曲がり、先が開く独得な形をしています。5～6個の枝分かれした茎が伸び、それぞれに12～20個の花が穂状につきます。

花色	
別名	ヒメヒオウギズイセン、モントブレチア
花ことば	気品がある人
高さ	60㎝～1m
花径	3～5㎝
花期	7～8月
生育場所	日本全国

育て方

植えつけ適期は3～4月。腐葉土などを多めにすき込んでおきます。株間を20～30㎝とり、深さ10㎝で球根を植えつけます。寒さに強く、冬は霜よけ程度で数年間は平気です。

科・属名：アヤメ科クロコスミア属　分類：球根植物
性質：耐寒性　生育環境：日当たり、水はけ良　殖やし方：分球

サフラン

鮮やかな紫色の花

秋咲きクロッカスの1種

赤くて長い雌しべは、古くから薬用や香料、染料などに利用されてきましたが、観賞用の花としても利用されます。球根は径約5cmで絹のような皮に包まれており、水や土がなくても発芽して花をつけるほど強健です。

花色	
別名	バンコウカ
花ことば	快楽
高さ	10㎝
花径	7～8㎝
花期	10月下旬～11月上旬
生育場所	日本全国

分類：球根植物　性質：耐寒性　生育環境：日当たり　殖やし方：分球

日中開いて夕方閉じる

クロッカスの仲間

花芯が黄色の花

鉢植えは1度寒さに当てる

仲間は約80種あります。地上の部分には茎がなく、地下に球状の茎のみがあります。

花は日中に開き、夕方には閉じる性質があります。1球から数花が咲き、花後に松葉のような細い葉が伸びてきます。鉢植えは、一度寒さに当てないと花がつかないので、12月まで戸外に置いておきます。

花色	
別名	ハナサフラン
花ことば	切望
高さ	10～15㎝
花径	4～12㎝
花期	2～3月、10～11月
生育場所	日本全国

育て方

植えつけ適期は、秋咲きが8月下旬～9月上旬、春咲きは9月下旬～10月上旬。株間は6～8㎝で、4～5㎝の深さに植えつけます。鉢植えは毎年掘り上げ、庭植えは3～4年間放置します。

科・属名：アヤメ科クロッカス属　分類：球根植物
性質：耐寒性　生育環境：日当たり、水はけ良、肥沃地　殖やし方：分球

グロッバ

グロッバ・ウィニティー

夏は遮光、冬は温室

花は茎の先に数個がまばらにつき、花穂は先を下に向け、曲がって垂れ下がります。地下に細い根茎をもち、長い茎が立ち上がります。

花色	
別名	タイノマイヒメ
花ことば	華やかな恋
高さ	50～80㎝
花径	10～20㎝（花穂）
花期	不定期
生育場所	日本全国（温室）

育て方

高温多湿を好み、夏は遮光を必要とし、冬はできるだけよく日に当てます。冬は温室に入れ、やや乾燥ぎみにして15℃前後を保ちます。鉢植えの用土は、赤玉土に腐葉土を混ぜます。

科・属名：ショウガ科グロッバ属　分類：多年草　性質：非耐寒性
生育環境：日当たり、水はけ良、温室（冬）　殖やし方：株分け

グロリオサ

花弁が波打つ

半つる性の球根植物

鉢植えや切り花によく利用されます。花は6枚の花弁からなり、品種によって花形や花色は違います。独得な美しさがあります。茎は開花した後に枝分かれします。先端が巻きひげになり、他物にからみつきながら伸びます。

花色	
別名	ユリグルマ、アカバナキツネユリ
花ことば	秘めた情熱
高さ	50㎝～2m
花径	5～10㎝
花期	6～7月
生育場所	日本全国

育て方

植えつけ適期は4月下旬～5月中旬ですが、高温を好むため時期に注意します。発芽は球根の1芽だけなので、傷つけないようにし、株間25～30㎝、深さ5㎝で植えつけ、つるがでるので支柱を立てます。

科・属名：ユリ科グロリオサ属　分類：球根植物
性質：非耐寒性　生育環境：日当たり　殖やし方：分球

クロッサンドラ

周年咲くジョウゴバナ

寒さに弱い

小形種は、高さ15～20㎝でほとんど枝分かれしません。高性種は高さ30～80㎝になり、よく枝分かれして茂ります。花は細長い筒状で、先が5裂した径3㎝くらいの黄橙色。花穂は5～10㎝になります。

花色	
別名	ジョウゴバナ、ヘリトリオシベ
花ことば	さわやかな心
高さ	15～80㎝
花径	約3㎝
花期	6～10月（品種による）
生育場所	日本全国

育て方

乾燥に強く、過湿を嫌います。寒さに弱く冬は10℃以上必要なため、室内に入れて保護します。別名ジョウゴバナは多年草で、花は大きく周年咲きます。

科・属名：キツネノマゴ科クロッサンドラ属　分類：常緑低木、多年草
性質：非耐寒性　生育環境：日当たり、半日陰　殖やし方：実生、挿し木

クロバナロウバイ

花は短枝の枝先につく

香りが少ないロウバイ

明治時代中期に渡来した、株立ち性の低木です。葉の裏は粉白色をおびます。花は赤褐色などで短い枝の先に上向きにつき、花弁の裏には密毛があり、花径3～4㎝。

花色	
別名	アメリカロウバイ
花ことば	深い慈愛
高さ	50㎝～2m
花径	3～4㎝
花期	5～6月
生育場所	日本全国

育て方

落葉期、葉がでる前の2～3月に植えつけます。植え穴に腐葉土を多めにすき込み、やや高めに植えつけます。株分けは、根元からでる地下茎枝を切りとって、植えつけます。

漢字名：黒花蠟梅　科・属名：ロウバイ科クロバナロウバイ属　分類：落葉低木
性質：耐寒性　生育環境：日当たり、水はけ良　殖やし方：株分け

アブラチャン（油瀝青）

黄色の花が3～5個まとまる

葉がでる前に花が咲く

別名ムラダチ、ヂシャ。落葉低木。高さ3～5mになります。淡黄色の小さな花が、葉がでる前に枝先につきます。花後には、球形の果実ができます。昔、果実から灯用の油を搾りました。花期は3～4月。

シロモジ（白文字）

枝先につく黄色い小さな花

小さな花が枝先にまとまる

別名アカヂシャ。本州中部地方以西の山地に育つ落葉低木。高さ3～5m。4月に黄色い小さな花が、3～5個ずつ枝先にまとまります。葉は長さ7～12cm、幅7～10cmの3角状卵型で、裏は粉白色をおびます。

ヤマコウバシ（山香）

花は葉のわきにつく

果実

花は小さい

別名モチギ、ヤマコショウ。本州関東地方以西の山地に育つ落葉低木。高さは3～5m。花期は4～5月。花は淡黄色で小さく、葉のわきにつきます。

高級楊枝の材料になる

クロモジの仲間

クロモジ〈代表種〉

葉と同時に黄色い花が枝につく

枝には良い香りがある

ほとんどは落葉低木ですが、仲間に暖地性で常緑のテンダイウヤクなどがあります。枝には良い香りがあります。

クロモジは低山に育つ低木。葉の両面に毛がありますが、後に表の毛は消え、裏面だけになります。黄色で小さな花が、新葉がでるのと同時に、枝先につきます。細い枝は黄緑色。

花色	●
花ことば	誠実で控えめ
高さ	2～4m
花径	6～8㎜
花期	3～4月
生育場所	本州東北地方以南

育て方

やや湿り気がある場所を好み、乾燥を嫌います。植えつけの適期は2～3月。植え穴に、腐葉土を多めにすき込んで植えつけます。実生は採りまきか、貯蔵しておいて、翌年3月中旬に種子まきします。

漢字名：黒文字　科・属名：クスノキ科クロモジ属
分類：落葉低木　性質：耐寒性　生育環境：半日陰　殖やし方：実生

ダンコウバイ（檀紅梅）

葉がでる前に花が咲く

花が葉より先につく

別名シロヂシャ、ウコンバナ。本州関東地方以西に育つ落葉低木。高さ2～4m。花期は3～4月。黄色の小さい花が、葉がでる前にまとまります。

テンダイウヤク（天台烏薬）

仲間の中では少ない常緑樹

葉のわきに花がつく

別名ウヤク。中国原産で享保年間に渡来し、暖地に野生化しています。高さ3～5mになる常緑低木。4月に小さな黄色い花が、葉のわきに数個集まってつきます。

トサカの形が異なる

ケイトウの仲間

小形の品種もある

夏から長い期間花が楽しめます。小さな花が多数集って大きな花房をつくりますが、品種によって形が違います。

園芸品種のなかには、草丈15cmの小形種もあります。

トサカケイトウは小さな花が密生して、茎の先に大きな鶏頭のような花房をつけます。

育て方

移植を嫌うため、できるだけ直まきにします。種子まきの適期は5月上旬～中旬。よく土を耕し、腐葉土を多めに入れておきます。発芽適温は20～25℃。株間30cmに5～6粒点まきします。

トサカケイトウ〈代表種〉

花色	●●●●●○
別名	ケイトウ、カラアイ、サキワケケイトウ
花ことば	おしゃれな恋
高さ	60～90cm
花径	10～20cm
花期	8～10月
生育場所	日本全国

漢字名：鶏冠鶏頭
科・属名：ヒユ科ケイトウ属
分類：1年草
性質：非耐寒性
生育環境：日当たり
殖やし方：実生

鶏頭状になる花房

クンシラン

ランではなくヒガンバナの仲間

花弁は6枚。花形はろうと状で、20個くらいつきます。葉は長さ40～60cmの幅広い剣状葉で、葉の基部が筒状になって、互いに重なり合っています。根は肉質で、春に中央から花茎を伸ばし、多数の花をつけます。

花は20個くらいまとまってつく

花色	●●
別名	ウケザキクンシラン
花ことば	ひかれる心
高さ	20～60cm
花径	3～4cm
花期	3～5月
生育場所	日本全国

育て方

強光、過湿、霜、強い風などを嫌うため、一般には鉢植えにして管理します。植えつけや株分けは5～6月。春～秋までは戸外の半日陰、冬は室内に入れて、2カ月間、5～10℃以内に置いて花芽をもたせます。植え替えは2年ごとに行います。

漢字名：君子蘭　科・属名：ヒガンバナ科クリヴィア属
分類：多年草　性質：半耐寒性　生育環境：半日陰、室内　殖やし方：株分け

ヤリゲイトウ（槍鶏頭）

高性種の'金峯'

園芸品種が多い

別名スギナリケイトウ、玉咲きケイトウ、玉ケイトウ。高さ70～90cmの中・高性種や高さ40cm以下にとどまる小形種などの園芸品種があり、花穂の大きさや花色などもさまざまです。花期は8～9月。

フサゲイトウ（房鶏頭）

'ドリアンイエロー'

花色はさまざま

早咲き種には赤色のレッド・フォックスがあり、高さ50cm、花房の長さ18cmで5月には花がつきます。小形種には高さ15～20cm、花房の長さ10～12cmのゲラナなどがあり、花色もさまざまです。

ノゲイトウ（野鶏頭）

花は下から咲き上がる

花穂が立ち上がる

熱帯アジア原産の1年草。暖地性の帰化植物です。高さ30cm～1m。花期は7～10月。茎の先が枝分かれし、それぞれに長さ5～8cmの花穂が、立ち上がってつきます。

古くからギリシャで利用

ケシの仲間

ケシ〈代表種〉

白や紅があるが黄色い花はない

花径は約10cm

ケシの仲間は多く、観賞花として広く知られているアイスランド・ポピーやヒナゲシなどが入ります。高性種にはオニゲシがあります。

ケシは茎が太く直立し、上の方はまばらに枝を出します。茎の先に1～数個つく花は径10cmくらいで4枚の花弁をもち、果実は熟すと黄褐色になります。

花色	
花ことば	強い魅力
高さ	1～1.7m
花径	約10cm
花期	6～7月
生育場所	日本全国

育て方

ケシの栽培は、日本国内では禁止されています。ここではヒナゲシの育て方です。ヒナゲシの種子まきは9～10月で、直まきするか3号ポットにまきます。ポットまきは、発芽後幼苗のうちに移植します。苗の越冬は、霜よけします。

漢字名：罌粟　科・属名：ケシ科ケシ属
分類：1年草　性質：非耐寒性　生育環境：日当たり　殖やし方：実生

アイスランド・ポピー

橙色の花も花芯は黄色になる

園芸品種には巨大輪もある

長さ約30cmの茎が春に伸び、その先に赤や白色などの花が咲きます。花弁は広い卵形で、ふつうは花径5～6cmですが、園芸品種には4倍体の巨大輪や開花期間が長い品種もあります。

花色	
別名	シベリアヒナゲシ、ポピー
花ことば	眠り
高さ	50～60cm
花径	6～10cm
花期	4～6月
生育場所	日本全国

育て方

開花鉢で入手するときは花を見て選べますが、種子まきで育てるときは品種が多いので、よく確かめます。古いものや管理が悪い種子は、発芽率が低下します。

科・属名：ケシ科ケシ属　分類：1年草、多年草
性質：半耐寒性　生育環境：日当たり　殖やし方：実生

ヒナゲシ（雛罌粟）

花は直立する茎先につく

別名は虞美人草

別名グビジンソウ。ヨーロッパ中部原産の1年草。花期は5～7月。高さ50cmくらい。葉は羽状で裂片は細長い形になり、先がとがります。花は径5～7cmで桃、紅、紅紫など。基部には黒斑があります。

オニゲシ（鬼罌粟）

オリエンタルポピー（パパウエル・オリエンタレ）

別名はオリエンタルポピー

別名パパウエル・オリエンタレ。西南アジア原産の多年草。高さ1～1.5mになります。花は赤色、基部に黒色の斑点があります。ほかに白色黄斑入りや桃、橙色なども。花弁は4～6枚、長さ10cmになります。花期は6～7月。

アイスランド・ポピー
黄色の花。本来は春から咲くが温室で育てると1月から開花する

ゲットウ

暖地性で鉢植えにする

花の唇弁は白色で、ふちには黄色に赤い斑点と条線があり、30㎝くらいの花穂になって茎から垂れ下がります。葉で食物を包みます。園芸品種があります。

花は茎から垂れ下がる

花色	黄斑、白斑、赤斑
別名	ハナミョウガ
花ことば	すがすがしい
高さ	50㎝～2m
花径	30㎝（花穂）
花期	5～6月
生育場所	九州南部、沖縄

育て方

一般には、鉢植えで育てます。用土は赤玉土に腐葉土を2～3割加えます。夏の直射日光は避け、半日陰で管理します。観賞用には、園芸品種のキフゲットウのほうが価値があります。

漢字名：月桃　科・属名：ショウガ科アルピニア属　分類：多年草
性質：非耐寒性　生育環境：水はけ良、半日陰　殖やし方：株分け

ゲッケイジュ

葉はハーブ、実は薬用

葉は長さ7～12㎝、幅2～4㎝の卵形で、先がとがります。かたい革質で香りがあり、乾燥させてハーブに利用します。葉のわきにつく黄色の小さな花で、多数が集まって花房になります。

黄色い小さな花が集まって花房になる

花色	●
別名	ローレル
花ことば	勝利
高さ	5～12m
花径	3～4㎝（花序）
花期	4月
生育場所	本州東北地方以南

育て方

風当たりが少ない場所が適地です。植えつけは4月下旬～5月か、8月下旬～10月上旬です。植え穴に腐葉土を多めにすき込んで植えつけます。挿し木は、7～8月上旬に行います。

漢字名：月桂樹　科・属名：クスノキ科ゲッケイジュ属　分類：常緑高木
性質：半耐寒性　生育環境：日当たり、水はけ良、肥沃地　殖やし方：挿し木、実生

コウゾ

古くは和紙の原料

古くから和紙の原料とされ、洋紙が普及するまで大切な木として栽培されてきました。カジノキとヒメコウゾの雑種といわれています。葉のふちにはギザギザ（鋸歯）があります。小さな花が、集まってつきます。

小さな花が集まる

花色	●
別名	カゾ
花ことば	過去の思い出
高さ	3～5m
花径	6～7㎜
花期	5～6月
生育場所	本州青森県以南

育て方

丈夫で、たいていの場所で育ちますが、強い直射日光や日陰は嫌います。実生もできますが、コウゾはほとんど結実しないので、ヒメコウゾの種子を育てることになります。

漢字名：楮　科・属名：クワ科コウゾ属　分類：落葉低木
性質：耐寒性　生育環境：半日陰　殖やし方：実生、挿し木、株分け

ケロネ

開花が早い早生種もある

花はまとまってついて花穂になります。花弁は5枚で2枚は唇形になり、下唇にはひげ状の突起があります。茎は直立して緑色か黒紫色をしており、葉は先がとがる卵形で対生。ふちにはギザギザ（鋸歯）があります。

唇弁がある花は穂状になる

花色	●○●
別名	ジャコウソウモドキ、リオン
花ことば	あわい恋心
高さ	70～90㎝
花径	10～15㎝（花穂）
花期	7～10月
生育場所	日本全国

育て方

強い西日が当たる位置は、葉焼けを起こす原因になるので避けます。強い乾燥も嫌うため、水やりに注意します。早生種には、スピード・リオンがあります。

科・属名：ゴマノハグサ科ケロネ属　分類：多年草　性質：耐寒性
生育環境：日当たり、水はけ良　殖やし方：株分け、茎挿し

コエビソウ

日に当たって美しくなる

花序の曲がり方がエビに似る

花は穂状になって、枝から垂れ下がります。花を飾る淡緑、黄、赤などの苞は重なり合い、エビの背のようです。鉢植えでは高さ30～60㎝ですが、暖地で地植えにすると、1mくらいになります。

花色	○
別名	ベロペロネ
花ことば	さわやかな友情
高さ	30㎝～1m
花径	7～10㎝（花穂）
花期	周年（温室）
生育場所	日本全国

育て方

一般には、鉢植えで育てます。用土は赤玉土7、腐葉土3の混合土。日当たりが良いほど、苞の色は鮮明になります。春～秋は戸外で日によく当て、冬は室内に入れて管理します。凍らない程度で越冬します。

漢字名：小蝦草　**科・属名**：キツネノマゴ科ベロペロネ属
分類：常緑低木　**性質**：半耐寒性　**生育環境**：日当たり　**殖やし方**：挿し木

コウホネ

花弁状の萼片はカップ状に曲がる

浅い池沼の水生植物

自生のほか観賞用に栽培される、多年草の水草です。花は長く伸びる茎の先に、1つつきます。根茎は水中を横に這い、下部に長いひげ根があります。水上にでる葉は茎部が切れ込む卵形で、長さは20～30㎝。

花色	○●
別名	カワホネ
花ことば	美しい人格
高さ	10～30㎝
花径	4～5㎝
花期	6～9月
生育場所	日本全国

育て方

水生植物。直接池などに入れるか、鉢に植えつけて、鉢ごと水中に沈めます。用土は赤玉土と腐葉土のミジンを混ぜ、粒状肥料を少量加えて、元肥にします。株分けは生育期の春～夏に行います。

漢字名：河骨　**科・属名**：スイレン科コウホネ属　**分類**：多年草
性質：耐寒性　**生育環境**：日当たり、水中　**殖やし方**：株分け、実生

コケモモ

小さな鐘形の花が茎先につく

花後に赤く熟す果実は生食できる

寒地性で暖地では育たない

高山帯の岩場などに育つ小低木。花は鐘形で下向きです。地下茎は横に這い、茎は枝分かれしマット状に広がります。葉は長さ1㎝前後の卵形。革質で厚く、光沢があります。

花色	○○
花ことば	幼い恋
高さ	10～20㎝
花径	約1㎝
花期	6～9月
生育場所	本州関東地方以北

育て方

平鉢に植えつけて、山野草仕立てにします。用土は桐生砂か水ゴケを1割くらい混ぜたものを使います。3～4年に1回植え替えます。

漢字名：苔桃　**科・属名**：ツツジ科ウァッキニウム属　**分類**：常緑小低木
性質：耐寒性　**生育環境**：日当たり、水はけ良、通風良　**殖やし方**：挿し芽

コキンバイザサ

細い茎先に黄花がつく

球茎は径1㎝と小さい

花は直立する茎の先に、径約1㎝の黄色い小さな花が1つつきます。葉は1つの球茎に5～6枚つき、先がとがり全体に長い毛があります。形は細長く、一見イネ科の植物の葉に似ています。

花色	○
別名	ヒポクシス
花ことば	ひとりぼっち
高さ	5～10㎝
花径	約1㎝
花期	5～6月
生育場所	本州関東地方以西

育て方

植えつけは発芽前の3～4月。あらかじめ腐葉土などを多めにすき込んで土作りをしておきます。株間を15～20㎝とり球根を植えつけ、2～3㎝覆土します。

漢字名：小金梅笹　**科・属名**：コキンバイザサ科ヒポクシス属　**分類**：球根植物
性質：半耐寒性　**生育環境**：半日陰、水はけ良、肥沃地　**殖やし方**：実生、分球

カナウツギ（栫木空木）

花は円錐状にまとまる

小さな花が円錐状(えんすいじょう)につく

別名はヤマドウシン。関東～中部地方の山地に育つ、落葉低木。高さは1～2m。6月に、ウツギに似た小さな花がつきます。葉は、3角状卵形で浅く3～5に裂け、先は尾状にとがります。

米のような小粒の白花

コゴメウツギの仲間

黄色をおびた白い花がつく

環境の変化に強い低木

低木で寒さに強く、花は小さいが、開花期には枝先が白く見えるほどまとまってつきます。小形種にクリスパがあります。

コゴメウツギは日本全国の低山に育つ、適応力が強い植物です。花は白色。花芯が黄色の小さな花で、多くがまばらにつきます。葉は先がとがる3角状卵形でふちは浅く、いくつかに裂けます。

花色	○
花ことば	運の強い人
高さ	1～2m
花径	4～5㎜
花期	5～6月
生育場所	日本全国

育て方

丈夫で寒さに強く、少しくらい日当たりが悪くても、元気に育つ低木です。さらに小形化した園芸品種は、山野草仕立てにもできます。

漢字名：小米空木　科・属名：バラ科コゴメウツギ属　分類：落葉低木　性質：耐寒性
生育環境：日当たり、半日陰、水はけ良、肥沃地　殖やし方：実生、挿し木、株分け

コバンソウ

小判形の穂になる

小穂は緑～黄褐色になる

明治時代に、ヨーロッパから渡来して定着した帰化植物。本州東北地方以南の海岸、荒地などに野生化して、大群落をつくります。小さな花が集まり、小穂になります。茎は細く直立し、葉は長さ5～10㎝。

花色	●
別名	タワラムギ
花ことば	遠ざかる恋
高さ	30～40㎝
花径	2～3㎝（花穂）
花期	5～6月
生育場所	本州東北地方以南

育て方

庭の片隅などに植えられることもありますが、多くは鉢植えにして、山野草仕立てにします。浅鉢か中深鉢を使い、用土は鹿沼土5、赤玉土3、腐葉土2の混合土にします。秋の彼岸ごろ種子まきして、苗で越冬します。

漢字名：小判草　科・属名：イネ科コバンソウ属
分類：1年草　性質：耐寒性　生育環境：日当たり　殖やし方：実生

ゴーデティア

花はろうと状に開く

直根性で移植を嫌う

草丈20～30㎝の園芸品種が好まれています。花は昼咲き性で、4枚の花弁はろうと状に開きます。葉は細長い形で、初めは短毛があり後に消えます。切り花用には、高さ80㎝の高性種もあります。

花色	○○●●
別名	イロマツヨイグサ、サテンフラワー
花ことば	慕う
高さ	20～50㎝
花径	5～7㎝
花期	6～7月
生育場所	日本全国

育て方

移植を嫌うため庭植えは直まきにし、箱まきは早めに定植します。種子まき適期は9月下旬～10月上旬。株間は20～30㎝です。小形種の鉢植えは、5号鉢に2～3株が目安。摘芯は早春に行います。

科・属名：アカバナ科ゴーデティア属　分類：1年草
性質：非耐寒性　生育環境：日当たり　殖やし方：実生

コルキクム

地表に大きな花だけが咲く

葉は花後にでる

机の上に球根を放置しておいても花が咲くほど、強い草花です。初秋に球根から花茎が伸び、花弁6枚の淡藤色の花が1～4個つきます。細長い形の葉が花後に、3～8枚でます。

花色	○●○
別名	イヌサフラン、アキズイセン
花ことば	輝かしい青春
高さ	15～20㎝
花径	4～5㎝
花期	10～11月
生育場所	日本全国

育て方

植えつけは8月下旬～9月上旬。株間を20㎝とり、深さ10㎝に植えつけます。鉢植えは5～6号鉢に1球。6月に地上部が黄変したら掘り上げ、日陰で通風乾燥します。

科・属名：ユリ科コルキクム属　分類：球根植物
性質：耐寒性　生育環境：日当たり、通風良、肥沃地　殖やし方：分球

ゴマギ

大きな花房になって枝先につく

果実は8～10月に赤～黒に熟す

枝葉にゴマの香りがある

白い小さな花がまとまり、直径6～14㎝の大きい花房になります。果実は赤から黒熟します。葉質はかたい感じで、ふちにギザギザ（鋸歯）があります。

花色	○
花ことば	勤勉
高さ	2～5m
花径	約1㎝
花期	4～6月
生育場所	本州関東地方以西

育て方

植えつけの適期は落葉中、芽出し前の2～3月です。植え穴を大きく掘って、腐葉土をすき込んで植えつけます。移植を嫌うので、根鉢をくずさずに行います。挿し木は、7月に行います。

漢字名：胡麻木　科・属名：スイカズラ科ガマズミ属　分類：落葉小高木
性質：半耐寒性　生育環境：水はけ良　殖やし方：挿し木

ケマンソウ

花が1列に並んでつく

白花も美しい

花は1列に並ぶ

別名タイツリソウ。古くから庭などに栽培されているので、日本産と思われていますが、中国原産の多年草です。高さ50～60㎝で葉は羽状に裂けます。花は淡紅色や白で、伸びた花茎に、10個くらいが1列に並んでつきます。花期は4～6月。

花の形が馬の顔に似る

コマクサの仲間

馬(駒)の顔の形に似た花

高山植物の女王

短い花茎に、大きな花が並んで垂れ下がるように咲きます。葉は白緑色でみずみずしく、花は上から見ると馬の顔のようです。

寒地性で高山の砂礫地に育ち、山野草のひとつとして観賞されます。夏に茎が中心から伸び、先に淡紅色などの小さな花を2～7個,下向きにつけます。外弁は袋状で、外側に反り返ります。葉は根元からでて細かく裂け、パセリの葉に似ています。

花色	●○
花ことば	貴重品
高さ	5～10㎝
花径	約2㎝
花期	7～8月
生育場所	本州中部地方以北

育て方

山野草仕立ては通気性が良い鉢を使い、用土は粗めの山砂単用です。夏の強光は半日陰で遮光します。9月に植え替えると新芽を出すので、晩秋まで十分肥培します。実生は、3年で開花します。

漢字名：駒草　科・属名：ケシ科コマクサ属　分類：多年草　性質：耐寒性
生育環境：日当たり、半日陰、水はけ良　殖やし方：実生、株分け

ニワフジ（庭藤）

花径1～2cmの紅紫色

花はまとまってつく

別名イワフジ。本州中部地方以西に育つ落葉小低木で、高さ30～60cmになります。5～6月に、蝶形の花が多数つきます。基部からよく枝分かれして、株立ち状になります。葉は長さ7～20cmになる羽状で、小葉が9～13枚つきます。

馬をつなげるほど茎が丈夫

コマツナギの仲間

コマツナギ〈代表種〉

花は花穂の下から咲き上がる

茎や葉に伏毛がある

枝は細めですが、丈夫で馬をつなげるほど強く、この名の由来になっています。花後には長さ3cmの豆果ができます。

野原、土手などに生え、茎は緑色で細く枝分かれします。茎や葉に伏毛があるのが特徴。葉のわきから伸びた茎に、紫色の小さな蝶形の花がまとまってつきます。

花色	●
花ことば	しなやかなからだ
高さ	40～80cm
花径	4～10cm（花穂）
花期	7～9月
生育場所	本州青森県以南

育て方

庭植えや鉢植えができます。植えつけ適期は3～4月。根が弱いので、傷がつかないようにていねいに扱います。鉢植えは深鉢を使い、赤玉土7、腐葉土3の混合土を使います。

漢字名：駒繋　科・属名：マメ科コマツナギ属　分類：草状小低木
性質：耐寒性　生育環境：日当たり、水はけ良、肥沃地　殖やし方：実生

コンフリー

淡紅の小さな筒状の花が下向きに咲く

ハーブの仲間で花がかわいい

日本には明治中期に渡来し、多くの薬効があるとされ食用にもされましたが、最近、「有毒」の指摘があり、波紋が広がっています。観賞用に育てるのが主流。花は小さな筒状です。

花色	●●
別名	ヒレハリソウ
花ことば	努力
高さ	60～90cm
花径	1～3cm
花期	6～8月
生育場所	日本全国

育て方

魔法の草、奇跡の草といわれるほど生育が旺盛で、たいていの場所で育ちますが、やや湿り気をおびた場所を好みます。植えつけは春か秋。花が終わったら地上部を刈りとり、新しい茎葉を再生させます。

科・属名：ムラサキ科シンフィツム属　分類：多年草
性質：半耐寒性　生育環境：日当たり　殖やし方：株分け、実生

コルムネア

つる性の観葉植物

常緑の葉は厚みがあり、吊り鉢でうまく育てると長い唇形の珍しい花を見ることができます。観葉植物のひとつです。

花の多くは筒形で先は5裂し、4片は合着して、ひさし状になります。茎は直立するものもありますが、利用されているものの多くはつる性です。葉は先がとがる卵形で、長さ25～30cmになる大葉種から6～7cmの小葉種まであります。

多くは筒状花で花形は変化する

花色	●●●
花ことば	絢爛
高さ	20～50cm
花径	3～8cm
花期	周年（品種による）
生育場所	日本全国

育て方

鉢植えで観賞します。冬は室内に入れて、10℃以上を保ちます。植え替えや挿し木は、5～7月が適期です。挿し木は、茎先を4～5cm切りとって挿し穂にします。

科・属名：イワタバコ科コルムネア属　分類：つる性小低木　性質：非耐寒性
生育環境：日当たり、半日陰、室内　殖やし方：挿し木、株分け

イトバハルシャギク（糸葉春車菊）

花芯に比べ花弁が大きい

花弁は黄色

北アメリカ原産の多年草。高さ70～90cmになり、多数枝分かれします。茎の先につく花は、径約5cmで数個が集まります。周りにつく花弁は、8枚で黄色です。花期は6～7月。葉は輪生し、線形または糸状に分裂します。

ハルシャギク（春車菊）

花色が蛇の目になる

コスモスに似ている

別名クジャクソウ、ジャノメソウ。北アメリカ原産の1年草。コスモスに似た花で、香りがあります。花は鮮黄色に緋褐色が入ります。高さは30～60cmで、よく枝分かれします。葉は羽状に分裂し、裂片は細かい線形。花期は7～10月。

各地で半野生化

コレオプシスの仲間

舌状花も中心の筒状花も黄色になる

大輪種や八重咲き種もある

一時減少しましたが、近年はワイルドフラワーとして育てられたものが各地に広がり、黄色の花の大群落を作っています。

明治中期に渡来した多年草ですが、適応力が強く、各地で半野生化しています。花は径5cmで茎の先につきます。八重咲き大輪の園芸品種もあります。葉は対生して下の方に集中し、形の変化に富みます。

花色	●
花ことば	新鮮で華やか
高さ	30～70cm
花径	約5cm
花期	6～8月
生育場所	日本全国

育て方

種子まきは4月か9月。発芽温度は15～18℃です。5～6日で発芽します。葉が触れ合うようになったら移植し、苗に育てて株間20～30cmで定植します。

漢字名：大金鶏菊　科・属名：キク科コレオプシス属　分類：多年草
性質：耐寒性　生育環境：日当たり、水はけ良、肥沃地　殖やし方：実生、株分け

ザイフリボク

花は枝先にまとまってつく

白花と黒紫色の果実が見られる

鉢植えもできますが、暑さ寒さに強いため庭木に向いています。花弁5枚の白い小さな花が10個くらい、枝先にまとまってつきます。花後、球形の果実がつきます。

花色	○
別名	シデザクラ
花ことば	おだやかな表情
高さ	5～10m
花径	2～3cm
花期	4～5月
生育場所	本州岩手県以南

育て方

根の乾燥を嫌います。植えつけは落葉期の2～3月。植え穴を大きめに掘り、腐葉土をすき込んで、乾燥しにくく保湿しやすい土にしておいて植えつけます。高木になるようなら、芯を止めます。

漢字名：采振木　科・属名：バラ科ザイフリボク属
分類：落葉小高木　性質：耐寒性　生育環境：日当たり　殖やし方：挿し木

コンロンカ

ムッサエンダ・フィリッピカ'ドンナ・トリニング'

黄色い花と白い萼（がく）を観賞

つるは、5mくらいに伸びます。花はろうと形で、多数集まります。花の横につく白い花びらに見えるのは萼片（がくへん）で、長さ3～4cmあり目立ちます。

花色	●
花ことば	南の風景
高さ	2～3m
花径	1～2cm
花期	3～5月
生育場所	種子島以南

育て方

沖縄などの暖地では、庭木に利用します。冬寒い場所では戸外で育てにくいため、鉢植えにします。用土は赤玉土7、腐葉土2、川砂1の混合土。15℃以下になると落葉するので、注意します。

漢字名：崑崙花　科・属名：アカネ科コンロンカ属　分類：半つる性常緑低木
性質：非耐寒性　生育環境：日当たり　殖やし方：実生

鉢植え

サギソウ

シラサギが飛ぶよう

シラサギが舞い飛ぶような花

地下に球茎ができるランの仲間です。花は白色、1～4個が茎先につきます。唇弁が3裂し、側裂片は糸状に細かく裂け、独得な形になります。

花色	○
花ことば	神秘な愛
高さ	15～40㎝
花径	約2㎝
花期	7～8月
生育場所	本州青森県以南

育て方

管理しやすい鉢植えで楽しむことが多く、用土は直径2～5㎜の砂と赤玉土を同量混ぜます。植えつけや植え替えは3月が適期。浅根性なので、浅鉢が適します。盛夏は、半日陰に置きます。

漢字名：鷺草　科・属名：ラン科ハベナリア属　分類：多年草
性質：耐寒性　生育環境：日当たり、湿地　殖やし方：株分け

サンヴィターリア

舌状花と花芯の色合いが目を引く

花壇のふちどりに利用

地面を這うように広がり、枝分かれする強い1年草。黄色い花が枝先に単生でつきますが、花芯は暗紫色になり、色の対照が美しく、多用されています。

花色	●
別名	ジャノメギク
花ことば	ほのかな喜び
高さ	約15㎝
花径	2㎝
花期	8～10月
生育場所	日本全国

育て方

直根性で移植を嫌うため、直まきにします。ポット苗で入手したときは、大きく育つ前に根土ごと庭に植えつけます。1茎に1つの花ですが、枝分かれが多く、花が長期間楽しめます。

科・属名：キク科サンヴィターリア属　分類：1年草　性質：非耐寒性
生育環境：日当たり、水はけ良、肥沃地　殖やし方：実生

ザクロ

秋には果実が熟する

花は6月ごろ枝先につく

花ザクロには一重と八重がある

平安時代に渡来したといわれ、観賞用の花ザクロには八重咲きや一重咲き、小さな形のヒメザクロなどがあります。花は枝先につき、花弁は6枚で多く光沢があります。

花色	●●●●黄白
別名	ハナザクロ
花ことば	円熟した大人の関係
高さ	5～6m
花径	約5㎝
花期	6～7月
生育場所	本州青森県以南

育て方

植えつけの適期は3月中旬～4月中旬。植え穴を掘り、腐葉土を多めにすき込みます。花は充実した新梢につくため、落葉期の3月に弱い枝などを整理します。

漢字名：柘榴　科・属名：ザクロ科ザクロ属　分類：落葉小高木
性質：耐寒性　生育環境：日当たり　殖やし方：挿し木

自生地（さいたま市田島ガ原）に咲く

群生する自生地は減少

サクラソウの仲間

園芸品種は約300種

大阪府と埼玉県の花に指定されている美花ですが、絶滅が心配されています。多少の湿地を好むなど扱いづらいところがあります。

園芸品種が多くあります。花は葉の中心から伸びる茎の先につく紅紫色が中心で、高坏形になり5つに裂けます。葉は根元に集まってつく広めの卵形。長さ4～10㎝、幅3～6㎝。

育て方

寒さに強く、暑さと乾燥に弱いため、庭植えは木陰になる湿地を選びます。植えつけは2月中旬～下旬か10月下旬～12月上旬。鉢植えは5号鉢に4芽が基本。用土は赤玉土7、腐葉土3の混合土です。

花色	
別名	ニホンサクラソウ
花ことば	希望に満ちる
高さ	15～40㎝
花径	2～3㎝
花期	4～5月
生育場所	日本全国

漢字名：桜草
科・属名：サクラソウ科サクラソウ属
分類：多年草　性質：耐寒性
生育環境：日当たり、湿地
殖やし方：株分け

サクラソウの園芸品種

‘竜田川（タツタガワ）’

‘大須磨（オオスマ）’

‘胡蝶の舞（コチョウノマイ）’

‘春の曙（ハルノアケボノ）’

‘凱歌（ガイカ）’

キバナカイウ（黄花海芋）

黄色い大きな仏炎苞がつく

仏炎苞が見どころ

日本へは、大正時代初期に渡来したといわれています。高さは約90cm、花期は6～8月。仏炎苞は長さ約18cmで内側は黄色、外側は緑がかった黄色をおび、筒状に曲がっています。葉は長さ約60cmの大葉。

モモイロカイウ（桃色海芋）

桃色の仏炎苞。紫紅色もある

仏炎苞はピンク

南アフリカ原産で、日本にはヨーロッパを経て大正時代に渡来。高さ30cmの小形種で葉は細長く、緑色ないし白色の斑点があります。仏炎苞は桃色、長さ約12cm。紫紅色のものもあります。花期は6～8月。

畑地性と湿地性がある

サンテデスキアの仲間

白い仏炎苞が葉の上にでる

花に見えるのは仏炎苞（ぶつえんほう）

別名のカラーリリーのほうが一般に知られる草花です。花色の違う品種が多く、性質も湿地を好むものと嫌うものとがあります。

畑地性と湿地性があり、畑地性は庭植えや鉢植えに適しますが、湿地性は池のふちなど多湿の場所が適します。やや暖地性のため、関東地方以西が適地。畑地性は一季咲きですが、湿地性には四季咲きもあります。

花色	○○●
別名	カラーリリー
花ことば	夢のような恋
高さ	30cm～1.5m
花径	8～15cm（仏炎苞）
花期	5～7月
生育場所	日本全国（畑地性種）

育て方

植えつけ適期は4月下旬～5月上旬。畑地性は株間30cmで深さ5cmに植え、湿地性は4～5年そのまま育てるので、株間をやや広めにします。畑地性の鉢植えは10号鉢に3球が目安。毎年花後に掘り上げます。

漢字名：和蘭海芋　科・属名：サトイモ科サンテデスキア属　分類：球根植物
性質：非耐寒性～耐寒性　生育環境：日当たり　殖やし方：分球

サンユウカ

花は夜に芳香を放つ

夜に芳香を放ちます。花筒が長さ2cmくらいで八重咲きになる、ヤエサンユウカもあります。花は5つに裂け白色で、一部黄色をおびます。基部からよく枝分かれして、株立ち状になります。

園芸品種

花色	○
花ことば	白い天使
高さ	1～3m
花径	2cm
花期	7～9月
生育場所	本州東北地方南部以南

育て方

植えつけは4月下旬～9月。温度が不足すると活着しにくいので、十分気温が上がってからにします。やや乾燥した肥沃地を好むため、植え穴に腐葉土を多めにすき込み、やや高めに植えつけます。

科・属名：キョウチクトウ科エルウァタミア属　分類：常緑低木
性質：非耐寒性　生育環境：半日陰、肥沃地　殖やし方：挿し木

サンタンカ

温室では周年開花する

江戸中期に沖縄を経て渡来し、三段花と呼ばれていたようです。花は枝分かれした枝先につき、花筒は長さ2～3cmですが、集まって径5～10cmになります。

5～10cmの花房にまとまる

花色	●○○○
別名	イクソラ
花ことば	愛情あふれる笑顔
高さ	1m
花径	2～3cm
花期	8～9月
生育場所	日本全国

育て方

庭植えは限られた暖地しかでさないので、多くは鉢植えで育てます。用土は赤玉土4、腐葉土4、川砂2の混合土にします。春～秋は水やりを多めにし、冬は控えめにします。越冬は、花のためには15℃以上必要です。

科・属名：アカネ科イクソラ属　分類：常緑低木
性質：非耐寒性：日当たり、半日陰　殖やし方：挿し木、接ぎ木、実生

シクラメン

葉の上に花が盛り上がる

夏と冬の管理に注意

基本の花は長さ約3cmですが、園芸品種が多くあり、花色はさまざまです。葉は一般にハート形で、表面の模様は個体により大きく変化します。根の茎は球形で表面はコルク化し、根は下の方から伸びます。

花色	●○○○複色
別名	カガリビバナ、ブタノマンジュウ
花ことば	内気な恋
高さ	10～40㎝
花径	3～5㎝
花期	12～5月
生育場所	日本全国

育て方

種子まきから育てることができますが、一般には小鉢で入手して育てます。開花期は日が当たる室内で10～15℃を保ちます。過湿を嫌うものの、土の表面が乾いたら十分に水をやり、花がらは早めに摘みとります。花が終わった休眠期は、半日陰に置きます。

科・属名：サクラソウ科シクラメン属　**分類**：球根植物
性質：半耐寒性～耐寒性　**生育環境**：日当たり　**殖やし方**：実生

ジギタリス（ディギタリス）

花茎に長い花穂がつく

花穂は茎の半分以上になる

有毒なため注意が必要です。花は長さ5～7cmで紫紅色ですが、色変わりの多くの園芸品種があります。花形は鐘形で、長い花穂をつくります。根元からでる葉は長い柄があり、茎の上の方の葉は柄がないか、短いかです。

花色	●○○○複色
別名	キツネノテブクロ
花ことば	誠意がない
高さ	50㎝～1.2m
花径	20～50㎝（花穂）
花期	6～8月
生育場所	日本全国

育て方

種子まきは5～6月。秋までにできるだけ茎葉を充実させて越冬させます。育苗箱に赤玉土小粒7に細かい腐葉土3を混ぜて用土に使い、本葉2～3枚で植え広げ、秋に定植します。花がらは取り除きます。

科・属名：ゴマノハグサ科ディギタリス属　**分類**：2年草、多年草
性質：耐寒性　**生育環境**：日当たり、霜よけ　**殖やし方**：実生

シナワスレナグサ

小さな花が数個集まって茎先につく

移植を嫌うので直（じか）まき

5月ごろに碧色の美しい花が、茎先に集まって咲きます。秋まきの1年草。4月ごろから茎を1～2本立て、上の方で枝分かれします。根元からでる葉は細長い形で、冬はロゼット状になり越冬します。

花色	●○
花ことば	君を忘れない
高さ	約50㎝
花径	5㎜
花期	5～6月
生育場所	本州関東地方以西

育て方

冬の北風を避けます。移植を嫌うため、直まきにしますが、まき床は腐葉土などをすき込んでおきます。暖地では、そのままでも越冬しますが、寒地は保護します。

漢字名：支那勿忘草　**科・属名**：ムラサキ科オオルリソウ属
分類：1年草　**性質**：耐寒性　**生育環境**：水はけ良　**殖やし方**：実生

シコンノボタン

色が美しい大輪の花が咲く

見事な大輪花が楽しめる

花は径7cm以上になる大輪で花弁は5枚あり、雄しべは10個、長短があります。葉は長さ10cmくらいの卵形で先がとがり、5本の葉脈があります。幹は直立し、全体に軟毛があります。

花色	●●
別名	メラストマ
花ことば	つねに冷静
高さ	1～3m
花径	7～10㎝
花期	8～11月
生育場所	本州関西地方以西

育て方

暖地性で、関西地方では冬に霜よけ程度で越冬できますが、関西地方より北では鉢植えにして、冬は室内に入れて越冬させます。鉢植え用土は赤玉土7、腐葉土3の混合土。

漢字名：紫紺野牡丹　**科・属名**：ノボタン科ティボウキナ属　**分類**：常緑低木
性質：半耐寒性　**生育環境**：日当たり、霜よけ　**殖やし方**：挿し木

コデマリ（小手鞠）

花はまとまってつく

花はまとまってつく

中国原産の帰化植物で、高さ1〜2mになる落葉低木。花は白く径約1㎝で、枝先に集まります。花期は4〜5月。葉は長さ3〜4㎝のひし形状の細長い形で、先がとがります。

シジミバナ（蜆花）

花の形がシジミに似る

花は前年の枝に多数つく

花の形がシジミに似ていることがこの名の由来。中国原産で、古くから庭園などに植えられてきました。落葉低木で高さ1〜2m。花は八重咲きの径約1㎝で、集まってつきます。花期は4月。葉のふちには基部を除いて細かいギザギザ（鋸歯）があります。

マルバシモツケ（丸葉下野）

見応えある群植

花は複散房状につく

本州中部地方以北の山地で、日当たりが良い岩場に育つやや寒地性の落葉低木で、高さ30㎝〜1m。葉は長さ2〜5㎝の卵形で、丸みをおびます。花は径約7㎜。花期は6〜7月。多数がまばらにつきます。

ユキヤナギ（雪柳）

花が枝いっぱいにつく

枝いっぱいに雪がついたよう

別名コゴメバナ。本州東北地方以南の川近くなどに育つ落葉低木。花は前年の枝いっぱいにつきます。花期は4月。高さ1〜2mになり、枝先が垂れ下がります。葉は長さ2〜5㎝、幅1㎝前後で、先は鋭くとがります。

庭木、切り花などで鑑賞

シモツケの仲間

シモツケ〈代表種〉

小さな花が半球形にまとまる

株立ちで育つ

初夏に淡紅色の花が枝先にまとまってつくシモツケの仲間には、白色のシロバナシモツケやユキヤナギがあります。

シモツケの花は小さく、多数が枝先に集まり、半球形にまとまります。花色は淡から濃までの紅色や白色です。葉は長さ3〜8㎝、幅2〜4㎝の卵形で先がとがり、ふちには不ぞろいのギザギザ（鋸歯）があります。

わが国のものは下野（栃木県）で最初に見つかったのが名の由来。

花色	○○●複色
別名	キシモツケ
花ことば	思慮深い
高さ	約1m
花径	3〜6㎜
花期	5〜8月
生育場所	日本全国

育て方

乾燥には強いほうです。植えつけ適期は3月上〜中旬か10月下旬〜11月。植え穴に腐葉土をすき込み、やや高めに植えつけます。鉢植えで盆栽にもできます。

漢字名：下野　科・属名：バラ科シモツケ属　分類：落葉低木
性質：耐寒性　生育環境：日当たり、水はけ良、肥沃地　殖やし方：挿し木

ホザキシモツケ（穂咲下野）

長い円錐状の花穂を作る

花は淡い紅色

別名アカヌマシモツケ。やや寒地性で、日当たりが良い山地の湿原に育つ落葉低木。花は淡紅色で小さく、6〜12㎝の花穂になります。花期は6〜8月。高さ1〜2m。

ジャケツイバラ

長さ20～30cmの花房になる

つる性で鋭い刺がある

山や河原に生え、枝や葉には鋭い刺があります。花は径2cmで多数が集まり、長さ20～30cmの花房になります。葉の表は緑ですが裏は粉白をおびています。

花色	○
別名	カワラフジ
花ことば	刺のある愛
高さ	1～2m
花径	2～3cm
花期	5～6月
生育場所	本州東北地方以南

育て方

マメ科の植物はやせ地でも育ちます。種子は数時間湯につけておいてからまくと、発芽が良くなります。早春に花芽ができた後に、軽く剪定します。

漢字名：蛇結茨　**科・属名**：マメ科カエサルピニア属　**分類**：落葉低木
性質：耐寒性　**生育環境**：日当たり、水はけ良　**殖やし方**：実生

シネラリア

花は2色構成で平開する

越冬は3℃まで耐える

花がサクラに似て葉がフキに似ているので、フキザクラの別名があります。近年はほとんどが園芸品種です。本来は冷涼を好む低温性植物ですが、不耐寒性なので凍害にあうと枯れるため、室内で越冬させる1年草として扱われています。

花色	○○●複色
別名	サイネリア、フウキギク、フキザクラ
花ことば	朝の眠り
高さ	20～40cm
花径	2～3cm
花期	12～4月
生育場所	日本全国

育て方

種子まきは7月上～中旬で、用土は赤玉土と腐葉土を同量混ぜて使います。ばらまきは、好光性なので覆土はしません。発芽したら本葉2～3枚で株間を3cmに植え広げ、本葉6～7枚になってから、定植します。

科・属名：キク科セネキオ属
分類：1年草、多年草　**性質**：非耐寒性　**生育環境**：日当たり　**殖やし方**：実生

ジュウニヒトエ

淡紫色の花穂が茎先を飾る

花がいくえにも重なってつく

花が重なるさまを十二単の衣装に見立てました。径1cmの小さい唇形の花が茎の先に集まり、花穂をつくります。全体に長く白い毛があり、茎の基部には鱗片状の葉があります。

花色	○●
花ことば	はかない愛
高さ	10～25cm
花径	4～6cm（花穂）
花期	4～5月
生育場所	本州、四国

育て方

やや明るい林のなかなどによく自生しています。株間20～30cmで植えつけると、1年後には群生するので、茂りすぎたら間引きします。

漢字名：十二単　**科・属名**：シソ科アユガ属　**分類**：多年草
性質：半耐寒性　**生育環境**：日当たり、半日陰、水はけ良　**殖やし方**：株分け

シャリンバイ

秋に熟す球果　花は枝先に集まってつく

枝葉が輪生状で花は梅咲き

花は5弁、径1～1.5cmにまとまってつきます。若枝には褐色の軟毛があり、小枝は輪生にでます。葉は革質でかたく、光沢があります。

花色	○○
別名	タチシャリンバイ、ハマモッコク
花ことば	そよ風の心地よさ
高さ	1～4m
花径	1～1.5cm
花期	5月
生育場所	本州関東地方以西

育て方

植えつけは8～9月にもできますが、やや暖地性なため、関東地方では4月ごろに行うと安全です。乾燥を嫌うので植え穴を大きめに掘り、腐葉土などを多めにすき込んで植えつけます。

漢字名：車輪梅　**科・属名**：バラ科シャリンバイ属
分類：常緑低木　**性質**：半耐寒性　**生育環境**：日当たり　**殖やし方**：挿し木

シュンラン

落葉樹林内で育つ

日本の野性蘭の代表。花は早春、1茎に1花つきます。径3～4cmの緑をおびた黄色い花です。花茎は肉質で太く、膜質の鱗片におおわれています。根はひも状で、根茎は節間が短く、葉は束生します。

白い唇弁には赤紫色の斑が入る

花色	●
別名	ホクロ、ホックリ、ジジババ
花ことば	素朴な心
高さ	10～25cm
花径	10～30cm（花穂）
花期	3～4月
生育場所	日本全国

育て方

春に植えつけて、冬は凍らさないように管理します。多くは鉢植えにされます。用土は鹿沼土と赤玉土を同量混ぜ、表土に小粒の化粧砂を敷いておきます。夏は半日陰で風通しが良い場所に置き、冬は室内に入れます。

漢字名：春蘭　科・属名：ラン科シュンラン属　分類：多年草
性質：耐寒性　生育環境：半日陰、通風良　殖やし方：株分け

シュテルンベルギア

花の大きさは品種で変化

1925年ごろ渡来した球根植物です。9月下旬ごろ葉と花のつぼみが同時に地上に姿を見せます。花芽分化は4～5月で、25～30℃が必要。開花までは20℃以上が必要です。

花が大きい品種

花色	○
別名	キバナタマスダレ、ステルンベルギア
花ことば	あなたを愛します
高さ	20～30cm
花径	5～7cm
花期	9～10月
生育場所	日本全国

育て方

植えつけの適期は8月下旬～9月上旬。時期をはずすと発育が悪く、花も咲きません。やや密植ぎみに植えつけます。葉が枯れたら掘り上げ、室内の涼しい場所で保存します。

科・属名：ヒガンバナ科シュテルンベルギア属　分類：球根植物
性質：耐寒性　生育環境：日当たり、水はけ良　殖やし方：分球

シロタエギク

全草が銀白になる

同じ名前で知られているものに、紅紫色になるヤグルマギク属などの花があります。黄色い花はまばらにつき、花径は3cm前後になります。茎につく葉には白毛が密生し、全体が銀白色になり、花壇のふち取りなどに利用されます。

花は2年目から咲く

花色	○
別名	ダステーミラー
花ことば	うすれゆく愛
高さ	40～60cm
花径	約3cm
花期	11～4月
生育場所	日本全国

育て方

種子まきは4月下旬～5月上旬。育苗箱にまきます。用土は赤玉土小粒7、腐葉土3の混合土。本葉2枚で苗間4cmに移植し、葉がふれるようになったら3号鉢に移し、育苗して11月上～中旬に定植します。

漢字名：白妙菊　科・属名：キク科セネキオ属
分類：多年草　性質：半耐寒性　生育環境：日当たり　殖やし方：実生

シラン

変種に斑入り種などもある

白色のシロバナシランもあります。茎は直立し、先に紅紫色の花が、5～10個集まってつきます。唇弁は卵形で、先に多くのひだがあります。

茎の先に紅紫色の花がつく

花色	●○
花ことば	苦しむ勇気
高さ	30～70cm
花径	約3cm
花期	4～5月
生育場所	本州東北地方以南

育て方

暑さや寒さに強いため、庭植えも鉢植えもできます。鉢植え用土は赤玉土7、腐葉土3の混合土です。過湿も乾燥も嫌うため、水やりに注意し、冬は凍らせないようにします。

漢字名：紫蘭　科・属名：ラン科シラン属　分類：多年草
性質：耐寒性　生育環境：日当たり、水はけ良、肥沃地　殖やし方：株分け

タカネビランジ

育て方

秋に地上部は枯れ、冬芽で越冬します。庭植えは樹間の砂礫地が適し、腐葉土を3割くらいすき込みます。鉢植えは細粉を除いた砂を使います。花後に株分けします。

花色	○
花ことば	青春の息吹
高さ	20～30cm
花径	2～3cm
花期	5～6月
生育場所	本州中部地方の高山

科・属名：ナデシコ科シレネ属
分類：多年草　**性質**：耐寒性
生育環境：日当たり、水はけ良
殖やし方：株分け

ムシトリナデシコ（虫捕撫子）

咲き競う花

粘液に虫がつく

ヨーロッパ原産の1年草。高さ50～60cm。全体が白粉におおわれます。茎の上の方の節下に粘液を分泌する場所があり、これに虫がつくところから、ムシトリの名がついています。5～6月に、径1cmの5弁の小さな花が多数集まって咲きます。

高山性の山野草

シレネの仲間

オオビランジ〈代表種〉

花径2～3cmの淡桃色

近縁種はロックガーデンに利用

シレネの仲間は多くの種類があり、日本で栽培されているものはコマチソウ（ムシトリナデシコ）とフクロナデシコです。日本ではよく山草として鉢植えにされますが、南アルプス産のタカネビランジ、その白花のシロバナビランジなどは、ロックガーデンに利用されます。花は径2～3cmの淡桃色です。

シンフォリカルポス

冬まで残る白い果実

白い果実は冬まで残る

9～10月に白い果実ができます。花は枝先や葉のわきにつき、穂状になります。枝は細く直立して、株立ち状になります。葉のふちは波状に浅く裂けることもあります。

花色	○○
別名	セッコウボク
花ことば	かわいいいたずら
高さ	1m
花径	6～8cm（花穂）
花期	7～9月
生育場所	日本全国

育て方

多少湿り気がある場所でもよく育ちます。高さは1mくらいで株立ち状になり、枝が垂れ下がるため、ある程度広い場所が必要です。植え穴に腐葉土を入れ、植えつけます。

科・属名：スイカズラ科シンフォリカルポス属　**分類**：落葉低木
性質：耐寒性　**生育環境**：日当たり、水はけ良　**殖やし方**：挿し木

シロヤマブキ

枝先に1輪ずつつく

ヤマブキとは別属

自生地は日本では中国地方に限られ、株立ちになって育ちます。ヤマブキの葉に似ていますが、別属です。花はヤマブキとは違い四弁で、新枝の先に1つつきます。葉は先がとがる舟形で長さ4～8cm。

花色	○
花ことば	薄情
高さ	1～2m
花径	3～4cm
花期	4～5月
生育場所	本州中国地方

育て方

植えつけ適期は3月。植え穴に腐葉土をすき込んで植えつけます。実生から育てるときは、秋に黒熟する種子を採りまきするか、冷暗所に貯蔵しておいて、3月にまきます。

漢字名：白山吹　**科・属名**：バラ科シロヤマブキ属　**分類**：落葉低木
性質：耐寒性　**生育環境**：日当たり、半日陰　**殖やし方**：実生

桃色の花が枝先に多数つく

春を知らせる芳花

ジンチョウゲの仲間

花色は変化がある

常緑性ですが比較的寒さに強く、東北地方まで庭植えで楽しめます。一般種は花の外側は紫紅色で、内側が白です。

白花のシロバナジンチョウゲ、外側が淡い紅色のウスイロジンチョウゲ、葉に白斑が入るフクリンジンチョウゲなどがあります。枝先に芳香がある花が、多数つきます。

育て方

植えつけ適期は3～4月か9月。風当たりが強くない肥沃地を好みます。植え穴に腐葉土を多めにすき込み、やや高植えにします。移植を嫌う花木なので、場所をよく選びます。

花色	●○
別名	リンチョウ
花ことば	栄光、不滅
高さ	1m以内
花径	約1cm
花期	2～4月
生育場所	本州東北地方以南

漢字名：沈丁花
科・属名：ジンチョウゲ科ジンチョウゲ属
分類：常緑小低木
性質：耐寒性
生育環境：半日陰、水はけ良
殖やし方：挿し木

葉に覆輪が入る園芸品種のジンチョウゲ

オニシバリ（鬼縛り）

花は葉のわきに多くつく

花びらに見えるのは萼

別名ナツボウズ。日本固有の落葉低木。高さは1m以下です。一般の落葉樹とは逆に、夏に落葉します。花は葉のわきにつき、花びらに見えるのはジンチョウゲと同様に萼です。花期は2～4月。

フジモドキ（藤擬）

花は紫色

葉がでる前に花が咲く

別名チョウジザクラ、サツマフジ。朝鮮半島南部や台湾などが原産の暖地性の落葉低木で、高さは1mくらい。花は紫色で、葉がつくより早く枝先にまとまってつきます。花期は3～4月。やや湿り気がある場所を好みます。

庭植えや鉢植えで楽しむ

スイカズラの仲間

ニンドウ〈代表種〉

白から黄色に変わるので金銀花ともいう

つる性で支柱を立てる

半常緑のつる性低木。葉のわきに芳香がある花をつけます。花色が変わるキンギンカの別名があります。忍冬の名は冬も葉が枯れないから。

花は芳香があり、2つずつ並んでつきます。花色は白～淡紅～黄色に変化します。細い花筒の先が唇状に大きく2裂し、上唇は浅く4裂します。裏面には毛があります。

花色	○～●
別名	スイカズラ、キンギンカ
花ことば	小粋
高さ	30cm～1m
花径	3～4cm
花期	5～6月
生育場所	日本全国

育て方

3～4月に植えつけます。植え穴に、腐葉土を多めにすき込んでおきます。つる性なので、支柱を立ててつるを誘引します。鉢植えは3～5年育て、根元を太くしてから鉢に上げます。

漢字名：忍冬　**科・属名**：スイカズラ科スイカズラ属　**分類**：半常緑低木
性質：耐寒性　**生育環境**：日当たり、肥沃地　**殖やし方**：挿し木、取り木

スイートピー

つるは支柱などにからませる

つる性で支柱を立てる

有毛のつる性1年草。つるは4mまで伸びます。5月下旬～6月に開花する夏咲き系をはじめ、春咲き系、冬咲き系などがあります。花は葉のわきに1～4個がつき、花色もさまざまです。

花色	○○●●●●
別名	ハマエンドウ、ニオイエンドウ
花ことば	優しい思い出
高さ	30～60cm
花径	5cm
花期	5～6月
生育場所	日本全国

育て方

夏咲き系の種子まきは10月中～下旬。種子は一晩水に浸して、吸水したものだけを使います。3号ポットに3粒点まきして、1cm覆土します。11月中旬に定植。酸性を嫌うため、用土は石灰で中和します。

科・属名：マメ科ラティルス属　**分類**：1年草　**性質**：耐寒性
生育環境：日当たり、半日陰　**殖やし方**：実生

ハナヒョウタンボク（花瓢箪木）

色が変化していく花

9～10月に果実が赤く熟す

果実が美しい

本州青森県～群馬県、長野県の山地に見られる落葉低木。高さは2～4m。葉は長さ5～9cm、幅2～4cmの卵形で、先は鋭くとがり、両面に毛があります。花は径2cmで白～黄色と変化します。花期は5～6月。

ヒョウタンボク（瓢箪木）

花色は変化する

花後には赤い果実がつく

花色は変化する

別名キンギンボク。北海道南西部と東北地方の日本海側に多く育つ落葉低木。高さは1～2m。花は枝先や葉のわきにつき、白～黄色に変化します。花期は4～6月。果実は1カ所に2つずつ実り、瓢箪のよう。有毒。

ツキヌキニンドウ（突抜忍冬）

筒状の花が垂れ下がる

花は筒状

北アメリカ原産で、明治初期に渡来した常緑つる状低木。花は細長い筒状で、長さ3～4cm。花は枝先に輪生状につきます。花期は5～9月。茎が葉を貫いているように見えます。

スイセン

‘アイスフォーリズ’

‘オドラスルグロサス’

‘スージー’大カップ種

‘シクラミニウスハートレイ’

ニホンスイセン

関東地方以西で野性化

古い時代に中国を経て渡来した球根植物で、各地で野性化しています。葉の中心から茎を伸ばし、芳香がある花を5～7個横向きにつけます。基本種だけで約30種あります。

花色	○○●●
花ことば	私は美しい
高さ	20～40㎝
花径	3～5㎝
花期	12～4月
生育場所	日本全国

育て方

植えつけ適期は8～10月。あらかじめ腐葉土や緩効性肥料をすき込み、よく耕しておきます。株間は15～20㎝。覆土は球根の高さの2～3倍が目安です。鉢植えは5号鉢に3球、7号鉢に6球が標準です。

漢字名：水仙　科・属名：ヒガンバナ科スイセン属
分類：球根植物　性質：耐寒性　生育環境：日当たり　殖やし方：分球

スイレン

葉や花は水面に浮かぶ

開花は昼間だけです。花は径約5㎝。花弁は8～15枚あり、放射状に開いて水面に浮かぶように咲きます。葉の表面はなめらかで、基部は深く切れ込み、水面に浮かびます。

花色が変化する園芸品種

花色	○●
別名	ヒツジクサ
花ことば	昼間だけの恋人
高さ	10～30㎝
花径	5～15㎝
花期	6～9月
生育場所	日本全国

育て方

植えつけは4～6月。水深30㎝くらいの池に直接植えるか、6～8号鉢に用土を入れて植えつけ、鉢ごと水中に沈めます。水面から芽までの深さは3～4㎝で、水温の上昇に合わせて、深くしていきます。

漢字名：睡蓮　科・属名：スイレン科スイレン属　分類：多年草
性質：耐寒性　生育環境：日当たり　殖やし方：株分け

ズイナ

よく枝分かれして横に広がる

花は小さく枝先につき、多数が集まり細長い花穂を作ります。花後の9月には、小さな卵形の果実が熟します。葉は長さ5～12㎝の卵形で、先は鋭くとがります。若葉は食用になります。

花は細長い総状につく

花色	○
別名	ヨメナノキ
花ことば	望郷
高さ	1～2m
花径	7～17㎝（花穂）
花期	5～6月
生育場所	本州近畿地方以西

育て方

植えつけは落葉中、芽出し前の2～3月が適期。植え穴を大きめに掘り、腐葉土を多めにすき込んで植えつけます。実生は種子を貯蔵しておき、3月にまきます。

科・属名：ユキノシタ科ズイナ属　分類：落葉低木　性質：耐寒性
生育環境：日当たり、水はけ良、肥沃地　殖やし方：実生、挿し木

スズラン、ドイツスズラン

花がかわいらしいスズラン　茎と葉の高さが同じくらいのドイツスズラン

芳香がある鐘形（つりがねがた）の白花

在来種のスズランとヨーロッパから渡来したドイツスズランがあります。市販されているものの多くは、花茎と葉の高さが同じくらいのドイツスズランです。花は鐘形の白色で下向き。有毒です。

花色	○
別名	キミカゲソウ
花ことば	純潔、繊細
高さ	10～20cm
花径	5～10cm（花穂）
花期	4～6月
生育場所	日本全国（自生は本州中部以北）

育て方

植えつけは2月中旬～3月中旬。夏は半日陰になる木の下などを選びます。1年中日当たりだと、やがて消えてしまいます。庭植えは株間20～30cmで植えつけ、鉢植えは6号鉢に3芽が目安。

漢字名：鈴蘭　科・属名：ユリ科スズラン属
分類：多年草　性質：耐寒性　生育環境：半日陰　殖やし方：株分け

スキザンツス

園芸品種が多く花色もさまざま

花形が蝶に似る草花

園芸品種が多いため、花を見て元気が良いものを選びます。種子まきからの育苗は温度管理がむずかしいので、一般には開花鉢を入手します。葉のふちは切れ込みます。

花色	○○●●
別名	コチョウソウ、シザンサス
花ことば	きらめく愛
高さ	40cm～1.2m
花径	3～5cm
花期	4～5月
生育場所	日本全国

育て方

種子まきの適期は9～10月上旬。育苗箱にまいて、発芽まで日陰で管理します。本葉2～3枚で苗間3cmに植え広げ、さらに育ったら3号ポットに移植します。用土は赤玉土7、腐葉土3の混合土。

科・属名：ナス科スキザンツス属　分類：1年草
性質：非耐寒性　生育環境：日当たり　殖やし方：実生

スキラ・ペルーウィアナ

スキラ・ペルーウィアナ

花は総状につく

別名オオツルボ。ポルトガルなどが原産の球根植物。花は50個以上がまとまってつき見事です。花期は5～6月。鱗茎は径5cmの洋ナシ形、被膜があります。葉は広線形で、花茎より長くて多数つきます。

スキラ・チュベルゲニアナ

スキラ・チュベルゲニアナ

花は1～3個つく

イラン、アフガニスタン原産の球根植物。茎は高さ12cmで、1球あたり3～4茎を伸ばし、径3～4cmの大きな花を1～3個つけます。花色は青～淡桃白、花期は5～6月。

本種は耐寒性で熱帯性もある

スキラの仲間

園芸品種がいくつかある

スキラの仲間は数種ありますが、一般にはシラーの名で呼ばれています。寒さに強い球根植物で、木陰でも育ちます。

園芸品種には白色の花がつくアルバ、桃色のロセアなどがあります。花は葉とほぼ同じくらいの長さの茎の先に、4～16個がまとまってつきます。花形は筒形鐘状。

スキラ・ノン-スプリクタ

花色	●●○
別名	ツルボ
花ことば	ときめく恋
高さ	30～50cm
花径	約2cm
花期	5～6月
生育場所	日本全国

育て方

多少日陰でも元気に育ちます。植えつけは10月。小球は深さ5cm、大球は7cmで株間を10～20cmとります。地上部が枯れたら掘り上げて、10月まで保存します。

科・属名：ユリ科スキラ属　分類：球根植物
性質：耐寒性　生育環境：日当たり、水はけ良、肥沃地　殖やし方：分球

コガネバナ（黄金花）

根茎は薬用、花は切り花

切り花に使われる

別名コガネヤナギ。切り花に利用されます。中国、朝鮮半島などに分布する多年草。花は美しい青紫色。花期は5～6月。地下に太い木化した黄色の根茎があり、薬用植物として利用されます。茎は高さ60cmくらい。

ナミキソウ（波来草）

先が曲がる唇形の花

花は唇形

日本全国の海岸に、ほかの草と混生する多年草。花は葉の間につく赤紫の唇形の花で穂状にはならず、長さ約2cmです。花期は7～8月、高さ10～40cm。葉は長さ2～4cm、幅1～1.5cmの長めの卵形。

花は片側を向いてつく

スクテラリアの仲間

タツナミソウ〈代表種〉

波頭のように1方向に花がつく

山野草風に仕立てる

花のつき方が特異で、仲間には葉の裏が紫色になるシソバタツナミソウ、小形のヤクシマタツナミソウなどがあります。

花は長さ2cmの唇形、茎先に2列に並び、同じ方向を向いていてつき、波が立っているようです。地下茎から茎が立ち上がって直立し、長い白毛があります。葉の両面には軟毛があります。

花色	●
花ことば	招く恋人
高さ	20～40cm
花径	約2cm（長さ）
花期	5～6月
生育場所	日本全国

育て方

庭植えもできますが、多くは鉢仕立てにされます。用土は、ミジンを除いた山砂に赤玉土小粒を2割くらい混ぜたものを用います。冬は水やりを控えますが、乾燥させないように注意します。

漢字名：立浪草　**科・属名**：シソ科スクテラリア属　**分類**：多年草
性質：耐寒性　**生育環境**：日当たり、水はけ良、通風良　**殖やし方**：株分け、実生

コバノタツナミソウ（小葉立浪草）

土手などに雑草化している

雑草化している

タツナミソウの変種。海岸に近い畑のふちなどでも雑草化して育ちます。一般にタツナミソウと呼ばれているものは、本種のことが多い。花は淡紅紫色、花期は4～6月。茎の下部は地面を這って伸び、葉は小さく、長さ幅とも約1cm。

スズランノキ

スズランに似た白い花

花は白色の鐘形で5つに浅く裂けます。花形も香りもスズランに似ていて、枝先にまとまってつきます。若枝は灰白色粉をおび、葉は互生する卵形で短い茎があり、ふちには小さいギザギザ（鋸歯）をもつこともあります。

スズランに似ている

花色	○
別名	ゼノビア
花ことば	恋わずらい
高さ	1～1.5m
花径	6～8mm
花期	5～7月
生育場所	日本全国

育て方

生育はそれほど旺盛ではありませんが、耐寒性が強く、育てやすい花木。庭植えはやや湿り気がある土を好むため、腐葉土を多めにすき込んで植えつけます。鉢植えは赤玉土7、腐葉土3の混合土を用土にします。

漢字名：鈴蘭木　**科・属名**：ツツジ科ゼノビア属　**分類**：落葉低木
性質：耐寒性　**生育環境**：日当たり　**殖やし方**：株分け、挿し木、実生

セイヨウスグリ（西洋酢塊）

果実は径1㎝の球形で生食、果実酒に

果実が楽しめる

別名マルスグリ、オオスグリ。ユーラシア大陸～北アフリカ原産の落葉低木。高さは1m前後。枝の節には長さ約1㎝の鋭い刺があります。前年の枝に小さな花がつきます。花期は5～6月。

株立ちになる果樹

スグリの仲間

花は小さいが果実が楽しめる

花弁は直立する

長野～山梨県の山地に多く自生しているスグリは日本固有で、フサスグリは西ヨーロッパ原産の寒さに強い品種です。

花は前年の枝につき、白い萼片（がくへん）は反り返りますが、長さ5㎜の花弁は直立します。枝はよく枝分かれし、葉のわきには3本の鋭い刺があります。葉の基部は3～5に中裂し、裂片はさらに3～5に浅く裂けます。

花色	●
花ことば	計画的な生活
高さ	1m前後
花径	3～5㎝（花穂）
花期	5～6月
生育場所	本州長野、山梨県

育て方

植えつけは2～3月の落葉期。乾燥を嫌うため植え穴を大きめに掘り、腐葉土をすき込みます。鉢植えは5～6号鉢に赤玉土6、腐葉土4の混合土を用います。株立ちになるので、幹枝数を制限してやります。

漢字名：酢塊　科・属名：ユキノシタ科スグリ属
分類：落葉低木　性質：耐寒性　生育環境：日当たり　殖やし方：挿し木

ザリコミ

果実は9月に赤熟する

花は総状になる

中国東北部原産。国内では、宮城県以南に育つ落葉低木。山地の上部～亜高山帯に分布し、個体数は少ないといわれています。花は1～3㎝にまとまります。花期は5月。

ヤブサンザシ（藪山樝子）

10～11月に果実が赤熟する

赤熟果が美しい

別名キヒヨドリジョウゴ。株立ちになる落葉低木で、高さは1m前後。4～5月に、小さな黄緑色の花が前年の枝につきます。萼（がく）は反り返り、花弁はへら形で直立します。

フサスグリ（房酢塊）

赤熟した果実　　幼芽は緑だがしだいに赤くなる

赤熟果が楽しめる

別名アカフサスグリ。果実はジャムに。ヨーロッパ～アジア原産の落葉低木。やや寒地性で、北海道～本州中北部で栽培。4～5月に小さな花が多数集まり、5～10㎝にまとまります。

ワタチョロギ（綿千代呂木）

ハーブとしても有名
花の拡大

葉が魅力

別名ラムズイヤー。桃色のオリンピカや銀白色の葉をもつものもあります。花期は7月。コーカサス～イランにかけて分布する多年草。高さは40㎝くらい。半耐寒性。紫色の花が穂状につきます。

明るい花色が好まれる

スタキスの仲間

紅紫色の花が長い花茎に数多くつく

3年に1回は植え替え

銀白色の綿毛に覆われた葉は、独得の美しさがあります。この葉は乾かして花束の材料に使います。

カッコウチョロギは、株元から多数の長い花茎を伸ばし、紅紫色の花が長い花穂状につきます。茎は長さ約50㎝で、茎の上半分くらいまで花がつきます。葉には銀白色の毛が密生します。

花色	●
花ことば	誘惑
高さ	40～60㎝
花径	15～20㎝（花穂）
花期	6～7月
生育場所	日本全国

育て方

乾燥や寒さには強いほうですが、夏の高温多湿を嫌います。葉に毛が多く、長雨には弱いので注意。株が老化すると下葉が枯れ上がるので、3年に1回は植え替えます。

漢字名：郭公千代呂木　**科・属名**：シソ科スタキス属　**分類**：多年草
性質：耐寒性　**生育環境**：日当たり、水はけ良、肥沃地　**殖やし方**：株分け

ストーケシア

'江戸紫'
'シルバームーン'

園芸品種は花色が多い

大正初期に渡来し、切り花や花壇用に栽培されています。青紫色の花が、茎の先につきます。園芸品種が多く、白、淡黄、淡桃などさまざま。茎はよく枝分かれします。

花色	●○●○
別名	ルリギク
花ことば	追想
高さ	30～60㎝
花径	6～10㎝
花期	6～10月
生育場所	日本全国

育て方

丈夫な草花ですが、乾燥がひどいと枯れることがあります。寒さには強い方ですが、寒冷地では凍らさないように越冬させます。庭植えは、株間30～40㎝にします。

科・属名：キク科ストーケシア属　**分類**：多年草
性質：耐寒性　**生育環境**：日当たり、水はけ良　**殖やし方**：実生、株分け

スダチ

果実は料理に利用される

果実はミカンに比べ小さいが酸味と香りが強く、汁を料理に利用。常緑ですが寒さに案外強く、マイナス5℃まで耐えます。枝は細く多くの刺があり、植えつけてから2年で結実。花は花弁が5枚。

白色5弁花が枝先につく
果実は青いうちから利用する

花色	○
花ことば	いたずら
高さ	5～6m
花径	2～3㎝
花期	5月
生育場所	徳島県

育て方

植えつけは3月中旬～4月中旬。植え穴に腐葉土を多めにすき込んで、土作りをしておきます。接ぎ木1～2年生の苗を、根土ごと植えつけます。剪定は3月上旬。主枝3～4本の樹形に仕立てます。

漢字名：酢橘　**科・属名**：ミカン科ミカン属　**分類**：常緑小高木
性質：耐寒性　**生育環境**：日当たり　**殖やし方**：接ぎ木

ストレプトカルプス

紅紫の園芸品種

花弁を開いた白色の花

多くはヨーロッパで改良

和名ウシノシタは長さ1ｍ、幅60㎝になる大葉。花は管状またはろうと状で5裂し、大きさや花色もさまざま。多くはまばらにつきます。花茎の高さも1ｍ近くなります。

花色	
別名	ウシノシタ
花ことば	ほらふき
高さ	10㎝～1m
花径	2～6㎝
花期	7～8月
生育場所	日本全国

育て方

花や葉が小さいサクソラム系と、ろうと状の花が多いレキシー系とがあります。どちらも強い直射日光では葉焼けを起こすことがあります。

科・属名：イワタバコ科ストレプトカルプス属　分類：多年草
性質：非耐寒性　生育環境：半日陰、通風良　殖やし方：株分け

スノードロップ

花は下向きにつく

白い花が茎先から下向きにつく

花の大きさや草丈はさまざま。花は1茎1花、一重咲きと八重咲き。八重咲きは群生すると美しく、一重咲きは清楚な感じがよくでます。園芸品種には、大輪になるアトキンシーがあります。

花色	
別名	マツユキソウ、ユキノハナ
花ことば	ささやきの中で
高さ	10～25㎝
花径	3～5㎝
花期	3～5月
生育場所	日本全国

育て方

植えつけは9月下旬～10月。20㎝くらいの深さによく耕し、腐葉土を多めにすき込んでおきます。庭植えは株間5㎝で10球くらい、まとめ植えにします。

科・属名：ヒガンバナ科ガランツス属　分類：球根植物
性質：耐寒性　生育環境：半日陰　殖やし方：分球

ストック

八重咲きの園芸品種

花は多数が集まり大きな花房になる

花穂は大きく華やか

花は多くが集まります。主茎だけに花が咲く品種と、摘芯して側枝に花を咲かせる分枝品種とがあります。野生種は一重ですが、園芸品種には八重があります。

花色	
別名	アラセイトウ
花ことば	豊かな愛
高さ	30～80㎝
花径	2～3㎝
花期	3～4月
生育場所	日本全国

育て方

種子まきは8～9月中旬。育苗箱に条まきして薄く覆土します。良い苗を残して適当に間引き、本葉2～3枚で3号ポットに移植します。庭植えは開花直前に株間20㎝、鉢植えは6号鉢に3株定植します。

科・属名：アブラナ科マッティオラ属　分類：1年草
性質：半耐寒性～耐寒性　生育環境：日当たり　殖やし方：実生

ストレリチア

横になる苞から花が立ち上がる

花形が独得の観葉植物

長さ約20㎝の苞が横向きにつき、中から数花が立ち上がります。外片は黄、内片は青紫色。葉はカンナに似た形で、地ぎわから出ます。花は円柱状の茎の先につき、独得な形。極楽鳥に似ているといわれます。

花色	
別名	ゴクラクチョウカ
花ことば	派手好み
高さ	60㎝～1.5m
花径	16～20㎝(花穂)
花期	5～8月
生育場所	日本全国

育て方

日光不足だと花をつけません。5～9月は戸外でたっぷり日光浴をさせます。10月に入ったら室内に入れて、日当たりが良い場所に置き、5℃以上を保つように管理します。

科・属名：バショウ科ストレリチア属　分類：多年草
性質：半耐寒性　生育環境：日当たり　殖やし方：株分け

スパティフィルム

白い仏炎苞が目を楽しませる

大形種は高さ1m以上になりますが、多くは管理しやすい小形種。茎につく仏炎苞は、長さ5～10cmくらいで、甘い芳香をもつものがあります。葉は細長く、長さは幅の3倍くらい。濃緑色で光沢があります。

仏炎苞は大きく、芳香があるものも

花色	○
花ことば	包み込む愛
高さ	20cm～1m
花径	5～10cm
花期	不定期
生育場所	日本全国

育て方

夏は半日陰の涼しい場所に置き、冬は室内の明るい窓近くに置きます。日光が強すぎると白い花が緑がかり、不足すると花つきが悪くなります。越冬は、7～10℃以上を保ちます。

科・属名：サトイモ科スパティフィルム属　**分類**：多年草
性質：非耐寒性　**生育環境**：半日陰　**殖やし方**：株分け

スノーフレーク

球根は水仙、花は鈴蘭のよう

花はスズランに似た鐘形。1花茎に2～4個が並んで、下向きにつきます。2月上旬に4～5枚の葉がでて5月中～下旬まで生育した後、枯れます。

鐘形の花には芳香がある　花の拡大

花色	○
別名	スズランスイセン
花ことば	小さな歌
高さ	40～50cm
花径	約1cm
花期	4月
生育場所	日本全国

育て方

植えつけは9月下旬～10月上旬。株間を20cmとり、球根の高さの2倍を目安に覆土します。鉢植えは5号鉢に3球。球根の上の方が、上から見えるくらいの浅植えにします。

科・属名：ヒガンバナ科レウコユム属　**分類**：球根植物
性質：耐寒性　**生育環境**：日当たり、水はけ良　**殖やし方**：分球

スミシアンタ

春植え秋咲きの球根

花は長さ約3cmの筒状。上面が朱赤または淡黄、下面は淡黄になり、わずかに広がります。株全体に、赤い腺毛があります。葉はビロード状になります。

品種で花色は変化する

花色	●○●複色
別名	スミシアンサ
花ことば	涼しげな目
高さ	30～50cm
花径	約3cm
花期	9～10月
生育場所	日本全国

育て方

一般に春植え球根として扱われます。開花は秋。土は赤玉土7、腐葉土3の混合土。夏は遮光して、あまり乾燥させないようにします。冬は水を切り、10～15℃で保存します。

科・属名：イワタバコ科スミシアンタ属　**分類**：球根植物
性質：非耐寒性　**生育環境**：水はけ良、半日陰　**殖やし方**：分球

スパラクシス

花茎は葉より高くなる

花色が変わる園芸品種が、多くあります。花弁は、細く裂けて長鋭尖形になります。葉は扇状に広がり、最下位の花より低くなります。茎は直立して、枝分かれしません。

1茎に花は2～6個つく

花色	●●●
別名	スイセンアヤメ
花ことば	変わり身
高さ	30～45cm
花径	3～7cm
花期	4～5月
生育場所	日本全国

育て方

植えつけは10月。5号鉢に5～6球が目安です。冬の間は水やりを控えめに管理します。春からの生育期には、水やりを増やします。花後に地上部が枯れたら、掘り上げます。

科・属名：アヤメ科スパラクシス属　**分類**：球根植物
性質：半耐寒性　**生育環境**：フレーム、ハウス内（無加温）　**殖やし方**：分球

セイヨウニンジンボク

長い花穂が直立してつく

場所をとらず楽しめる花木

株全体に特有の香りがあります。花は紫色で小さく、枝先に多く集まり、長さ20㎝くらいの花穂になって直立します。

花色	●○
花ことば	香りがよい
高さ	1~3m
花径	15~20㎝(花穂)
花期	7~9月
生育場所	日本全国

育て方

植えつけは3月。植え穴に腐葉土をすき込み、やや高めに植えつけます。丈が低く樹形が美しい花木で、落葉期に不要枝を整理するだけですみます。

漢字名：西洋人参木　**科・属名**：クマツヅラ科ウィテクス属　**分類**：落葉低木
性質：耐寒性　**生育環境**：日当たり、水はけ良、肥沃地　**殖やし方**：挿し木

スモークツリー

できるだけ自然樹形で育てる

小さな花が集まって大きな花房になる

花後の花柄が特徴

秋には美しく紅葉します。花は多数集まって大きな花房をつくります。花後に特徴があり、花柄が伸びて長い毛に覆われ、煙のような状態になります。株立ちになります。

花色	●
別名	ハグマノキ、ケムリノキ
花ことば	にぎやかな家庭
高さ	3~8m
花径	20~30㎝（花穂）
花期	5~6月
生育場所	日本全国

育て方

2月下旬~3月上旬が植えつけの適期。植え穴を大きめに掘り、腐葉土をすき込んでやや高めに植えつけます。12月~2月の落葉期に、軽く細枝などを整理して、自然樹形に仕立てます。

科・属名：ウルシ科コティヌス属　**分類**：落葉低木
性質：耐寒性　**生育環境**：日当たり、水はけ良　**殖やし方**：実生、取り木

セツブンソウ

花弁に見えるのは白い萼片(がくへん)

節分の頃に花が咲く

茎の先に花が1つ咲き、5枚の花弁に見えるのは白い萼片(がくへん)で、花弁は蜜腺に変化しています。地下に小さな球形の塊茎ができます。6月に地上部は枯れます。

花色	○
花ことば	見知らぬ人
高さ	5~15㎝
花径	約2㎝
花期	2~3月
生育場所	本州関東~中部地方

育て方

実生は秋に種子まきして、早春に発芽させますが、開花まで約3年かかります。株分けは6月に掘り上げ、塊茎をナイフなどで切り分け、消毒薬で消毒し、乾燥貯蔵します。植えつけは、3㎝くらいの深さにします。

漢字名：節分草　**科・属名**：キンポウゲ科セツブンソウ属
分類：多年草　**性質**：耐寒性　**生育環境**：半日陰　**殖やし方**：実生、株分け

セイヨウヒルガオ

花は葉の間から咲く

3色複色花が美しい

名のとおり花が日中咲いて、雨天や夜は閉じます。花は外側、中間、中芯部と色が変わる園芸品種があります。単色の花は白~淡紅色。1茎に1~3個がつきます。

花色	○●複色
別名	コンボルブルス、サンシキヒルガオ
花ことば	あきっぽい
高さ	20~40㎝
花径	約3㎝
花期	7~9月
生育場所	日本全国

育て方

種子まきは4~6月。酸性を嫌うため、2週間前に苦土石灰で用土を中和しておきます。種子は1晩吸水させて発芽しやすくしておきます。株間20~30㎝で直まきします。

漢字名：西洋昼顔　**科・属名**：ヒルガオ科セイヨウヒルガオ属　**分類**：多年草　**性質**：耐寒性~非耐寒性　**生育環境**：日当たり　**殖やし方**：実生

オノマンネングサ（雄万年草）

黄色の5弁花が茎先につく

花は5弁花

本州青森県以南に分布する多年草。山野の岩上や石垣などに群生。葉は3輪生します。花は茎の先につく5弁花で径1.5cm。メノマンネングサもあります。花期は5〜6月。

ホソバの変種

セドゥムの仲間

キリンソウ〈代表種〉

花は平らにまとまってつく

寒さや乾燥に強い草花

生育範囲が広く、日本全国の山地から海岸近くの岩の上まで育つことができます。茎の先に黄色い小さな花が集まってつきます。

ホソバノキリンソウの変種といわれ、日本の山地からシベリアまで分布しています。黄色で小さい花がまとまってつきます。やや太い根茎から肉質・円柱形の茎が立ち上がります。

育て方

小形に育てられ、山野草仕立てができます。用土は鹿沼土、赤玉土、川砂を同量混ぜたものを用います。石付き仕立ては、ケト土に砂を混用。乾燥に強く乾かしぎみに育て、春の芽出しごろに植え替えます。

花色	●
花ことば	星の輝き
高さ	10〜30cm
花径	3〜10cm（花穂）
花期	6〜9月
生育場所	日本全国

漢字名：麒麟草
科・属名：ベンケイソウ科セドゥム属
分類：多年草　性質：耐寒性
生育環境：日当たり　殖やし方：実生、挿し芽

ホソバノキリンソウ（細葉麒麟草）

小さな花が集まり大きな花房になる

花が円錐状にまとまる

北海道〜本州中部地方の山地や草原に育つ多年草。花は黄色で径約2cm。花期は7月。10cmくらいにまとまります。茎は角ばっています。

セントポーリア

室内で楽しむ花

花色はさまざまです。ビロードのような花は筒部の先が5裂して平開し、上の2裂片は下の3裂片より小さくなります。葉が放射状に出るロゼット形と、茎が伸びて這うトレイル形に分かれます。

セントポーリア・ケシフロ

花色	●○●●
別名	アフリカスミレ
花ことば	小さな愛
高さ	5〜20cm
花径	約3cm
花期	周年
生育場所	日本全国

育て方

増殖から開花までのすべてを室内栽培でできます。用土はバーミキュライト8、ビーナスライト5号2の混合土が基準です。置き場所は明るい半日陰が基本で、生育適温は18〜25℃。冬は10℃以上必要。

科・属名：イワタバコ科セントポーリア属　分類：多年草
性質：非耐寒性　生育環境：室内、半日陰　殖やし方：挿し芽

ウスベニアオイ（薄紅葵）

花は葉の間につく

花は葉の間につく

南ヨーロッパ原産の2年草または多年草。高さ60㎝～1.5mになり、ゼニアオイより高くなります。茎は直立し、まばらに粗毛があります。花は径2.5㎝の淡紅色で、濃色の筋が入ります。花期は6～8月。

花の形を銭に見たてた

ゼニアオイの仲間

花は下から順に咲き上がる

こぼれ種子でも発芽する

寒さに強く、こぼれ種子でも育つほど丈夫で作りやすい草花です。花後には、オクラに似た形の果実がつきます。

花は5弁で香りがよく、ハーブティーにしてレモンをたらすと、ピンク色に変わります。江戸時代に渡来し観賞用に植えられていたものが各地に広がり、一部には野生化しているものもあります。

花色	○●
別名	マロウ
花ことば	悩殺
高さ	60～90㎝
花径	3～4㎝
花期	6～8月
生育場所	日本全国

漢字名：銭葵
科・属名：アオイ科ゼニアオイ属
分類：1年草、多年草
性質：耐寒性
生育環境：日当たり、水はけ良
殖やし方：実生

育て方

移植を嫌うため、場所を選びます。種子まきは4月下旬。種子は一晩水につけて吸水させておきます。元肥に腐葉土などをすき込んでおけば、追肥は必要ありません。

タマスダレ（玉簾）

花の内側は白、外側は淡紅をおびる

地下にラッキョウ形の鱗茎

ペルー原産の耐寒性球根草。サフランモドキより寒さに強く、暖地では葉をつけたままで越冬します。20～30㎝伸びる茎の先に、径4～5㎝の花がつきます。花期は7～9月。野生化しています。有毒。

冬は盛り土か敷ワラ

ゼフィランテスの仲間

花は茎の先につく

暖地では野生化する

球根は、光沢がある形の良いものを選びます。雨後には花が咲きそろいますが、長雨は嫌うため場所を選びます。

花は鮮やかな桃色で、径6㎝前後と大きめ。葉の基部は紅色をおびます。春から秋にかけて、1鱗茎から7～10枚の葉がでます。

花色	○
別名	レインリリー
花ことば	清純な愛
高さ	10～30㎝
花径	6㎝
花期	6～10月
生育場所	本州東北地方以南

育て方

植えつけは4月。腐葉土などを多めにすき込んで耕し、表面を平らにならしておきます。株間10㎝。覆土は球根の倍を目安にして植えつけます。

科・属名：ヒガンバナ科ゼフィランテス属　分類：球根植物　性質：半耐寒性
生育環境：日当たり、半日陰、水はけ良、肥沃地　殖やし方：分球、実生

果実が黄色のキミノセンリョウ

観賞価値が高い赤い果実

チャラン（茶蘭）

花は枝先に穂状につく

花は香りがある

中国原産の常緑小低木。日本では江戸時代から栽培されています。花は枝先に10～18個が長さ2～3cmの穂状につき、淡黄色で香りがあります。花期は1～2月。葉の基部は広がって茎を抱きます。

正月の床飾りに人気

センリョウの仲間

センリョウ〈代表種〉

花は小さく穂状につく

花より赤い果実を観賞

赤く熟す果実が美しく千両の価値があるといわれ、この名がつきました。仲間には果実が黄色い品種もあります。

あまり目立たない黄緑の花が、枝先につきます。暖地性の低木で、株立ちになります。葉は長さ10～15cm、幅4～6cm、長めの卵形で先はとがり、ふちにはギザギザ（鋸歯）があります。

花色	●
別名	クササンゴ
花ことば	お金持ち
高さ	50～80cm
花径	1～2cm（花序）
花期	6～7月
生育場所	本州東海地方以南

育て方

植えつけは4月か8月下旬～9月。植え穴に腐葉土を多めにすき込み、高めに植えつけます。大株は根をつけて2～3本ずつに株分けすると、翌年開花結実します。

漢字名：千両　科・属名：センリョウ科センリョウ属　分類：常緑低木
性質：耐寒性～半耐寒性　生育環境：半日陰、肥沃地　殖やし方：実生、株分け

センニチコウ

丸い花に見えるのは苞

白花の園芸品種

いつまでも花色を保つ

茎の先につく丸い花は、花ではなく苞が発達したものです。ドライフラワーにもします。茎は細く多く枝分かれして、全株に粗毛があります。葉は長さ5～10cm。

花色	●●●●○
別名	センニチソウ
花ことば	永遠の恋
高さ	20～50cm
花径	1～2cm（花序）
花期	7～10月
生育場所	日本全国

育て方

種子まきは4月中旬～5月。種子は毛がある苞片に包まれているため、砂と一緒によくもんでおきます。育苗箱にまきつけて発芽させ、3～4cmの苗に育ったら、株間20cmで2～3本まとめて植えつけます。

漢字名：千日紅　科・属名：ヒユ科ゴンフレナ属
分類：1年草　性質：非耐寒性　生育環境：日当たり　殖やし方：実生

ヒトリシズカ（一人静）

雌しべ1個と雄しべ3個の花

花弁も萼もない

山野の林内や草地に育つ多年草。高さは10～30cm。花は白色で、1本の花穂を伸ばします。花期は4～5月。花弁も萼もない花です。茎は直立し、下部の節には鱗片状の葉がつき、上の方には2対の艶やかな葉が十字形に対生します。

フタリシズカ（二人静）

花穂は2つつくことが多い

葉にはつやがない

花穂が2つつくことが多いので、ヒトリシズカに対してこの名がつけられました。花期は4～6月、高さ30～60cmの多年草。葉は上の方の節に2～3対が対生する形でつきます。白い粒つぶの花は内側に曲がってつき、かわいらしい。

果実は生け花に利用される

ソラヌムの仲間

ツノナス〈代表種〉

果実は突起のついた黄果

育て方

実生の1年草として育てれば、夏〜秋に花が見られます。3〜4月に3号ポットに点まきして発芽させ、本葉4〜5枚に育った苗を鉢や庭に定植します。ヒヨドリジョウゴなどつる性のものは多年草として育てます。

園芸的には1年草

仲間には品種が多く、日本で親しまれているのは山野草仕立てのフユサンゴですが、最近は果実のペピーノも人気があります。

ツノナスは本来は熱帯性の低木ですが、園芸的にはふつう1年草として扱われます。花は紫色で、果実はとっくり形をした長さ5㎝の黄果です。葉は幅広い卵形で、ふちは不規則に切れ込みます。果実は、生け花に利用されます。キツネの顔に似ているとか。

紫色の花が花柄の先につく

花色	●
別名	キツネナス、フォックスフェース
花ことば	あどけなさ
高さ	1〜3m
花径	1〜3㎝
花期	8〜9月
生育場所	日本全国

漢字名：角茄子　科・属名：ナス科ソラヌム属
分類：常緑低木、1年草　性質：非耐寒性
生育環境：日当たり　殖やし方：挿し木、実生

ツルハナナス（蔓花茄子）

花には淡い桃色が入ることがある

つる性の植物

別名ソケイモドキ。南アメリカ原産。花は白色で星形に広がり、径約2.5㎝です。花期は8〜9月。基部からよく枝分かれして伸びるつる性植物です。

ソラヌム・ヴェンドランディー

ソラヌム・ヴェンドランディー（パラダイス・フラワー）

花は青紫色

コスタリカ原産の大形つる性植物。花は青紫色で径約6㎝が集まり、大きくまとまってつきます。花期は8〜9月。粗(あら)いかぎ状の刺があります。

ヒヨドリジョウゴ（鵯上戸）

球形の果実が赤熟する

花はまとまってつく

赤熟果が美しい

日本全国の山野に育つつる性の多年草。花は白色で径約1㎝。花期は7〜9月。後ろにひっくり返り、多数がまとまってつきます。全株に軟毛があります。下部の葉は深い切り込みがあります。

フユサンゴ（冬珊瑚）

果実は熟すと赤くなる

果実を楽しむ

別名タマサンゴ。高さ50cm～1mになる常緑低木。花は径1.5cmくらいの白色。花期は8～9月。果実は球になり、紅色で長くとどまります。有毒といわれます。

ルリイロツルナス（瑠璃色蔓茄子）

青紫色の花が垂れ下がる

花は垂れ下がる

熱帯アメリカ原産のつる性植物。花は径3cmくらいの青紫色で、多数が葉の間につき、開花期には垂れ下がります。花期は8～9月。果実は径約1cmで、緋紅色に熟します。

ルリヤナギ（瑠璃柳）

花は枝先に平開する

花はまばらにつく

別名スズカケヤナギ、リュウキュウヤナギ、ハナヤナギ。南アメリカ原産の半耐寒性常緑低木。高さ1～2m、花期は8～9月。花は車形の紫色で、まばらにつきます。

ヒラナス（平茄子）

光沢がある果実は径3～5cm
花は小さい

果実が美しい

別名アカナス。アフリカ原産の1年草。花は白色で小さく、花後、緋紅色の果実ができます。花期は8～9月。高さは1mくらいになります。全株に刺と毛があります。

ペピーノ

花は径約2cmの青紫色
改良品種の果実は食用になる

果実は食用

アンデス原産。高さ1mくらいになる多年草または半低木。花は周囲に白みをおびた青紫色で、径約2cmあり車形に5裂します。花期は6～7月、果実は食用です。葉のふちは波状になります。

セキチク（石竹）

平開した複色の花

花は高盆形

　別名カラナデシコ。中国原産の多年草。高さ30㎝くらいですが、さらに小さくした小形種もあります。花は高盆形で、径3～5㎝。花期は5～6月。花色は紅、淡紅、白などです。

タカネナデシコ（高嶺撫子）

高山帯に育つ

山野草仕立てにされる

　別名オミナエシナデシコ、シモフリナデシコ、クモイナデシコ。高山帯に育つ多年草。高さは30㎝以内。花色は紅、淡紅、白など。花期は5～6月。草形の素朴さが好まれ、山野草仕立てにされます。

ハマナデシコ（浜撫子）

海岸に育つ

花は茎先につく

　別名フジナデシコ。ナツナデシコ。わが国の海岸に育つ多年草。高さ20～50㎝。花は径約1.5㎝の紅紫色で、茎先につきます。花期は7～10月。葉は厚く光沢があり、ふちには毛があります。

ビジョナデシコ（美女撫子）

花期が長く花色も多い花

茎は太く直立

　別名アメリカナデシコ、ヒゲナデシコ。ヨーロッパに分布し、日本には明治中期に渡来。高性種は切り花、小形種は鉢植えなどに利用されます。茎は太く直立し、幅広の葉と豊富な花色が特徴です。花期は6～9月。

河原や草地に育つ

ダイアンサスの仲間

花弁のふちが細かく裂ける

仲間には園芸品種が多い

　秋の七草のひとつ。乾燥した黒い種子は、煎じて飲むとむくみや利尿に効果があるとされていて、古くから利用されてきました。

　本種の母種とされるエゾカワラナデシコは寒地性で、北海道まで分布します。花は淡紅紫色、花弁が糸状に細かく裂けているのが特徴。萼筒（がくとう）は長さ3～4㎝です。

育て方

　種子まきは8月下旬～9月中旬。育苗箱などにまきつけ、発芽したら間引いて、苗間を広げます。本葉2枚になったら3号ポットに1株ずつ移植し、11月に株間20㎝で定植します。鉢植えは5号鉢に1株。

花色	●
別名	ナデシコ、ヤマトナデシコ
花ことば	信頼
高さ	30～80㎝
花径	4～5㎝
花期	7～10月
生育場所	本州東北地方以南

漢字名：河原撫子　科・属名：ナデシコ科ナデシコ属
分類：多年草　性質：耐寒性　生育環境：日当たり　殖やし方：株分け

トコナツ（常夏）

草丈に比べて大輪がつく

挿し木で殖やす

　セキチクの改良品種。江戸時代から何度か流行。現在は紅花小形種が面影を保っている程度です。高さは8～10㎝で増殖は挿し木。花色は濃赤、紅、小輪で紅、白、絞りなどになるものがあります。花期は5～6月。

タチジャコウソウ（立麝香草）

全草に芳香があるハーブ

ハーブとして人気がある

別名ガーデンタイム。ハーブとして利用される多年草。高さ20〜40cm、花期は4〜7月。冬は地上部が枯れても、宿根性なので春には再生します。ハーブとして利用するときは、高さ20cmくらいで順次摘みとります。

葉には芳香がある

タイムの仲間

地を這うように育つ

小鉢仕立ての山野草

タイムの仲間のタチジャコウソウは、全草が香りの良いハーブとしての人気が高く、いろいろな香りの品種があります。

低山から高山の岩場に育つ小低木。高山では5cm、低山では15cmくらいになり、茎は細く地を這ってよく枝分かれします。紫紅色の小さい花が多数、密につきます。

花色	●
花ことば	なつかしい香り
高さ	5〜15cm
花径	2〜4cm（花序）
花期	6〜7月
生育場所	日本全国

育て方

植えつけや植え替えは3〜4月。根のまわりが早いので、1年に1回は植え替えます。用土は山砂。地上を這う茎を薄く覆うように砂をかけて植えつけ。乾き気味に水やりします。

漢字名：伊吹麝香草　科・属名：シソ科タイム属
分類：常緑小低木　性質：耐寒性　生育環境：日当たり　殖やし方：挿し木、株分け

シロバナヨウシュチョウセンアサガオ（白花洋種朝鮮朝顔）

花は筒状

中央アメリカ〜南アメリカ原産の1年草。高さ1.5mになります。花は長さ10cmくらいの筒状で白または藤色。花期は8〜9月。果実には、鋭い刺があります。

筒状花の先が7分くらい開く

チョウセンアサガオ（朝鮮朝顔）

花は白色

熱帯アジア原産の1年草。高さは約1mになり、よく枝分かれします。江戸時代に薬用として渡来。花は白色。8〜9月に、ろうと状の花が長さ14〜20cmになります。果実は球形で太い刺があります。

ろうと状の花は上向きで先が反り返る

花はまっすぐ垂れ下がる

ダツラの仲間

大きな筒状の花が垂れ下がる

暖地は戸外で越冬

ダツラの仲間は中南米〜インドまで自生しています。草花から低木になるものまであり、中には芳香をもつものもあります。

キダチチョウセンアサガオの花は筒状で先が開き、筒の長さは15〜17cm。垂直に垂れ下がり、開いた花弁は少し反り返ります。

花色	○
別名	タチュラ
花ことば	むずかしい関係
高さ	2〜3m
花径	5〜10cm
花期	8〜9月
生育場所	日本全国

育て方

暖地では戸外でも越冬できます。一般的なサイクルは、秋に挿し木した苗を鉢に植え替えて、室内で冬を越させ、翌年の4〜5月に定植。本種は多年草。1年草の仲間は、室内で早春に種子まきします。

漢字名：木立朝鮮朝顔　科・属名：ナス科ダツラ属
分類：多年草　性質：半耐寒性　生育環境：日当たり　殖やし方：実生、挿し木

ダーリア

紅色の園芸品種

花色や花形が豊富な夏の花

古くから改良が重ねられ、多くの園芸品種ができています。花の大きさや色、形などまさに多彩で、好みに応じて選べます。本来は春植え球根ですが、1年草としてのダーリアも多くあります。一重や八重咲きもあります。

花色	●○○○●
別名	テンジクボタン
花ことば	忘れて微笑んで
高さ	20cm～2m
花径	5～15cm
花期	5～10月
生育場所	日本全国

育て方

3月中旬～下旬に、フレーム内で球根を浅く埋め込んで発芽させておきます。定植は4月中旬～5月上旬。株間は花の大きさによって変えます。大輪種は60～75cm、中輪種は50～60cm、小輪種は40～50cmです。

科・属名：キク科ダーリア属
分類：球根植物、1年草　性質：半耐寒性　生育環境：日当たり　殖やし方：分球

タチアオイ

紅色の園芸品種

鉢植えできる小形種もある

茎が高く直立するので、タチアオイ。かなり古くから観賞用に栽培され、多くの園芸品種がつくられています。多くは秋まきですが、改良された1年草には春まきもあり、高さ50cm以下の小形種もあります。

花色	○○●○●
別名	ハナアオイ、ホリホック
花ことば	大望
高さ	2～3m
花径	7～10cm
花期	6～8月
生育場所	日本全国

育て方

種子まきの時期は、品種によって変えます。多年草は5月まきで9月に定植し、1年草は4月上旬まきで5月中旬に定植するか、9月まきで10月下旬に定植します。

漢字名：立葵　科・属名：アオイ科タチアオイ属　分類：1年草、多年草
性質：耐寒性　生育環境：日当たり、水はけ良　殖やし方：実生

チャービル

若葉は高さ20cmになったら利用

若葉をサラダに利用

細い茎は中空で多く枝分かれし、株立ち状になります。やわらかい葉はパセリに似ていますが、パセリよりやわらかく、良い香りがします。花は白色で小さく、数花がまとまってつきます。

花色	○
別名	ウイキョウゼリ、セルフィーユ
花ことば	ありのままの自分
高さ	30～50cm
花径	3～5cm（花序）
花期	6～7月
生育場所	日本全国

育て方

苗は雨を嫌うため育苗箱に種子まきし、薄く覆土します。発芽したら間引き、本葉1～2枚で3号ポットへ移植します。本葉3～4枚で定植します。

科・属名：セリ科シャク属　分類：1年草
性質：耐寒性　生育環境：半日陰、水はけ良、肥沃地　殖やし方：実生

チドリソウ

茎先に円錐形の花穂をつくる

秋まきで翌春に開花

花は茎の先につき、多花性で総状や円錐状になります。園芸品種も多く、八重咲き系統のジャイアント・インペリアルや小形種などもあります。

花色	●●○○
別名	ヒエンソウ
花ことば	晴れやかな心
高さ	30～90cm
花径	3～4cm
花期	5月
生育場所	日本全国

育て方

種子まきは9月下旬～10月上旬。移植を嫌うため直まきにし、発芽したら間引いて株間を広げ、最終的には株間30cmにします。ときどき除草をかねて中耕してやります。

漢字名：千鳥草　科・属名：キンポウゲ科コンソリダ属　分類：1年草
性質：耐寒性　生育環境：日当たり、水はけ良、肥沃地　殖やし方：実生

ツユクサ

乾燥して民間薬に利用

茎の下部は地を這って広がり、上の方は斜めに立ち上がります。花は鮮やかな青色。花弁の上2枚は大きく、下の1枚は小形。トンボの顔を思わせます。

青色の花が早朝に開き午後しぼむ

花色	●
別名	ボウシバナ、ツキクサ
花ことば	密かな恋
高さ	20～50cm
花径	1～2cm
花期	6～9月
生育場所	日本全国

育て方

庭植えは、やや湿気がある場所を選ぶとよく育ちます。鉢植えは鹿沼土と赤玉土を同量混ぜ、腐葉土を2割くらい加えた用土に植えつけます。多めに水やりしますが、過湿は嫌うので注意します。

漢字名：露草　科・属名：ツユクサ科ツユクサ属
分類：1年草　性質：耐寒性　生育環境：半日陰　殖やし方：実生

ツボサンゴ

寒冷地ではロックガーデンに利用

花は赤色の鐘形で、葉から突きでる長い茎にまばらにつき、大きい花房になります。園芸品種は、花色が異なります。

寒地性で花は切り花に利用

花色	●○○●
花ことば	ときめき
高さ	30～60cm
花径	10～30cm（花穂）
花期	5～6月
生育場所	本州関東地方以北

育て方

夏の高温を嫌うため、日本では関東地方以北で育てることになります。実生もできますが、園芸品種は株分けで殖やします。春か秋に大株を掘り上げて、2～3に分けます。

漢字名：壺珊瑚　科・属名：ユキノシタ科ホイヘラ属　分類：多年草
性質：耐寒性　生育環境：日当たり、半日陰　殖やし方：実生、株分け

ツルウメモドキ

仮種皮（かしゅひ）に包まれた種子を観賞

つるは年に数m伸びます。花は小さく黄緑色ですが、10～12月に球形の果実が黄熟し、3つに割れて赤い種子が見られます。葉は卵形で長さ4～10cm、幅2～8cmの卵形。

黄緑色の小さな花が小穂になる

仮種皮が割れて赤い種子が頭をだす

花色	●
別名	ツルモドキ
花ことば	退屈につぶされないで
高さ	つる性
花径	2～3cm（花序）
花期	5～6月
生育場所	日本全国

育て方

植えつけは落葉期の11～3月。植え穴を大きめに掘り、腐葉土を多めにすき込みます。花芽は前年の枝の充実した短い枝につくため、冬期に20～30cm残して切りつめます。

漢字名：蔓梅擬　科・属名：ニシキギ科ツルウメモドキ属　分類：落葉低木
性質：耐寒性　生育環境：日当たり　殖やし方：実生、接ぎ木

ツリガネニンジン

若葉は食用になる山菜

花は淡紫の小さな鐘形で先は5裂してやや広がり、数個が下向きにつきます。円心形の根元からでる葉は、花期には枯れてなくなります。

紫の鐘形（つりがねがた）の花が下向きにつく

花色	●○
別名	トトキ
花ことば	寂しい想い
高さ	30cm～1m
花径	約2cm
花期	8～10月
生育場所	日本全国

育て方

実生は採りまき、植えつけや植え替えは春の芽出し前か晩秋です。有機質の肥料を与えると、花色が濃くなります。鉢植えは赤玉土7、腐葉土3の混合土。花は傷みやすいので、水やりは根元にし、花にかけないようにします。

漢字名：釣鐘人参　科・属名：キキョウ科ツリガネニンジン属
分類：多年草　性質：耐寒性　生育環境：日当たり　殖やし方：株分け、実生

ツワブキ

黄色い花がまばらにつく

葉に光沢があるフキの仲間

海岸の岩上などに育ち、江戸時代の初期から庭植えにされています。花は鮮やかな黄色で、葉の間から長く伸びる茎の先にまばらにつきます。根元からでる葉は横広になり厚く、光沢があります。

花色	●
別名	ツワ、タクゴ
花ことば	よみがえる愛
高さ	30〜70㎝
花径	4〜6㎝
花期	10〜12月
生育場所	本州中部地方以西

育て方

斑入りの園芸品種は葉焼けしやすいので、半日陰で育てます。植えつけや株分けは4〜5月か10月に行い、株間は30〜40㎝くらいに広くとります。

漢字名：石蕗　**科・属名**：キク科ツワブキ属　**分類**：多年草　**性質**：耐寒性
生育環境：日当たり、半日陰、水はけ良、肥沃地　**殖やし方**：株分け

ツルニチニチソウ

紫色の5弁花が平開する

寒暖で樹形が変わる

つるを伸ばして地面を這うように広がり、日当たりではニチニチソウに似た紫色の花をいっぱいにつけます。

関東以西では常緑を保ちますが、東北地方では半落葉します。花は筒状で、花弁5枚は平開します。葉に斑が入るものもあり、茎は最初直立するものの、次第にほふくします。

花色	●
別名	ツルギキョウ
花ことば	楽しい思い出
高さ	40㎝〜1m
花径	4〜5㎝
花期	3〜5月
生育場所	本州東北地方以西

育て方

積雪地帯でも枯れることはなく、半日陰でもよく育つ低木。花壇のふちどり、グラウンドカバー、ほふく性になるので吊り鉢にも利用されます。植えつけは3〜4月か9〜10月。庭植えは、用土に腐葉土をすき込みます。

漢字名：蔓日日草　**科・属名**：キョウチクトウ科ツルニチニチソウ属
分類：常緑低木　**性質**：半耐寒性　**生育環境**：日当たり、半日陰　**殖やし方**：挿し木

ツンベルギア・マイソレンシス

花は40㎝〜1mの総状になる

花は垂れ下がる

インド南部原産のつる性多年草。花は赤褐色で径4〜5㎝。4〜5月に、長い花穂になって垂れ下がります。茎は細くよく枝分かれして6〜8mになり、基部は木質化します。

ベンガルヤハズカズラ

青紫色の花は濃淡がある

2つのタイプがある

熱帯アジアに広く分布するつる性多年草。つるは数m伸び、基部は木質化します。形状に2つのタイプがあり、1つは、花は青紫色。もう1つは、葉が革質でざらつき、花は濃い青紫色です。花期は12〜3月。

常緑小低木と多年草がある

ツンベルギアの仲間

寒さに弱い

鉢植えで周年開花

一般にはヤハズカズラやタケカズラなどと呼ばれているつる性植物。花色の変化した園芸品種が多くあります。

コダチヤハズカズラは細かくよく枝分かれし、花は部分によって色が違います。先で開く部分は青紫、下の花筒部は長さ約4㎝で白色。

花色	●○
別名	ツンベルギア・エレクタ
花ことば	官能美
高さ	1〜2m
花径	3.5〜4.5㎝
花期	周年
生育場所	日本全国

育て方

寒さに弱いため、多くは鉢植え。用土は赤玉土7、腐葉土3の混合土。ゴロ土を多めに入れておきます。夏期に戸外へ出すときは、半日陰の涼しい場所で管理します。

科・属名：キツネノマゴ科ツンベルギア属　**分類**：常緑小低木、多年草
性質：非耐寒性　**生育環境**：水はけ良、半日陰　**殖やし方**：挿し木

ディモルフォテカ

桃色の園芸品種

特徴がある複色の園芸品種

花は日当たりでしか咲かない

アフリカ原産で寒さにやや弱く、苗で越冬するため枯らさないように保護します。庭植えも鉢植えもできますが、花は太陽の下でしか咲かないため、室内で観賞するには不向きです。花茎は、1株で7～10本出ます。

花色	○○○
別名	アフリカキンセンカ
花ことば	ためらう恋
高さ	15～35㎝
花径	7～10㎝
花期	4～5月
生育場所	日本全国

育て方

種子まきは9月中旬～10月上旬。赤玉土7、腐葉土3の混合土を用土にし、育苗箱にばらまきして、薄く覆土。発芽したら本葉2～3枚で3号ポットに移植し、凍らせないように越冬させ、4月上旬に定植します。

漢字名：阿弗利加金盞花　科・属名：キク科ディモルフォテカ属　分類：1年草
性質：半耐寒性～非耐寒性　生育環境：日当たり　殖やし方：実生

テイカカズラ

花は短い今年の枝につく

つるを1～2本伸ばす

山地の岩場などに育ち、つるは気根を出して這い上がり、10mくらいまで伸びます。花は5裂し白色。後に黄色をおび、ところどころまとまってつきます。

花色	○
別名	マサキノカズラ
花ことば	優雅
高さ	つる性
花径	2～3㎝
花期	5～6月
生育場所	本州東北地方以南

育て方

植えつけは5～8月。植え穴には、腐葉土を多めにすき込みます。放置するとつるの始末に困るため、1～2本を誘引して太く育て、ほかのつるは切りとります。

漢字名：定家葛　科・属名：キョウチクトウ科テイカカズラ属
分類：常緑低木　性質：耐寒性　生育環境：半日陰、肥沃地　殖やし方：挿し木

デロスペルマ

桃色のデロスペルマ・クーペリ

花は初夏から秋まで咲く

よく枝分かれします。花は光沢がある桃色。5月から秋まで咲き続けます。葉の上面は平ら、濃緑色です。長野県の一部では野性化しています。

花色	○
別名	ハナランザン
花ことば	忘れられない人
高さ	10～30㎝
花径	約5㎝
花期	5～9月
生育場所	本州東北地方以南

育て方

丈夫で耐寒性が強く、庭植えでも越冬できます。春から秋に生育し、冬は休眠するので水やりを控え、凍らせないようにします。

科・属名：ツルナ科デロスペルマ属　分類：亜低木
性質：耐寒性　生育環境：日当たり　殖やし方：実生

デルフィニウム

花は下から咲き上がる

高性種は庭植え

本来は多年草。寒さに強く夏の暑さに弱いため、秋まきの1年草として扱われます。高性種と小形種があり、高性種は庭植えで大きな花穂が楽しめ、小形種は鉢植えに。一重と八重咲きがあります。

花色	○○○○○
別名	オオヒエンソウ
花ことば	口には出さない思いやり
高さ	30㎝～1m
花径	20～40㎝（花穂）
花期	5～6月
生育場所	日本全国

育て方

種子まきは9月上旬～中旬。発芽適温は20℃。高すぎると発芽が悪くなるので、温度に注意します。発芽して本葉が2～3枚になったら、3号ポットに移植します。直根性で移植を嫌うため、移植は早めに行います。

漢字名：大飛燕草　科・属名：キンポウゲ科デルフィニウム属
分類：1年草、多年草　性質：耐寒性　生育環境：日当たり　殖やし方：実生

オオミノトケイソウ（大実時計草）

赤紫色の大きな花がつく

特徴がある花形

別名オオナガミクダモノトケイソウ。熱帯アメリカ原産の常緑低木。花は径8～13cmで、芳香があります。花期は5～6月。萼片の内側は白～桃色。花弁は赤紫色をおびます。果実は食用。

キミノトケイソウ（黄実時計草）

果実は卵状　長さ5～9cmで食用

果実は食べられる

西インド諸島、ブラジルなどが原産の常緑低木。花は径5～8cmで萼片と花弁の内側は紫赤色、表面は青、紫、桃などのしま模様になります。花期は5～8月。茎は円筒形になります。

ホザキノトケイソウ（穂咲時計草）

花と葉の形に特徴がある

花は濃い赤色

ブラジル原産の常緑つる性低木。花は径約10cmの濃赤色で、中心部は紫、白、赤になり、垂れ下がります。花期は5～8月。全株無毛で、茎は角張っています。

花が時計の文字盤のよう

トケイソウの仲間

特徴がある大きな花がつく

温室育ちの果実

花の形に特徴があり、柱頭が3つに分かれ時計の文字盤に似ています。1年草で鉢植えに向く小形種もあります。花は径10cm以上で、萼片（がくへん）と花弁の内側は暗赤色になり、表面は赤、白、紫の斑が入ります。全株無毛で、茎は角張っています。果実は黄色、食用になります。

花色	●
花ことば	信ずる心
高さ	30～80cm
花径	10～12cm
花期	5～6月
生育場所	日本全国

育て方

寒さに弱いため、庭植えは暖地に限られます。多くは鉢植えで、温室内で花や果実を観賞したり収穫したりします。植えつけは4月下旬。用土は赤玉土7、腐葉土3の混合土です。

科・属名：トケイソウ科トケイソウ属　分類：常緑低木　性質：半耐寒性
生育環境：日当たり、水はけ良、肥沃地　殖やし方：実生、挿し木

パッシフロラ・コッキネア

花は緋紅色の中心に長さ1cmの筒状花がつく

花は緋紅色

ベネズエラ、ボリビア原産の常緑低木。花は径約10cmの緋紅色で、中心部は赤と白です。花期は5～8月。茎は円柱形になり、若い枝は赤褐色の毛があります。果実は長さ約5cmです。

オオムラサキツユクサ（大紫露草）

ムラサキツユクサとよく混同される

花は紫色

北アメリカ原産の多年草。高さは20～60㎝。花は径3～5㎝の紫色でムラサキツユクサより大形。まばらに多くつきます。花期は6～10月。

北米からの帰化植物

トラデスカンティアの仲間

茎の先につく青紫の花

各地で野性化も見られる

南アメリカ原産の観葉植物で、緑葉には斑入りのものもあります。茎が地面を這って伸び、吊り鉢によく仕立てられます。

ムラサキツユクサは明治初期に渡来し、日本の気候風土が合っていたためか、各地で野性化しています。花は青紫から淡紅色のものが多くあります。

花色	●●○
花ことば	一緒にいたい
高さ	50～70㎝
花径	2～3㎝
花期	5～8月
生育場所	日本全国

育て方

半日くらいしか日が当たらない所でも育ちます。ただし多少花つきは悪くなります。植えつけは3月か9月中旬。株間30～40㎝で植えつけ、5年に1回は株分けします。

漢字名：紫露草　科・属名：ツユクサ科トラデスカンティア属　分類：多年草
性質：耐寒性　生育環境：日当たり、半日陰、水はけ良　殖やし方：株分け

トラデスカンティア・シラモンタナ

径3㎝の紅紫色の花がつく

花は紅紫色

メキシコ原産のほふく性多年草で、全株白毛におおわれています。花は径3㎝の紅紫色で数花が集まってつきます。乾、湿により草勢は大きく変化します。花期は周年。

ドゥランタ

長い花穂が垂れ下がる

花後には球形の果実が黄熟する

白花や大輪の園芸品種がある

花は径1～2㎝の青紫色か藤色です。園芸品種には白花のアルバや葉に白斑が入るウァリエガタなどがあり、花後に球形の果実ができます。

花色	○●●
別名	ハリマツリ
花ことば	歓迎
高さ	2～6m
花径	15～20㎝（花穂）
花期	周年
生育場所	日本全国

育て方

寒さにやや弱く、暖地では戸外で越冬できます。関東地方以北は室内に入れて越冬させます。凍らなければ加温の必要はありません。庭植えは肥沃地が適し、鉢植えは赤玉土7、腐葉土3の混合土です。

科・属名：クマツヅラ科ドゥランタ属　分類：常緑低木　性質：半耐寒性
生育環境：日当たり、水はけ良、肥沃地　殖やし方：実生、挿し木

猛毒だが薬にもなる

トリカブトの仲間

トリカブト〈代表種〉

茎の先に花穂をつくる

花は舞楽でかぶる冠（鳥兜）に似る

毒薬の原料に利用される悪役ですが、草姿や花は十分観賞用になるほどやさしく、美しい草花のひとつです。

花は長さ3～4㎝でかなり変わった構造をしており、茎先に数個が穂状につきます。

育て方

西日が当たらない、やや湿った場所が適地です。植えつけは10月中旬～下旬。ポット苗は根土ごと植えつけますが、株分け苗はベンレート1000倍液に30分間つけ、よく水洗いしてから株間30㎝で植えます。

漢字名：鳥兜
科・属名：キンポウゲ科トリカブト属　**分類**：多年草
性質：耐寒性　**生育環境**：肥沃地　**殖やし方**：株分け

花色	●●
別名	カブトギク、ウズ
花ことば	いつわり
高さ	60㎝～1m
花径	20～30㎝（花穂）
花期	10～11月
生育場所	本州関東～中部地方

オクトリカブト（奥鳥兜）

草丈はトリカブトより高くなる

花は茎の先につく

北海道～本州中部以北に生える多年草。高さは80㎝～1.8m。花は10～11月に、青紫色で茎の先にまばらにつき、花柄には曲がった毛があります。

レイジンソウ（伶人草）

細長い花穂が直立する

花穂が直立する

本州東北地方以南に育つ多年草。山に生え高さ30～80㎝。茎は直立し、上の方に短い毛が密生します。花は8～10月に、淡紫～淡紅で長い総状につきます。

ヤマトリカブト（山鳥兜）

数花が集まって花穂になる

花は青紫色

本州中北部に育つ多年草。高さ60㎝～1m。おもに山地に自生。花は長さ3㎝の青紫色で、内外に曲がった毛があります。花期は10～11月。

シャジクソウ（車軸草）

紅紫色の小さな花が数個つく

茎が円形に広がる

別名カタワグルマ、アミダガサ、ボサツソウ。ヨーロッパ～中国まで広く分布する多年草。日本では浅間山を中心とする上信越の高原地帯に野生化が見られます。多くの茎が径40㎝くらいの円形に広がります。花期は7～8月。

牧草として世界中に広がる

トリフォリウムの仲間

シロツメクサ〈代表種〉

茎の先に白い球状の花がつく

まれに4葉ができる

詰草と呼ばれるように、物を輸送するとき詰め物として利用されたことから、この名がついています。
牧草として世界中に広がり、日本でも野生化し全国的に見られます。花は白花が多数集まり、球状になります。茎は地を這って伸びます。

育て方

寒さ暑さに強く、どこでも良く育ちます。2～5月に種子が市販され、入手して直まきにします。グラウンドカバーとして最適で、よく利用されます。

花色	○
別名	クローバー、オランダゲンゲ
花ことば	私を守って
高さ	10～30㎝
花径	約1㎝
花期	5～8月
生育場所	日本全国

漢字名：白詰草
科・属名：マメ科トリフォリウム属
分類：多年草　性質：耐寒性　生育環境：日当たり　殖やし方：株分け、実生

ムラサキツメクサ（紫詰草）

球状の花房が茎の先につく

花は蝶形

別名アカツメクサ。ヨーロッパ原産の帰化植物。高さ20～60㎝の多年草。茎には褐色の毛があり、花は紅紫色の蝶形で、多数が集まり球状になります。花期は5～10月。

トリトマ

下が黄で上は紅の花穂

南国育ちだが寒さに強い

花は茎の先に大きな穂状につき、つぼみは深紅色で開花すると黄色になります。花は下から咲き上がるので、咲いた下は黄色で上の方が紅くなります。

花色	●●
別名	シャグマユリ、トーチリリー
花ことば	せつない思い
高さ	30㎝～1.5m
花径	15～50㎝（花穂）
花期	6～10月
生育場所	日本全国

育て方

寒さに強く、凍らさなければどこでも越冬できます。植えつけや株分けは3～4月が適期。高性種は株間60～70㎝、小形種は40㎝くらいにします。株分けは3～4年に1回。

科・属名：ユリ科クニフォフィア属　分類：多年草　性質：半耐寒性
生育環境：日当たり、水はけ良　殖やし方：実生、株分け

トルコギキョウ

園芸品種が多数できている

花は淡紫色ですが園芸品種が多く、淡紫〜濃紫、淡桃〜濃桃、白やこれらの複色などがあります。花形も一重、半八重、八重などがあります。

花は直立する茎の先につく

園芸品種が多く花色も豊富

花色	●●●●○複色
別名	ユーストマ、リシアンサス
花ことば	明るい希望
高さ	30〜80cm
花径	4〜5cm
花期	8〜9月
生育場所	日本全国

育て方

種子まきは9月下旬〜10月上旬。ピートパンにばらまきして、覆土はしません。本葉2枚で苗間4cmにして移植。用土は赤玉土小粒6、腐葉土4の混合土。凍らさないように越冬して、4月上旬に定植します。

漢字名：土耳古桔梗　**科・属名**：リンドウ科エウストマ属
分類：1、2年草　**性質**：非耐寒性　**生育環境**：日当たり　**殖やし方**：実生

トロロアオイ

まれに白花がある

花は黄色で大きく、中心は紅色です。オクラの仲間。茎葉にはごわごわの毛があり、地下に太い根をもち、暖地では多年草になりますが、日本では1年草に扱われます。

大きい杯状の花がつく

花色	●
別名	クサダモ、トロロ
花ことば	片思い
高さ	1.5〜2.5m
花径	10〜18cm
花期	8〜9月
生育場所	日本全国

育て方

種子まきは4〜5月。育苗箱などにまきつけます。用土は赤玉土6、腐葉土4の混合土。発芽したら間引いて苗間を広げ、草丈10cmくらいで、3号ポットに移植。株間を50〜80cmあけて定植します。

科・属名：アオイ科トロロアオイ属
分類：1年草　**性質**：非耐寒性　**生育環境**：日当たり　**殖やし方**：実生

トレニア

こぼれ種子で翌年も育つ

寒さに弱いため、春まき夏〜秋咲きで栽培します。花色は遺伝子に支配され、濃青紫、淡青紫、白の3色に大別されます。白色のアルバは純白ですが、花芯部には黄が残ります。

花は筒状で色の変化が多い

花色	●○●●複色
別名	ハナウリグサ、ツルウリグサ
花ことば	控えめな美点
高さ	20〜30cm
花径	約3cm
花期	8〜10月
生育場所	日本全国

育て方

種子まきは4月中旬〜5月上旬。発芽適温は15〜20℃。ピートパンにばらまきし、発芽したら苗間3cmにして移植。用土は赤玉土6、腐葉土4の混合土。定植は6月中旬で、3本まとめて植えつけます。

科・属名：ゴマノハグサ科トレニア属
分類：1年草　**性質**：非耐寒性　**生育環境**：日当たり　**殖やし方**：実生

ヒメシャラ（姫沙羅）

白い小さな5弁花がつく

花は白色

神奈川県以西に育つ日本固有種。高さ15mになる落葉高木。花は5月に、径1～2cmで今年の枝につきます。

夏に開花するツバキ

ナツツバキの仲間

ナツツバキ〈代表種〉

花径は5～6㎝になる

庭木として広く利用

ツバキに似た白い花は花芯部の黄色とのコントラストが美しい花です。ヒメシャラは花や葉がひと回り小形になります。

ナツツバキは花は径5～6㎝の白色で、花弁は5枚。ふちは波打ち、細かいまばらなギザギザ（鋸歯）があります。外面には白毛が密生します。

花色	○
別名	シャラノキ
花ことば	爽快感
高さ	10～15m
花径	5～6㎝
花期	6～7月
生育場所	本州福島県以西

育て方

西日を嫌います。植えつけは2月下旬～3月。植え穴に腐葉土を多めにすき込みます。花芽は前年の枝の短枝につくため、剪定に注意します。

漢字名：夏椿　科・属名：ツバキ科ナツツバキ属　分類：落葉高木
性質：耐寒性　生育環境：日当たり（午前中）、日陰（午後）　殖やし方：実生

ニエレンベルギア・ヒッポマニカ・ウィオラケア

濃紫色の花が上向きにつく

花は浅く5裂し上向き

アルゼンチン原産の多年草。ヒッポマニカの1変種です。親は高さ15～30cm。本種は40cmと、親より高くなります。花は7～8月に濃紫色、径2cmで上向きにつきます。

花には芳香がある

ニエレンベルギアの仲間

ギンパイソウ〈代表種〉

浅く5裂した花が上向きにつく

寒さに強いが乾燥に弱い

多年草ですが、園芸上は1年草扱いになります。植物名はスペインの博物学者ニエレンベルグの名に由来します。

ギンパイソウは細い茎が地面に広がって伸び、節ごとに根をだして生育し、高さ約5㎝の株になります。花は白色で中心は黄色をおび、芳香を放ちます。

花色	○
別名	ホワイトカップ
花ことば	着実な行動
高さ	5～6㎝
花径	2～3㎝
花期	5～7月
生育場所	日本全国

育て方

乾燥を嫌うが、水はけが悪いと根腐れを起こしやすいので注意します。種子まきを9～10月にすれば、翌年の5～6月には花が見られます。浅鉢に植える山草仕立てもできます。

漢字名：銀盃草　科・属名：ナス科ニエレンベルギア属　分類：1年草
性質：耐寒性　生育環境：日当たり、水はけ良　殖やし方：実生、挿し木

ニチニチソウ

5裂した高盆形の花を開く

花は長期間楽しめる

本来は熱帯に広がる高さ30～50㎝の亜低木ですが、温帯では1年草として扱われます。花は高盆形（こうぼんけい）で先が5裂し、花筒は円筒形で長さ2.5㎝。桃色か紅色、白色です。

花色	
別名	ビンカ
花ことば	追慕
高さ	10～60㎝
花径	4～6㎝
花期	7～9月
生育場所	日本全国

育て方

種子まきは5月。育苗箱にまいて、薄く覆土します。直根性で移植を嫌うため、幼苗のうちに移植するか、鉢植えなら直まきします。庭植えは、株間20㎝で定植。

漢字名：日日草　**科・属名**：キョウチクトウ科カタランツス属　**分類**：1年草
性質：非耐寒性　**生育環境**：日当たり、水はけ良　**殖やし方**：実生

ニコティアナ

白に緑が入るドミノグリーン

濃紅のドミノクレムリン

園芸品種の花色は多彩

暖地では多年草になりますが、10℃以下では生育が止まるので、園芸上は1年草として扱われます。花は星形に開き、基部は6㎝以上の長い筒状になります。

花色	
別名	ハナタバコ
花ことば	保護
高さ	30㎝～1m
花径	3～5㎝
花期	6～9月
生育場所	日本全国

育て方

低温を嫌います。種子まきは4月中旬～5月中旬。ピートパンにまきつけて、覆土はしません。発芽したら本葉2～3枚で苗間3㎝に植え広げ、7月上旬に定植します。

科・属名：ナス科ニコティアナ属　**分類**：1年草
性質：非耐寒性　**生育環境**：日当たり、水はけ良、肥沃地　**殖やし方**：実生

ネオレゲリア

ネオレゲリア・カロライナエ'フランドリア'

ネオレゲリア・カロライナエ'トリコロル'

花が咲く観葉植物

葉は品種により長短がありますが、ふちには短く鋭い刺があります。開花期になると中心部の葉が着色し、何カ月も持続します。葉の中心につく筒状部に埋まるように、小さな花が密生します。

花色	
花ことば	不安定な恋
高さ	20～40㎝
花径	1～3㎝
花期	不定期
生育場所	日本全国

育て方

温度管理がポイントになります。5～10月は戸外の日当たりに出し、盛夏は30%くらい遮光します。冬は室内に置き、10℃以上を保ちます。

科・属名：パイナップル科ネオレゲリア属　**分類**：多年草
性質：非耐寒性　**生育環境**：日当たり　**殖やし方**：株分け、実生

ネペンテス

ネペンテス・ウェントリコサ×マクシム

品種が多く形もさまざま

多くはつる性で、茎の長さは種によってかわり、20cm～10m以上になるものまであります。1品種のアラタはつるが5～6mです。捕虫袋は下部が膨らむ円筒形で、長さ10～15cm。

花色	●●●
別名	ウツボカズラ
花ことば	熱い感動
高さ	30～60cm
花径	品種による（捕虫袋）
花期	7～9月
生育場所	日本全国

育て方

高温を好み、15℃でも越冬できますが、20℃以上あれば元気に生育し、着袋をします。日陰を好む品種もあり、それらは50%以上遮光します。

科・属名：ウツボカズラ科ネペンテス属　分類：多年草　性質：非耐寒性
生育環境：日当たり、日陰、温室　殖やし方：実生、挿し木、取り木

ネジキ

小さいつぼ形の花が並んでつく

白いつぼ形の花が枝先に並ぶ

花は6～7月、前年の枝につきます。白いつぼ状の小さな花がまとまって並び、4～6cmの長さになって下向きにつきます。枝葉には、有毒成分があります。

花色	○
別名	カシオシミ
花ことば	悲しみの涙
高さ	5～7m
花径	4～6cm（花穂）
花期	6～7月
生育場所	本州岩手県以南

育て方

寒さに強く、半日陰でも育ちます。花つきをよくするためには、日当たりが適します。植えつけは落葉期の2～3月か9～12月です。

漢字名：捩木　科・属名：ツツジ科ネジキ属　分類：落葉小高木　性質：耐寒性
生育環境：日当たり、半日陰、水はけ良、肥沃地　殖やし方：実生

‘ダイエリアナ’

‘サーウィリアムティティダイヤー’

‘デシィ・コト’

‘アトラグ’

ネムノキ

秋には平らな豆果が垂れ下がる

長い雄しべが花から突きでる

淡紅色の花が枝につく

夜は葉を閉じる

花は長さ約1cmの筒状で、長さ3～4cmの雄しべが長く突き出ます。葉は夜間は閉じて垂れ下がり、就眠運動をします。

花　色	●
別　名	ネムリノキ
花ことば	安らぎ
高　さ	8～10m
花　径	約1cm
花　期	6～8月
生育場所	本州東北地方以南

育て方

植えつけは4月中旬～下旬。植え穴に腐葉土を多めにすき込み、保湿しやすくします。剪定は2～3月。萌芽力が弱いので、徒長枝などの不要枝を整理する程度にします。

漢字名：合歓木　科・属名：マメ科ネムノキ属　分類：落葉高木
性質：耐寒性　生育環境：日当たり、肥沃地　殖やし方：実生、接ぎ木、取り木

ネモフィラ

濃紫でふちが白くなる複色の花

インシグスブルー

雨には弱く夏を嫌う

全株に毛があり、茎はほふく性。花は径3cmくらいで白と紫の複色です。花は広い鐘形で、青い花弁の中心部が白くぼけるものなど園芸品種が多くあります。

花　色	●●複色
別　名	ルリカラクサ
花ことば	可憐な人
高　さ	20～30cm
花　径	約3cm
花　期	4～5月
生育場所	日本全国

育て方

雨に弱く、涼しく乾燥した状態でないと生育不良に。9月に種子まきして、本葉2～3枚で3号ポットに移植します。そのままの状態で越冬しますが、寒さに強く、防寒は簡単なもので十分です。

科・属名：ハゼリソウ科ネモフィラ属
分類：1年草　性質：耐寒性　生育環境：日当たり　殖やし方：実生

ネメシア

桃紫色のブルーバード

暑さ寒さに弱く花色は多い

一般には草丈30cm前後ですが、15～20cmの小形種もあります。花色が違う園芸品種がいくつかあります。茎先に多数の花をまとまってつけます。花は唇形で、花筒基部は袋状です。

花　色	●●○●
花ことば	失意のとき
高　さ	15～30cm
花　径	2～3cm
花　期	5～7月
生育場所	日本全国

育て方

暑さ寒さに弱く、冷涼な気候を好みます。一般には秋に種子をまき、発芽したら苗間を3～4cm空けて植え広げ、さらに3号ポットに移植して加温したフレーム内で越冬。早春に5～6号鉢に定植して開花させます。

科・属名：ゴマノハグサ科ネメシア属
分類：1年草　性質：非耐寒性　生育環境：日当たり　殖やし方：実生

葉の形がノコギリ状

ノコギリソウの仲間

ノコギリソウ《代表種》

花はところどころ密につく

舌状花の中心に両性花

葉の形がノコギリ状なことから、この名がついています。小形品種から高性種まであり、切り花やドライフラワーに利用されます。

ノコギリソウは本州中部以北の山地の草原に多い多年草。花は白か淡紅色、葉はくしの歯状に深く裂け、裂片は多数の鋭いギザギザ（鋸歯）が鋸状になります。

育て方

乾きぎみのやせ地のほうが花つきがよくなります。植えつけは4月上旬か10月中～下旬。株間20～30cmにして植えつけます。夏、花が終わったら少し深めに切り戻すと、秋に花が見られます。

花色	○
別名	アキレア
花ことば	恋の戦い
高さ	50cm～1m
花径	約1cm
花期	7～9月
生育場所	日本全国

漢字名：鋸草　科・属名：キク科ノコギリソウ属
分類：多年草　性質：耐寒性　生育環境：日当たり　殖やし方：株分け

キバナノコギリソウ（黄花鋸草）

花は大きなかたまりになる

傘状にかたまってつく

コーカサス地方原産の多年草。高さは1mくらい。花は黄色で茎先に多数が集まり、傘状にかたまってつきます。花期は6～7月。性質は強く、茎は固まって生えます。

ヒメノコギリソウ（姫鋸草）

小形種で山野草仕立てにされる

暑さに弱い

ヨーロッパからアジアに分布する小形の多年草。高さ20cmくらい。花は黄色でまばらにつきます。暑さに弱く、むれると消えてしまいます。花期は6～7月。

セイヨウノコギリソウ（西洋鋸草）

白や淡紅色の花がつく

小さな花が多数集まる

ヨーロッパ原産の多年草。高さ60～80cm。地下茎を伸ばして広がり、各地で野生化しています。花は白か淡紅色で小さく、多数集まって茎先につきます。花期は7～8月。

ネリネ

ネリネ・フミリス

鉢植えで楽しむ球根草花

品種が多く、花形もさまざまです。写真のフミリスは昭和初期に導入された品種です。葉は幅1.3cm。30～40cm伸びる茎の先に10～20個の花が、まばらにつきます。

花色	●●○
別名	ダイアモンドリリー
花ことば	繊細でしなやか
高さ	20～50cm
花径	3～8cm
花期	10～11月
生育場所	日本全国

育て方

植えつけは9月上～中旬。径3cm以上の球根を3～4号鉢に1球植えつけます。用土は赤玉土7、腐葉土3の混合土。5月ごろ葉が黄変してきたら水やりをやめ、9月まで雨を避けて管理します。

科・属名：ヒガンバナ科ネリネ属　分類：球根植物
性質：半耐寒性　生育環境：日当たり　殖やし方：分球

高性種で切り花に利用

バーベナの仲間

茎の先につく花は濃淡がある

秋まきはポット苗で越冬

ほふく種、小形種、高性種を用途によって使い分けます。多年草と1年草扱いの品種があり、ボナリエンシスは、高さ3尺（90㎝）以上になる耐寒性多年草。小さな花が密に集まり、長さ3～4㎝の花穂になります。

花色	●●
別名	サンジャクバーベナ、ヤナギハナガサ
花ことば	強い感受性
高さ	30㎝～1m
花径	3～4㎝（花穂）
花期	8～9月
生育場所	日本全国

育て方

種子まきは3月下旬～4月上旬か9月下旬～10月上旬。1時間水につけた種子をガーゼに包み、流水で軽くもみ洗いしておきます。一般には秋まき、寒地では春まき。秋まきは4月中旬に定植します。

科・属名：クマツヅラ科バーベナ属
分類：多年草　性質：耐寒性　生育環境：日当たり　殖やし方：実生、株分け

バーベナ・カナデンシス

花は茎の先に集まってつく

花は紫紅色

別名ハナガサソウ。多年草、花期は5～9月。高さ10～50㎝。ほとんど無毛です。花は紫紅色、約10㎝の穂状です。

バーベナ・ハスタタ

青みが強い

花はまとまってつく

別名ブルーバーベイン。多年草。花期は5～9月。あまり枝分かれしません。花は紅紫色か白色でまとまってつき、花穂をつくります。

バーベナ・リギタ

複色花の園芸品種

花色はいろいろある

別名シュッコンバーベナ。多年草、花期は5～9月。高さ25～45㎝。花は紅紫色ですが、白色や淡紅色の園芸品種もあり、ところどころまとまってつきます。

バーベナ・ヒブリダ

花形はサクラに似ている

花はまばらに集まる

別名ビジョザクラ。本来は多年草、園芸上は1年草。花は5～9月に、20～30個がまばらに集まって穂状になります。茎は地を這い、先が立ち上がって高さ30～60㎝になります。

ハクチョウゲ

葉に斑が入る園芸品種

庭木や生け垣などに利用

よく枝分かれして、枝の節には托葉が変化した刺が3個あります。花は短い枝に1～2個つきろうと状、5深裂します。二重咲きや八重咲きがあります。

花色	○
花ことば	静謐な覚悟
高さ	50cm～1m
花径	約1cm
花期	5～7月
生育場所	本州東北地方以南

育て方

風が当たらない場所を好みます。植えつけは4～9月。植え穴に腐葉土を多めにすき込みます。刈り込みにも強いので、年2～3回刈り込み、玉仕立てなどにもできます。

漢字名：白丁花　科・属名：アカネ科ハクチョウゲ属　分類：常緑低木
性質：耐寒性　生育環境：水はけ良、肥沃地　殖やし方：挿し木

パキスタキス

黄色い花穂が直立するルテア
ルテアの花穂は長さ8～12cm

鉢植えで小柄に育てる

栽培されているのは、ルテアとベニサンゴバナの2種。ルテアの花は濃黄色、花穂は長さ8～12cmになります。ベニサンゴバナの花は深紅色。花穂は長さ10～15cmになります。

花色	●●
花ことば	慈愛
高さ	1～3m
花径	8～12cm(花穂)
花期	5～8月
生育場所	日本全国

育て方

花は短命ですが、苞は長期間美しいままで残ります。メキシコ～ペルーでは周年開花、日本では鉢植え。冬は5℃以上を保って管理し、春～夏に開花させます。

科・属名：キツネノマゴ科パキスタキス属
分類：常緑低木　性質：非耐寒性　生育環境：室内、日当たり　殖やし方：挿し木

バジル

茎の先にまばらに花がつく

庭植えで料理に利用

本来は多年草。生育適温が23～28℃と高く、寒さに弱いので、園芸上は1年草。緑葉の品種には白色の花が咲き、紫葉の品種には桃色の花が咲きます。シソに似た芳香があり、ハーブとして料理に利用されます。

花色	●○
別名	メボウキ、バジリコ
花ことば	高貴
高さ	30cm～1m
花径	5～8cm（花穂）
花期	6～8月
生育場所	日本全国

育て方

種子まきは4月中旬～6月。発芽適温は25℃前後、時期を選びます。あらかじめ腐葉土と元肥になる有機肥料をすき込み、よく耕しておきます。株間20cmで点まきします。

科・属名：シソ科メボウキ属　分類：1年草、多年草
性質：非耐寒性　生育環境：日当たり、水はけ良　殖やし方：実生

ハシカンボク

淡紅の4弁花が枝先につく

暖地では庭植えで観賞

九州南部以南に分布する、暖地性の花木です。花は枝先につき、花弁は4枚です。葉のふちには細かいギザギザ（鋸歯）があります。

花色	●●
別名	ハシカン
花ことば	つれない人
高さ	1m以下
花径	1.5cm
花期	7～9月
生育場所	九州、沖縄

育て方

暖地以外は庭植えに向かないため、鉢植えで育てます。用土は赤玉土7、腐葉土3の混合土。暖地性ですが、寒さにもある程度耐えられるので、冬期は5℃以上で越冬します。

漢字名：波志干木　科・属名：ノボタン科ハシカンボク属　分類：常緑低木
性質：非耐寒性　生育環境：半日陰、肥沃地　殖やし方：挿し木

オオガハス（'大賀蓮'）

大形の美しい花が咲く

大形で美しい花

ハスの種子は寿命が長く、気品がある大形の美花が咲きます。花期は6～8月。オオガハスは1951年に、千葉県検見川の泥炭地層から出土した種子を、大賀一郎氏が発芽させたもので、約2,000年前の種子ともいわれています。

肥大根は食用のレンコン

ハスの仲間

ハス〈代表種〉

茎の先に大きな単生で花がつく

花後は大きな実ができる

葉と花が水面にでる水生植物

レンコンの花で、花を観賞するものを花バスと呼んでいます。仏教と縁が深い植物で、蓮華の名で仏典に出てきます。

地下茎は水底の土中に伸び、それぞれの節に葉芽と花芽ができます。葉は水面に浮く円形～楕円形で、径50cm以上にもなり、表面はろう質で水をはじきます。花は茎の先に単生し、多くの園芸品種があります。

花色	●○
別名	ハチス
花ことば	純真、素直
高さ	15～30cm
花径	4～8cm
花期	6～8月
生育場所	日本全国

育て方

実生は2～3月。種皮に傷をつけて、水を吸いやすくしておきます。水温30～35℃の水中に7～10日間入れて発芽させ、この苗を植えつけ、暖かい場所で管理。第3葉が出たら、定植します。

漢字名：蓮　科・属名：スイレン科ハス属
分類：多年草　性質：非耐寒性　生育環境：日当たり　殖やし方：実生、根分け

国内稀少植物に指定

ハナシノブの仲間

ハナシノブ〈代表種〉

茎の先に数個が集まってつく

葉はシダ類のシノブに似る

国内希少植物に指定されており、特別保護区が作られています。商取引を行うためには登録が必要になります。

九州の明るい山地に生育し、茎は角ばっています。花は5裂し青紫色。茎の上の方に数個が集まってつきます。

花色	●
花ことば	捲土重来
高さ	60～90cm
花径	1.5cm
花期	6～8月
生育場所	九州

育て方

水はけが悪いと根腐れします。種子まきは、秋に採りまきするか、冷蔵保存しておいて早春にまきつけます。株分けは休眠期に。鉢植えは赤玉土7、腐葉土3の混合土を用います。

漢字名：花忍　科・属名：ハナシノブ科ハナシノブ属　分類：多年草
性質：耐寒性　生育環境：日当たり、水はけ良　殖やし方：実生、株分け

エゾノハナシノブ（蝦夷花忍）

高山や寒地に育つ多年草

花は茎の先に集まる

別名ミヤマハナシノブ。本州中部以北の高山～北海道に育つ寒地性の多年草。高さ30～80cm。花は濃い青紫色で茎の先に集まってつきます。花期は6～8月。

ハナズオウ

葉がでる前に花が集まってつく

長さ1cmの蝶形の花が集まる

庭木や切り花に利用

花は前年の枝や古枝につき、長さ約1cmの蝶形で紅紫色、萼は鐘形で先は浅く5裂します。秋に豆果ができます。

花色	●
別名	スオウバナ、スオウギ
花ことば	先走る恋
高さ	2～4m
花径	約1cm
花期	4月
生育場所	日本全国

育て方

植えつけは10～11月。植え穴に腐葉土を多めにすき込んでおきます。2～3月にも植えられますが、開花しないことがあるので避けます。放置すると株立ちになるので、不要なヤゴは早めに切ります。

漢字名：花蘇芳　科・属名：マメ科ハナズオウ属　分類：落葉低木
性質：耐寒性　生育環境：日当たり　殖やし方：株分け

ハナニラ

星形の花が1茎に1～2個つく

早春に星形の花が咲く

茎の先に、花弁6枚の花が1～2個つきます。花色は一般的に白ですが、園芸品種には桃色をおびるものもあります。

花色	
別名	イフェイオン、スプリングスター
花ことば	悲しみ
高さ	10～20㎝
花径	1～2㎝
花期	3～4月
生育場所	日本全国

育て方

植えつけは9月中旬～10月中旬。あらかじめ有機配合肥料を1㎡あたり100gすき込み、1カ所に5～6球をまとめて植えつけます。3～4年は放置しておけます。

漢字名：花韮　科・属名：ユリ科イフェイオン属　分類：球根植物
性質：耐寒性　生育環境：日当たり、水はけ良　殖やし方：分球

ハナトラノオ

花は下から咲き上がる

花穂が虎の尾状になる

花は茎の先につく長さ2～3㎝の筒状で、花穂になります。地下茎を長く伸ばして広がり、茎には短毛がまばらに生え、基部はやや赤みをおびています。

花色	
別名	カクトラノオ
花ことば	努力家
高さ	40㎝～1m
花径	10～30㎝（花穂）
花期	6～9月
生育場所	日本全国

育て方

実生では開花まで3年くらいかかるので、ポット苗を入手して植えつけます。3月下旬か10月下旬に、株間20㎝で植えつけ、3～4年で大株になったら、株分けして更新します。

漢字名：花虎尾　科・属名：シソ科フィソステギア属　分類：多年草
性質：耐寒性　生育環境：日当たり、水はけ良　殖やし方：実生、株分け

バビアナ

バビアナ・ルブロキアネア

早咲き種は3～4月に開花

葉の間から茎を伸ばし、先に花筒が直立する小さな花が4～8個つき、穂状になります。品種が多く、花色や花形の変化が多く、芳香があるものや小形もあります。主に南アフリカ原産。

花色	
別名	ホザキアヤメ、ベブーンフラワー
花ことば	変わり身が早い
高さ	20～30㎝
花径	1～2㎝
花期	3～5月
生育場所	本州関東地方以西

育て方

庭植えの植えつけは11月中旬。5㎝くらいの深さに植えつけて、霜よけします。鉢植えは10月上旬。用土は赤玉土7、腐葉土3の混合土。5号鉢に5球植え、深さは3㎝です。

科・属名：アヤメ科バビアナ属　分類：球根植物
性質：半耐寒性　生育環境：鉢植え（関東地方以北）　殖やし方：分球

ハナビシソウ

花は大輪で径5～8㎝になる

朝開花して夜閉じる

本来は多年草ですが、暑さに弱く、秋まきの1年草として扱われます。花は日中開き、夜は閉じます。室内では日光不足に注意。茎は多数分枝して、ほふくぎみに広がります。

花色	
別名	カリフォルニアポピー、キンエイカ
花ことば	河の光
高さ	20～50㎝
花径	5～8㎝
花期	5～7月
生育場所	日本全国

育て方

直根性で移植を嫌うため、直まきするか小苗で越冬させ、春に定植。種子まきは9月下旬～10月上旬。直まきは株間20㎝で4～5粒点まき。酸性を嫌うため、苦土石灰で中和しておきます。

漢字名：花菱草　科・属名：ケシ科エッショルチア属　分類：1年草、多年草
性質：耐寒性　生育環境：日当たり　殖やし方：実生

ハリエンジュ

花には芳香があり総状に垂れる

公園や街路などに利用

花は長さ約2cmの蝶形で枝先に多数が集まり、長さ10～15cmの総状になります。白色の花は芳香があり、園芸品種には紅色の花もあります。名のとおり葉のつけ根に針のような刺があります。

花色	○●
別名	ニセアカシア
花ことば	甘い誘惑
高さ	10～15m
花径	約2cm
花期	5～6月
生育場所	日本全国

育て方

浅根性で、強い風を嫌います。植えつけは3月下旬～4月上旬。植え穴に腐葉土を多めにすき込みます。移植を嫌うため場所を選びます。

漢字名：針槐　科・属名：マメ科ハリエンジュ属
分類：落葉高木　性質：耐寒性　生育環境：日当たり　殖やし方：接ぎ木

ハボタン

黄色系のハボタン　花は見応えがない

冬の花壇を明るくする

ヨーロッパ原産のキャベツを日本で観賞用に改良した品種。東京丸葉、大阪丸葉、名古屋ちりめん、葉の切れ込みが深いクジャク系などがあります。花の少ない冬に色がでるため、花壇や鉢植えなどに利用します。

花色	●○●●●
別名	ハナキャベツ
花ことば	記憶に残る想い
高さ	5～40cm
花径	20～30cm（葉径）
花期	12～1月
生育場所	日本全国

育て方

種子まきは7月上旬。育苗箱に赤玉土7、腐葉土3の混合土を入れ、ばらまきして浅く覆土し、涼しい場所に置きます。発芽したら本葉2枚で苗間10cmに植え広げ、11月に、株間40cmで定植。

漢字名：葉牡丹　科・属名：アブラナ科アブラナ属
分類：1年草　性質：耐寒性　生育環境：日当たり　殖やし方：実生

バンクシア

バンクシア・エリキフォリア

温室で花を楽しむ花木

品種によって変異が大きく、高さ1～2mのものから10mになる高木まであります。小さな花が多数集まって、ブラシみたいな円筒状になります。

花色	●○●●
花ことば	濃厚な愛
高さ	1～10m
花径	6～15cm（花穂）
花期	周年
生育場所	日本全国（温室）

育て方

用土は赤玉土、ピート、川砂を同量混ぜたもので、水はけが良いものを使います。実生は、新鮮な種子をまきつけて発芽させます。品種によって違いますが、4～5年で開花株に育てます。

科・属名：ヤマモガシ科バンクシア属　分類：常緑低木～高木
性質：非耐寒性　生育環境：温室　殖やし方：実生、挿し木

ハンカチノキ

白い大きな総苞片が垂れ下がる

“白いハンカチ”が垂れ下がる

花は直径約2cmの球状の花序。基部にはハンカチのような長さ6～15cmの白い総苞片が2つつきます。9～10月に、長さ3～4cmの果実が淡黄複色になります。

花色	○
別名	ハトノキ、オオギリ
花ことば	清潔
高さ	10～15m
花径	約2cm（花穂）
花期	5～6月
生育場所	日本全国

育て方

乾燥を嫌います。半日くらいよく日が当たる場所が適地です。植えつけは落葉期の12～3月上旬。植え穴に腐葉土をすき込んでおきます。花がつくのは、高さ3m以上になってからです。

科・属名：オオギリ科ダヴィディア属　分類：落葉高木
性質：耐寒性　生育環境：水はけ良、肥沃地　殖やし方：実生、挿し木

ヒオウギ

東南アジア原産で暑さにも強い

斑点模様の可憐な花弁

斑点模様がある花弁6枚の花をつけます。変種のダルマヒオウギより大輪で花つきもよく、夏の花壇や切り花用の園芸品種として広く栽培されています。

花色	
別名	キャンディーリリー、レオパルドフラワー、カラスオウギ
花ことば	誠意
高さ	50～120㎝
花径	5～6㎝
花期	7～8月
生育場所	日本全国

育て方

保水性・排水性が良い粘質土壌を好みます。全体的に丈夫で育てやすい花ですが、乾燥するとハダニがつきやすいため、水やりは十分に。開花までの時期にリン酸分の多い肥料を与えると、花つきがよくなります。

漢字名：檜扇　科・属名：アヤメ科ヒオウギ属　分類：多年草
性質：耐寒性　生育環境：日当たり　殖やし方：株分け、実生

ヒアシンス

茎の先に小さな花が密生する

鮮やかな色彩と芳香が魅力

花名は、ギリシャ神話中の王子の名前、ヒアキントスに由来。中心の茎に、鐘状（つりがねじょう）またはろうと状の花を多数総状に咲かせます。水栽培にも適しています。

花色	
別名	ニシキユリ、コモンヒアシンス、ダッチヒアシンス、ガーデンヒアシンス
花ことば	初恋の思い出
高さ	20～30cm
花径	3cm
花期	3～4月
生育場所	日本全国

育て方

植えつけの適期は9月下旬～10月上旬。中性または弱アルカリ性の土壌を好むため、苦土石灰を十分に施します。葉が黄色くなる初夏に球根を掘り上げて日陰で乾燥させ、冷暗保存しておけば、翌年も栽培が楽しめます。

科・属名：ユリ科ヒアシンス属　分類：球根植物、多年草
性質：耐寒性　生育環境：日当たり　殖やし方：分球

ヒトツバタゴ

花弁は細長く、清楚な趣
花の拡大

雪化粧のような清らかさ

新枝の先に、細長い花弁の白い花をびっしりとつけます。花は長さ7～12㎝の花房にまとまって咲き、9～10月には卵形の果実が黒紫色に熟します。

花色	
別名	ナンジャモンジャ
花ことば	清廉
高さ	10～30m
花径	7～12㎝（花序）
花期	6～7月
生育場所	本州中部地方、対馬

育て方

実生でよく育ちますが、生育のスピードは遅く、開花まで約10年を要するといわれます。発芽時期を早めるためには、なるべく早く種を採り、種子まきします。用土はとくに選びません。

科・属名：モクセイ科ヒトツバタゴ属
分類：落葉高木　性質：耐寒性　生育環境：日当たり　殖やし方：実生

ビデンス

近年は花壇用に多く栽培される
'イエローキューピット'

2本の刺にちなむ花名

世界中に233種もの種類があり、野草化して群生するものもあります。花は舌状花と筒状花に分かれ、葉はシダ状に分裂した対称形。果実に歯状の2本の刺があり、衣服等に付きます。

花色	
別名	ウィンターコスモス、キクザキセンダングサ
花ことば	忍耐
高さ	50～90㎝
花径	2～3㎝
花期	8～11月
生育場所	日本全国

育て方

種子や根茎で繁殖し、ときに雑草化するほど丈夫です。初心者には極めて育てやすい花といえるでしょう。寒さにも強く、マイナス5℃まで耐えられます。

科・属名：キク科ビデンス属　分類：1年草、多年草　性質：耐寒性
生育環境：日当たり、水はけ良　殖やし方：株分け、挿し木、実生

アメリカフヨウ（亜米利加芙蓉）

高い草丈に赤や桃色の花

別名クサフヨウ。北アメリカ原産の大形多年草。高いもので2m近くまで伸びる茎の先に、径10～16㎝の大きな花をつけます。

別名でクサフヨウとも呼ばれる

ヒビスクス（ハイビスカス）の仲間

南国原産らしい原色の色彩（交配種）

日本では温室栽培が主流（交配種）

華やかな常夏の花

ハワイの州花として知られ、世界の熱帯、亜熱帯地域で３００種類以上の品種があります。大輪のハワイ系と中輪のヨーロッパ系に分けられます。仲間には落葉性で、寒さに強いムクゲなどもあります。

ヒビスクスは鮮やかな原色の色彩、大輪の花弁、長く突き出した花柱が特徴的。寒さに弱いため、暖地以外では鉢植えや温室栽培が一般的です。

花色	○●●●●
別名	マロウ、ジャイアントマロウ
花ことば	勇気ある行動
高さ	30㎝～1.5m
花径	7～25㎝
花期	4～9月
生育場所	熱帯～亜熱帯

育て方

根の生育が良いため、植え穴は大きく掘り、腐葉土と肥料を入れてから植えつけます。鉢植えは、若木は毎年、古木は2～3年に１回植え替えを。庭植えなら、冬は鉢に移植して室内に入れておけば冬越しも可能。

科・属名：アオイ科ヒビスクス属　分類：常緑低木
性質：非耐寒性　生育環境：日当たり　殖やし方：挿し木

ケナフ（洋麻）

繊維ジュートの原料

アフリカ原産の1年草。観賞用としてよりも、麻繊維ジュートの原料として熱帯地域で多く栽培されています。花は淡黄色で、花柱は交配種のように突きだしません。

観賞用としては控えめな花色

ヒビスクス・アーノッティアヌス

ハワイでの交雑種

草丈3～9m、花弁が長さ5～10㎝と、ヒビスクス属の中でもとくに大柄な部類に属します。白色の花から、紫紅色の長い花柱を突きだします。

10～15㎝の長い花柱が突きでる

スイフヨウ（酔芙蓉）

八重咲きの園芸品種

四国、九州南部に自生するフヨウの改良品種。幾重にも花弁が重なる八重咲きの花で、1日花。よく似た品種にシチメンフヨウがあります。

清楚な白い花をつけるが色は変化する

ブッソウゲ（仏桑花）

葉の形も多種多様

花冠より長い花柱

別名リュウキュウムクゲ。江戸時代に琉球からもち込まれたといわれています。花は大きく、赤、黄、白、桃色など色鮮やか。花冠より長い花柱を突きだします。

ムクゲ（木槿）

一重咲きのタイリンムクゲ

全国的に栽培可能

ヒビスクス属の中にあり耐寒性を備え、日本全国で栽培されています。花色は桃、紫、白など、一重咲きから半八重咲き、八重咲きまでさまざまな種類があります。

モミジアオイ（紅蜀葵）

冬期は地上部が枯れる

大形・大輪の多年草

12～20cmの大きな花径をもち、花弁は細長い卵形。深紅のビロードのような光沢がある花の中心から、非常に長い花柱を突きだします。

フウリンブッソウゲ（風鈴仏桑花）

個性的な花姿

長く垂れ下がって咲く

インド洋のザンジバル島原産といわれ、垂れ下がった枝の先に、深く裂けて反り返った花をつけます。下方に向かって長く突きだした花柱をもち、花色は鮮やかな赤や桃色が中心です。

フヨウ（芙蓉）

花は白や濃淡の桃色

日本の西南部に分布

四国、九州南部、琉球諸島、中国、済州島などの暖地に分布する低木。花は朝白く、夕方には濃く桃色に変化します。アメリカフヨウとの混合種に‘灰神楽’、‘連隊旗’、‘桃園’などの品種があります。

ヒメシャクナゲ

鈴のような小さな花

寒冷な湿地にひっそりと咲く

日本では本州中部地方以北や北海道の高山帯に自生。日光や尾瀬の湿地帯でも変異品種が採集されています。暗緑色の葉と薄桃色の小さな花のコントラストが美しく、花は壷状にうつむくような姿で咲きます。

花色	○○
別名	ニッコウシャクナゲ
花ことば	改心
高さ	15cm前後
花径	5mm
花期	4～5月
生育場所	日本全国

育て方

極端な乾燥には弱いため注意します。酸性土壌を好むため、植えつけには水苔やピートモス、鹿沼土を用います。

漢字名：姫石楠花　科・属名：ツツジ科ヒメシャクナゲ属　分類：常緑低木
性質：耐寒性　生育環境：日当たり、通風良、多肥・多湿　殖やし方：挿し木

ヒメノボタン

多花性で花つきが良い

株いっぱいに咲きあふれる

つる性植物の一種で、茎葉から気根が次つぎと生え、地面を這うように広がります。花は紅色や淡い紫色の4弁花。花つきがよく、株からあふれるように咲くため、吊り鉢やグラウンドカバーに最適です。

花色	●●
別名	ヘテロケントロン
花ことば	愛情ある環境
高さ	5～30cm
花径	3cm
花期	5～7月
生育場所	日本全国

育て方

高温や直射日光を嫌います。花もちが良くないため、株で冬を越すより毎年種子から育てる方が良いでしょう。花が少なくなったら切り戻し、茎葉を4～5節に切って挿し芽をすれば、容易に根付きます。

漢字名：姫野牡丹　科・属名：ノボタン科オスベッキア属
分類：多年草　性質：半耐寒性　生育環境：半日陰　殖やし方：実生、挿し芽

ヒマラヤユキノシタ

小さな花を無数につける

白色から桃色へ変化

茎の先に、花が下向きにかたまってつきます。花は開花直後は白く、次第に桃色に色づきます。よく知られた園芸品種に、'アーベントグルト'、'シルヴァー・ライト' などがあります。

花色	○○
別名	ベルゲニア、ストレイチー
花ことば	純真
高さ	30～40cm
花径	25cm（花茎）
花期	4～5月
生育場所	日本全国

育て方

石組の間でも丈夫に生育します。根茎が横に伸びやすいため、グラウンドカバーにも適します。殖やすときは株分けのほか、根茎を切って土に埋め、発芽・発根を促しても良いでしょう。

科・属名：ユキノシタ科ベルゲニア属　分類：多年草
性質：耐寒性　生育環境：日当たり、半日陰　殖やし方：株分け

ヒメノカリス

日本に多いヒメノカリス・スペキオサ

細長い花弁にカップ状の副花冠

25～30種類の品種があり、大きさは種によってさまざま。6枚の細長い花弁の内側に、雄しべと結合したカップ状の副花冠がつながるユニークな形。扁平な太い茎の先でまとまって花をつけます。

花色	○○
別名	ササガニユリ、バスケットフラワー
花ことば	魅惑のささやき
高さ	20～60cm
花径	5～20cm
花期	7～8月
生育場所	日本全国

育て方

鉢植えの場合は6～7号鉢に1球を目安に。霜に当たると葉が枯れますが、暖地であれば植えつけたままでの越冬も可能です。

科・属名：ヒガンバナ科ヒメノカリス属　分類：常緑性球根植物
性質：耐寒性　生育環境：日当たり　殖やし方：分球、実生

ブーゲンヴィレア

花弁状の苞が多数つく　　白色や斑入りの品種もある

色鮮やかな苞が魅力

一見色鮮やかな花に見える部分は苞で、花は1つの苞に単生します。茎は木質でつる状に伸び、長いもので5mに達することも。一般的には温室植物として知られ、15℃以上の環境であれば周年花が開きます。

花色	●●●●●○
別名	イカダカズラ
花ことば	魅力
高さ	20cm～5m
花径	1cm
花期	周年
生育場所	暖地または温室

育て方

夏は戸外に置き、水やりは控えめにして乾かしぎみに育てます。植えつけの適期は4月ごろ。剪定をこまめに行うことで、丈夫な新枝が育ちます。

科・属名：オシロイバナ科ブーゲンヴィレア属　**分類**：つる性低木
性質：非耐寒性　**生育環境**：日当たり、高温、乾燥　**殖やし方**：挿し木

ピレア

ユニークな葉模様

葉の模様を楽しむ

熱帯や亜熱帯地域を中心に400以上もの種類が分布。品種によって葉形、葉色、葉質、模様も異なります。花は穂状につき、初夏に開花します。つぼみに水をかけると、花粉を噴射します。

花色	○
別名	アサバソウ、アルミニウムプランツ
花ことば	少女の恥じらい
高さ	20～50cm
花径	3mm
花期	5～6月
生育場所	日本全国

育て方

温暖多湿の条件を好みますが、直射日光に当てると葉焼けを起こします。多肉質の品種以外は乾燥に弱いので、水をたっぷり与えます。

科・属名：イラクサ科ピレア属　**分類**：多年草
性質：非耐寒性　**生育環境**：半日陰、日陰　**殖やし方**：株分け、挿し木

ブヴァルディア

白色種のブヴァルディア・ロンギフロラ

ブライダルブーケでも人気

花名はパリの王室庭園長ブーヴァルの名に由来。花は長い管状で、花冠の先で4つに裂け、茎の上の方にまばらにつきます。切り花、鉢植えのほか、ブーケ用にも人気。近年需要が急増している花のひとつです。

花色	●●○
別名	ブバリア、カンチョウジ
花ことば	あきらめない
高さ	20～50cm
花径	1cm
花期	ほぼ周年
生育場所	関東地方以西の暖地

育て方

水やりは十分に必要ですが、強い雨を嫌うため、鉢栽培が適しています。花が咲き終わったら切り戻し、液肥を与えれば、再び新枝が育って花が楽しめます。

科・属名：アカネ科ブヴァルディア属　**分類**：常緑小低木
性質：半耐寒性　**生育環境**：日当たり、肥沃地　**殖やし方**：挿し木

ファケリア

ファケリア・カンパヌラリア

美しい濃青色の花

南北アメリカに100種類以上が分布し、園芸用の代表品種はカリフォルニア原産のカンパヌラリア。赤みを帯びた茎、円形の葉をもち、鐘状(つりがねじょう)で美しい濃青色の花をつけます。花つきがよく、吊り鉢にも最適です。

花色	●●
別名	ハゼリソウ
花ことば	ひと粒の涙
高さ	15～30cm
花径	3cm
花期	6～9月
生育場所	日本全国

育て方

高温多湿に弱く、乾燥ぎみの砂質土壌が最適。日本の夏のむし暑さには適応しにくいため、10月ごろに秋まきし、春先に鉢に植え込んで初夏に開花させます。

科・属名：ハゼリソウ科ファケリア属
分類：1年草　**性質**：耐寒性　**生育環境**：冷涼、乾燥　**殖やし方**：実生

フウセントウワタ

花は星形

秋～冬に果実が結実する

星形の花と球状の果実

南アフリカ原産の亜低木。星形の小さな白い花をつけます。花の中心に薄紫色の、やはり星形をした副花冠をもちます。秋～冬にかけて、先がとがった風船状の果実をつけます。

花色	○
別名	フウセンダマノキ、アスクレピアス
花ことば	楽しい生活
高さ	1～2m
花径	1㎝
花期	9～10月
生育場所	日本全国

育て方

植え穴を大きく掘り、腐葉土をすき込みます。寒さには強くないため、本州中部地方以北では戸外での越冬は避けます。

漢字名：風船唐綿　**科・属名**：ガガイモ科ゴンフォカルプス属　**分類**：亜低木
性質：半耐寒性　**生育環境**：日当たり、肥沃地　**殖やし方**：実生、株分け、挿し木

フウセンカズラ

花より袋状の果実が見どころ

風船状の果実をつける

つる性植物で、開花の後、細い茎に径3㎝ほどの袋状の果実をつけます。花は単生またはまとまってつき、下方に1対の巻きひげがあります。全体的に涼しげな雰囲気です。

育て方

発芽適温は12℃前後。4月下旬～5月上旬に種子をまき、本葉が4～5枚になったところで植えつけます。肥料が多いと、つるが伸びすぎて形が悪くなるため、控えめに与えます。

花色	○○
花ことば	魅了する
高さ	30㎝～1.5m
花径	3～5㎜
花期	7～9月
生育場所	日本全国

漢字名：風船蔓　**科・属名**：ムクロジ科フウセンカズラ属
分類：1年草　**性質**：非耐寒性　**生育環境**：日当たり　**殖やし方**：実生

フェイジョア

白と赤の色合いが鮮やか

完熟して落果した実を収穫する

花と実の両方が楽しめる

ブラジル南部の原産で、日本へは昭和初期に導入されました。秋～冬の時期、みずみずしい甘みをもつ卵形の果実をつけます。花は、綿毛に覆われた白色の花弁をもち、暗赤色の雄しべと雌しべが直立します。

花色	○
別名	アナナスガヤバ
花ことば	甘美な想い出
高さ	3～5m
花径	4㎝
花期	6～8月
生育場所	関東地方以西の暖地

育て方

暖地であれば、日本でも結実が可能。栽培には、腐植に富んだ砂質土壌が適します。確実に結実させるには、オリーブ栽培と同様に2種以上の混植が望ましいとされています。

科・属名：フトモモ科フェイジョア属　**分類**：常緑低木
性質：耐寒性　**生育環境**：水はけ良　**殖やし方**：実生、接ぎ木、挿し木

フウラン

ラン科の中でも珍しい花形

繊細な花姿と甘い芳香

日本では関東地方以西～沖縄の暖地に分布し、木の根元などに着生します。花は主に白色で甘い香りを放ち、萼片（がくへん）と側花片、卵形の唇弁、管状に伸びる距（きょ）からなっています。

花色	○○
別名	ファルカタ
花ことば	ため息
高さ	10㎝
花径	1㎝
花期	6～7月
生育場所	本州の暖地、四国、九州、沖縄

育て方

冬越は、関東地方以西の温暖地以外であれば、温室での管理が必要。その場合、水やりは控えめにし、乾きすぎたら霧を吹いて湿り気を与える程度で十分です。

漢字名：風蘭　**科・属名**：ラン科ネオフィネティア属
分類：多年草　**性質**：非耐寒性　**生育環境**：温暖、通風良　**殖やし方**：株分け

フクジュソウ

黄〜橙の花が多い

新年を祝う招福の花

早春を飾る花として知られていますが、園芸品種によっては春咲きや遅咲きのものもあります。花弁は5枚以上。一重咲きから八重咲き、花弁が退化した種類まで、形状もさまざまです。

花色	
別名	ガショウラン、ガンタンソウ、ガンジツソウ
花ことば	幸福の予感
高さ	10〜20㎝
花径	3〜4㎝
花期	2〜9月
生育場所	日本全国

育て方

根の生育が早いため、鉢植えの場合は大きめの鉢に植えつけます。大株になると生育が鈍るため、花芽ができる11月ごろに4〜5株に分けて植え替えます。

漢字名：福寿草　**科・属名**：キンポウゲ科フクジュソウ属
分類：1、2年草、多年草　**性質**：耐寒性　**生育環境**：日当たり　**殖やし方**：株分け

フクシア

花弁が退化、消失することもある

筒状の萼が反り返る独得な花姿

多種多様な形状

本属だけで約100種あり、さらに2、000種もの園芸品種が開発されています。花形や葉のつき方、性質もさまざま。多くは4弁花、花は筒状に開いて反り返り、垂れ下がって咲きます。

花色	
別名	ホクシア
花ことば	愛情を捧げる
高さ	1〜7m
花径	1〜6㎝
花期	4〜7月
生育場所	日本全国

育て方

鉢植えを購入し、挿し木で殖やすのが簡単です。やや酸性の砂質土壌を使用。暑さや湿気に弱いため、夏は涼しい場所で管理。こまめに摘心を行うと、花つきが格段によくなります。

科・属名：アカバナ科フクシア属　**分類**：常緑、落葉低木
性質：耐寒性〜非耐寒性　**生育環境**：通風良　**殖やし方**：挿し木

フブキバナ

雄花は雌花より花冠が長い

アフリカでは民間薬にも活用

筒状の白い小さな花を穂状につけます。花穂の長さは30㎝くらい。じゃこうの香りを放ち、アフリカではこの植物を薬として用いる部族もあります。

花色	
別名	イボザ・リパリア
花ことば	犠牲的精神
高さ	1〜2m
花径	3〜4㎜
花期	11〜2月
生育場所	温室

育て方

湿度が上がると葉が傷み、カイガラムシなどの害虫がつきやすくなるので、乾燥ぎみに育てます。温室性ですが、極寒でなければ戸外での栽培にも耐えられます。

漢字名：吹雪花　**科・属名**：シソ科イボザ属　**分類**：多年草、常緑低木
性質：半耐寒性　**生育環境**：日当たり、水はけ良　**殖やし方**：挿し木

ブッドレア

細くとがった葉をもつ

甘い香りに蝶や蜂が集まる

甘い香りを放ち、蝶や蜂を集めることからバタフライブッシュの別名があります。筒状の小さな花が無数にまとまって、花房を形成します。花房の形も球形から円錐形までさまざまです。

花色	
別名	バタフライブッシュ、フサフジウツギ
花ことば	親しみのある関係
高さ	1〜3m
花径	15〜20㎝（花穂）
花期	5〜10月
生育場所	日本全国

育て方

非常に強く容易に生長し、よく茂ります。夏はこまめに、冬はやや控えめな水やりを行います。開花後はきつめに切り戻し、枝の形を整えながら花を殖やします。

科・属名：フジウツギ科フジウツギ属　**分類**：落葉低木
性質：耐寒性　**生育環境**：日当たり　**殖やし方**：実生、挿し木

高原に咲く紅紫の花

フウロソウの仲間

世界中に約400種が分布

世界に約400種があるといわれ、多くは高山帯に自生します。仲間のひとつに、民間薬として古くから親しまれてきたゲンノショウコがあります。寒地性で、鉢植えにして育てます。ハクサンフウロは、美しい紅紫色の5枚の花びらがつきます。

ハクサンフウロ〈代表種〉

5枚の可憐な花びらをもつ

育て方

本来、夏の暑さに弱い植物ですが、ゲラニウムの花名で流通している園芸品種は強健で栽培も容易です。花後は花がらや古い葉をこまめにつみとります。

花色	●○
別名	ゲラニウム
花ことば	無邪気な心
高さ	30〜80㎝
花径	2〜4㎝
花期	5〜9月
生育場所	本州中部地方以北

漢字名：白山風露
科・属名：フウロソウ科フウロソウ属　分類：多年草
性質：耐寒性　生育環境：日当たり、水はけ良　殖やし方：実生

アケボノフウロ（曙風露）

茎の先に1〜3個の花をつける

細く裂けた葉が特徴的

ヨーロッパ〜コーカサスの石灰質の草地、海岸近くに分布します。花は紅紫色で、花弁に濃い脈模様が見られます。

アサマフウロ（浅間風露）

茎が長くスマートな咲き姿

すくっと直立して咲く

本州中部、九州、朝鮮半島などに分布する多年草。この仲間では花は大柄。花名は分布域の浅間山にちなむものです。濃い脈模様が幾筋にも入った紅紫の花を咲かせます。

アメリカフウロ（亜米利加風露）

草丈は10〜40㎝程度

水田の周辺に多く咲く

北米から日本に帰化して根付いた品種で、水田の近くでよく見られます。花色は淡い紅色から白に近いものまであります。茎は地面を這って伸び、先端が立ち上がる形で花をつけます。

ゲンノショウコ（現証拠）

2つ1組の花をつける

薬草として知られる

花は濃淡の紅紫色で、ほとんど白に近いものもあります。つみとった草を乾燥させたものは、明治初期から整腸効果がある民間薬として愛用されてきました。

ヒメフウロ（姫風露）

淡い紅色の小さな花

1㎝前後の小さな花が咲きこぼれる

ユーラシア大陸に広く分布。草丈は10～15㎝。花径8～12㎜の小花が2つずつつきます。フウロソウ属のほかの種類に比べ、より繊細で愛らしい印象が「姫」の由来です。

グンナイフウロ（郡内風露）

肥沃な草地に生える

本州中部と北海道に分布します。直立する茎の頂上にかたまる形で、薄紫色の花を咲かせます。

目に涼やかな薄紫色の花

タカネグンナイフウロ（高嶺郡内風露）

グンナイフウロの変種

花形や葉形はグンナイフウロと似ています。葉の腺毛が少なく、花の色が濃いものはタカネグンナイフウロとして区別されています。本州の太平洋側に分布します。

グンナイフウロに似ている

チシマフウロ（千島風露）

青紫の美しい花色

東シベリアやアメリカ北西部に分布。本州北部や北海道の草原でもその姿が見られます。清楚な青紫の花、茎や葉柄に生える下向きの腺毛が特徴。

清楚な花

コイワザクラ（小岩桜）

山間にひっそりと咲く

高山帯に生育する多年草

関東～中部地方、紀伊半島の山間に自生。草丈は5～10cmほど。径2～3cmの淡紅色の花。7～9裂の円形の葉をつけます。

プリムラ・ヴィアリー

紅色のつぼみと紫の花

花穂状のユニークな姿

プリムラ属では珍しく、縦長の花穂に花をつけます。紅色のつぼみと紫の花がグラデーションをなし、群生で雄大な景観を演出。花名は発見者の友人の名前からつけられました。

肉厚の葉にカラフルな花色

プリムラの仲間

クリンソウ〈代表種〉

山間地や渓流沿いに群生する

大形の日本産品種

プリムラの仲間は５００種以上に及び、古くから知られてるクリンソウなどのほかに、外来の品種も多く入ってきています。

クリンソウは日本産の大形自生種。花は輪状に数段つきます。花色は単色のほか、ピンクと白の絞り咲きもあります。

花色	●●○
別名	プリムラ・ヤポニカ
花ことば	希望の光
高さ	50㎝～1m
花径	2～3㎝
花期	5～6月
生育場所	日本全国

育て方

乾燥と高温に弱いため、夏越えをさせずに、毎年種子から育苗します。開花後に熟した種子を取ってまき、秋までに株に育てます。種子は冷蔵庫で低温保存してからまくと、早く発芽します。

漢字名：九輪草　科・属名：サクラソウ科プリムラ属
分類：多年草　性質：耐寒性　生育環境：日当たり　殖やし方：実生

ヒメコザクラ（姫小桜）

すっきりとした花形をもつ

清楚な純白の花

東北地方の早池峰山に群生する稀少な品種。1cmほどの白い花が、1～4ずつまとまり、まばらに咲きます。草丈は5～10cm前後。

プリムラ・ジュリアエ

交配種のプリムラ・ジュリアエ

コンパクトな小花

コーカサス原産。紫がかった紅色、小花系のプリムラ。園芸品種として人気の高いジュリアエは、後出のポリアンタとの交配種です。

プリムラ・オブコニカ

日照不足にも強く、育てやすい

ヨーロッパ系の園芸品種

別名トキワザクラ。紫、橙、桃、赤、白と多彩な花色を誇ります。ヨーロッパの改良品種で、5cmほどのかわいい花を株いっぱいにつけます。葉の腺毛からでる分泌物が、かぶれの原因となることもあります。

プリムラ・マラコイデス

小輪の花が咲きこぼれる

花つきが良い小輪多花性種

別名ケショウザクラ。枝分かれが多く、桃、紫などの小花が数段にわたってつく姿がサクラソウとよく似ています。園芸品種によっては、八重咲きや大輪の花をつけるタイプもあります。

プリムラ・ポリアンタ

色数も豊富にそろう

冬～早春の鉢を彩る

花の色、大きさともに種類が豊富。大形のものでは高さ30cmもあります。形態も種類に富み、大輪の1輪咲きから複輪、八重咲きのタイプまでさまざま。ポリアンサとも呼ばれます。

フリージア

切り花としても人気が高い

多彩な花色と芳香を楽しむ

細い弓形の茎の先に、ろうと状の小さな花が6～10個連なって咲きます。一重咲きと八重咲きの2タイプがあり、品種によって色や香りもさまざま。花名はドイツの医師フレーゼの名前にちなんでつけられました。

花色	●●●●●●
別名	アサギスイセン
花ことば	未来への期待
高さ	30～90cm
花径	1.5～5cm
花期	3～5月
生育場所	日本全国

育て方

植えつけは9～11月初旬の秋ごろ。発芽前はたっぷりと、発芽後は控えめな水やりを。昼夜の温度差が15℃以上になると株が弱るため、冬期は室内で保管します。

科・属名：アヤメ科フリージア属　**分類**：球根植物
性質：半耐寒性　**生育環境**：日当たり、水はけ良　**殖やし方**：実生、分球

ブラキスコメ

吊り鉢やプランター栽培に向く

コスモスによく似た1年草

管状花を中心に舌状花が取り囲む花の形、枝分かれして広がる姿がコスモスに似ていることからヒメコスモスとも呼ばれます。

花色	●●●●
別名	ブラキカム、ブラチコーム、ヒメコスモス
花ことば	健気な乙女
高さ	30～40cm
花径	1.5～3cm
花期	9～11月
生育場所	日本全国

育て方

高温多湿を極端に嫌い、寒風にも強くありません。種子から育てる場合は、秋に種子をまき、フレームで冬越えさせた後、春に定植。植えつけは、やや砂質の肥沃な用土に。

科・属名：キク科ブラキスコメ属
分類：1年草　**性質**：半耐寒性　**生育環境**：日当たり　**殖やし方**：実生、株分け

クロユリ（黒百合）

北海道では鱗茎を食用にも利用した

「恋の花」と歌われた

草丈10～50cm。開花すると、独得な悪臭を放ちます。茎の上の方に黒紫色の広鐘形の花を下向きにつけます。葯は黄色。

育て方

植えつけの適期は10月ごろ。高温多湿を嫌います。花後は鱗茎を早めに掘り上げ、ピートモスやバーミキュライトに埋め、涼しい場所に保管して秋の再植に備えます。

花色	●●●●
別名	ヨウラクユリ、クラウンインペリアル
花ことば	ありきたりの恋
高さ	60cm～1m
花径	2～6cm
花期	4～5月
生育場所	冷涼地

科・属名：ユリ科フリティラリア属
分類：球根植物、多年草
性質：半耐寒性
生育環境：通風良、半日陰
殖やし方：分球

花色は、レンガ色や黄色が中心

シュールで個性的な花形

フリティラリアの仲間

フリティラリア〈代表種〉

下向きに垂れて咲く

花は葉の下に垂れ下がり鐘状

標高1,000～3,000mの高地に自生。高温多湿に弱く、この仲間のうち日本で主に作られているのは茶花によく利用されるバイモとクロユリの2種です。

フリティラリアは上の方の葉の下に、鐘状の花が垂れ下がって咲く独得な花姿です。

ブルー・デージー

紫と黄色の鮮やかな色合い

春先の花壇や寄せ植えに

マーガレットによく似た花で、青～青紫色の舌状花と中心の黄色の筒状花との色合いが魅力的。原産種は1mの高さまで育つ半低木。園芸種は多年草。最近は斑入り葉の品種も多く見られます。

花色	●●○
別名	ルリヒナギク
花ことば	純情
高さ	20cm～1m
花径	3～4cm
花期	2～5月
生育場所	日本全国

育て方

葉が密につくので、むれやすいのが難点。根の成長が早いので、根詰まりを防ぐためにも、毎年植え替えを行います。

科・属名：キク科フェリキア属　分類：半低木、多年草
性質：半耐寒性　生育環境：半日陰、水はけ良、通風良　殖やし方：挿し木

ブルーキャッツアイ

目にも涼しげな印象

花模様が猫の目を思わせる

ツユクサに似た青紫色の花。花冠は2唇形で、白色の基部をもち、中心が黄色に色づく様子が猫の目を思わせます。独得な芳香を放ちます。

花色	●
別名	オタカンツス・カエルレウス、ブラジリアンスナップドラゴン
花ことば	気まぐれ
高さ	50～70cm
花径	2cm
花期	10～12月
生育場所	冷涼地

育て方

多肥、過湿を嫌います。水はけが良い用土を選び、水やりは控えめにして乾燥ぎみに育てます。開花前にこまめに摘心を行うと、花つきが良くなります。

科・属名：ゴマノハグサ科オタカンツス属　分類：多年草
性質：半耐寒性　生育環境：日当たり、通風良　殖やし方：株分け、挿し木

ブルビネラ

黄色の小さな花を無数につける

下から上へ順番に咲き上がる

直立した茎の上端に、100輪以上もの黄色い小さな花を密集して咲かせます。下から上に向かって咲き、上の花だけ咲いた様子が猫の尻尾を連想させることからキャッツテールの愛称が生まれました。

花色	●●○
別名	キャッツテール
花ことば	とまどい
高さ	1m
花径	2～3mm
花期	1～3月
生育場所	日本全国

育て方

植えつけの適期は9月下旬～10月ごろ。早春の開花後、5月～秋口まで休眠に入りますが、この時期の水やりは厳禁です。水はけが悪いと根腐れを起こすこともあるため、鉢に移して保管します。

科・属名：ユリ科ブルビネラ属
分類：球根植物　性質：耐寒性　生育環境：日当たり　殖やし方：分球

ブルーファンフラワー

多花性で花つきの良さも抜群

てのひらを広げたような花形

別名のスカエボラは、左手の人という添え名をもつ古代ローマの英雄にちなんだもの。その名のとおり、片手を広げたような扇形の花形。ほふく性で、株を横に伸ばしてよく広がります。

花色	●●●
別名	スカエボラ、スエヒロソウ
花ことば	浮気な心
高さ	20～40cm
花径	1～2cm
花期	5～11月
生育場所	日本全国

育て方

植えつけは、砂質土壌が適します。花が長期にわたって咲くので、肥料は定期的に施します。

科・属名：クサトベラ科スカエボラ属　分類：多年草
性質：半耐寒性　生育環境：日当たり、通風良、水はけ良　殖やし方：挿し木

プルモナリア

青や青紫の花が中心

ラテン語で「肺」の意味をもつ

常緑性の多年草。花は2つずつまとまりながら、茎の上の方につきます。ろうと形で青や紫色が主流ですが、美しい珊瑚色の品種もあります。

花色	●●●○
花ことば	孤独な魂
高さ	30㎝
花径	3～4㎝
花期	3～4月
生育場所	日本全国

育て方

適度に湿り気がある土壌を好みます。株分けは春先か秋口に行えますが、日本では鉢植えの流通が少なく、株そのものを入手しにくいのが難点です。

科・属名：ムラサキ科プルモナリア属　分類：多年草
性質：耐寒性　生育環境：肥沃地、日陰、半日陰　殖やし方：株分け、根挿し

プルメリア

基準品種は黄色の花喉をもつ

レイに使われる熱帯花

熱帯、温帯地域に多く分布。ハワイではレイ用に、東南アジアでは葬祭花として知られています。肉厚の5裂する花は、ロウのような光沢と甘い香りがあります。

花色	●●●●○
別名	インドソケイ
花ことば	日だまり
高さ	30㎝～5m
花径	3～12㎝
花期	5～8月
生育場所	九州以南

育て方

日光が不足すると、生長が止まって落葉します。冬でも10℃以下にならない場所が適します。九州以北であれば、温室での栽培が原則です。過湿を嫌うため水やりは控えめにします。

科・属名：キョウチクトウ科プルメリア属　分類：常緑低木
性質：非耐寒性　生育環境：日当たり、高温、温室　殖やし方：挿し木

プロテア

観賞価値が高い大きな花

ギリシャ神話の海神の名にちなむ

ヒマワリ状の大形の花形をもち、約40片の花弁状の総苞片が花序を取り囲むようにつきます。花名はギリシャ神話の海神プロテウスに由来しています。

花色	●●●●○
別名	キナロイデス
花ことば	淡い恋
高さ	30㎝～2m
花径	20～30㎝
花期	5～6月
生育場所	暖地、温室

育て方

無霜地の暖地以外では、温室栽培が一般的です。水分を多量に必要としますが、過湿は嫌います。チッ素やリン酸に弱い性質があるので、過肥にならないよう注意します。

科・属名：ヤマモガシ科プロテア属　分類：常緑低木
性質：半耐寒性　生育環境：温室、水はけ良　殖やし方：挿し木

プルンバゴ

5裂するシンプルな花

細長いろうと状の花筒

基準品種は高さ1.5ｍにもなる低木。鉢植えも多く出回っています。上の方に薄紫や青、白の花を次つぎに咲かせます。花筒は4㎝前後と長く、ラッパのようなろうと状になります。

花色	●●○
別名	ルリマツリ、アオマツリ
花ことば	同情
高さ	20㎝～1.5m
花径	2.5㎝
花期	4～11月
生育場所	九州以南、温室

育て方

生育の適温は24～30℃。冬期も最低でも15℃前後の場所で保存します。茎が細いため、支柱を立てて固定します。10㎝程度の枝を春～夏に挿し木すれば、容易に発芽します。

科・属名：イソマツ科プルンバゴ属　分類：常緑低木、多年草
性質：非耐寒性　生育環境：日当たり　殖やし方：実生、挿し木

アメリカバンマツリ（亜米利加蕃茉莉）

花冠はトランペット形

花が白色から黄色に変化

2〜3mに成長する低木。花は茎の上の方に束生して咲き、白色から黄色に変化します。ほっそりした枝、長さ5〜13cmの葉をもちます。

バンマツリ（蕃茉莉）

ほふくして茂みをつくる

グループ中で最も丈が低い

ブラジルおよびベネズエラ原産。細い枝が横に広がり、青紫〜白へと色が変わる花をつけます。丈は30cm。花冠も径2〜4cmと、ぐっと小柄です。

花色が徐々に変化する

ブルンフェルシアの仲間

ニオイバンマツリ〈代表種〉

グラデーションに富む花色

花色の変化と香りを楽しむ

バンマツリの仲間は花つきがよく、香りがあり観賞価値の高いものが多くあります。冬は10℃以上必要です。

ニオイバンマツリは、大きいもので高さ3m近くに育つ常緑低木。花も大輪で、初めは、紫色に咲き数日たつと白に変わります。花つきに富み、パンジーに似た芳香があります。

花色	○●
花ことば	移り気
高さ	1〜3m
花径	4〜5cm
花期	3〜4月
生育場所	暖地

育て方

花が終わったら、腐植の多い培養土へ植え替えを。挿し木をする場合は、枝を10cmの長さに切り、川砂などに挿して発芽を待ちます。

漢字名：匂蕃茉莉　科・属名：ナス科ブルンフェルシア属　分類：常緑低木
性質：半耐寒性〜非耐寒性　生育環境：半日陰　殖やし方：挿し木

シバザクラ（芝桜）

複色の花色をもつ園芸品種

先端に切れ込みがある5裂の花

花もほかの品種に比べて細く、花の先端に切れ込みがあります。横に茎を伸ばし、地面を覆うように多数の小花を咲かせるので、グラウンドカバーに最適です。

散房状に花をつけるタイプもある

多くの園芸品種を擁する

フロクスの仲間

クサキョウチクトウ〈代表種〉

花もちがよく、長期間楽しめる

北アメリカを代表する花壇植物

赤花のフロクス・ドラモンディーが有名ですが、花形や花色はさまざま。小花が集まるもの、1花ずつ平開するものなどがあります。

クサキョウチクトウは、花冠は5つに分かれ、ピラミッド状に花をつけます。

花色	●●●●○
別名	オイランソウ
花ことば	合意
高さ	60cm〜1.2m
花径	2.5cm
花期	6〜9月
生育場所	日本全国

育て方

植えつけは腐葉土をすき込み、春と秋に肥料を十分に施します。うどんこ病やアブラムシ、ヨトウムシの被害に遭いやすいので、予防策を万全にします。

漢字名：草夾竹桃　科・属名：ハナシノブ科フロクス属　分類：多年草　性質：耐寒性
生育環境：日当たり、水はけ良、肥沃地　殖やし方：実生、株分け、挿し木

ブロワリア

種まきから3～4カ月で開花する

青～紫系の涼しげな花色

青や紫、白などの涼しげな花色が多く、先が5裂し皿状に開いた花冠をもちます。大株に育つ「ベルズ・シリーズ」、小鉢仕立てに向く「トロール・シリーズ」など、さまざまな園芸品種があります。

花色	●●○
別名	ルリマガリバナ
花ことば	慈悲
高さ	60㎝
花径	3～4㎝
花期	6～9月
生育場所	日本全国

育て方

種子まきは3～4月。本葉2枚のときに育苗箱に移植し、5～6枚で鉢に移します。肥料を控えめにし、こまめに摘芯を行って分枝を促しながら、花を殖やします。

科・属名：ナス科ブロワリア属　**分類**：1年草、多年草
性質：非耐寒性　**生育環境**：日当たり　**殖やし方**：実生、挿し芽

ブローディアエア

チューベルゲニー　細長く伸びた茎が特徴

細い茎の先に鐘状の花

スコットランドの植物学者ブローディの名にちなんだ花名。茎の先に鐘形で花弁6枚の花をつけます。花色は薄紫色やすみれ色が中心ですが、黄色い花もあります。

花色	●●
別名	ムラサキハナニラ
花ことば	涼しげな微笑
高さ	15～30㎝
花径	3～4㎝
花期	5～6月
生育場所	日本全国

育て方

植えつけは、秋口の9月ごろが適期。砂質土壌に腐葉土を多めにすき込み、緩効性肥料を施します。開花期には葉が傷んでいることが多いため、ほかのカバープラントと寄せ植えや混植にします。

科・属名：ユリ科ブローディアエア属
分類：球根植物　**性質**：耐寒性　**生育環境**：水はけ良　**殖やし方**：実生、分球

ペツニア（ペチュニア）

立ち性、複色のペツニア

春～秋の花壇を華やかに彩る

多花性で華やか、丈夫な性質とあって、初心者にも育てやすい花として人気があります。従来は雨に弱いのが難点でしたが、雨に強いタイプ、小輪多花性、ほふく性のものなど、さまざまな改良品種があります。

花色	●●●●○
別名	ツクバネアサガオ
花ことば	抱擁
高さ	20～30㎝
花径	3～10㎝
花期	3～10月
生育場所	日本全国

育て方

種子まきの場合、発芽適温は20～25℃。ピートパンにばらまきし、覆土はせずにスプレーなどで湿り気を与えます。根の生育が早いため、植えつけは株間を広めに。開花中は液肥を月2～3回施します。

科・属名：ナス科ペツニア属
分類：1年草　**性質**：半耐寒性　**生育環境**：日当たり　**殖やし方**：実生、挿し芽

ヘーベ

気品あふれる花姿

南半球に広く分布

ヘーベとはギリシャ神話のヘラクレスの妻の名です。南半球を中心に約75種が分布。花は、小さな花が多数集まって穂状になります。葉に斑入りの品種もあります。

花色	○●●●
花ことば	たゆまぬ努力
高さ	20㎝～1.5m
花径	2～5㎜
花期	4～7月
生育場所	暖地

育て方

暑さ、寒さともに弱く、冬は5℃以上になければ越冬できません。高温時の雨にも弱いため、湿気が多い日本の気候では、育ちにくいのが難点です。

科・属名：ゴマノハグサ科ヘーベ属　**分類**：常緑小低木
性質：耐寒性～非耐寒性　**生育環境**：日当たり、水はけ良　**殖やし方**：挿し木

ベニバナ

染料、油糧、観賞用に広く栽培

古くから主に染料および食用油のための植物原料として、広く栽培されてきました。小さな花が時間とともに赤色に変化します。

日本では山形県で最も多く栽培

花色	●●●
別名	クレノアイ、スエツムハナ
花ことば	情熱の嵐
高さ	1m
花径	2.5～4cm
花期	7～8月
生育場所	日本全国

育て方

酸性土では生長が鈍るため、あらかじめ苦土石灰などで中和します。種子まきは3月下旬～4月上旬。炭素病やアブラムシの害を受けやすいので、マンネブダイセンとスミチオンの混合剤を散布。

漢字名：紅花　科・属名：キク科カルタムス属　分類：1年草
性質：半耐寒性～非耐寒性　生育環境：乾燥地　殖やし方：実生

ベッセラ

メキシコ原野に咲く朱赤の花

メキシコ、テキサスの荒野に原生するユリ科の植物。直立した茎の先に7～12花を咲かせます。花色は、目にしみいるような朱赤色。生育力旺盛で、1球から6～8本の花茎を出すこともあります。

ベッセラ・エレガンス

花色	●
別名	コーラル・ドロップス
花ことば	見果てぬ夢
高さ	30～60cm
花径	8～10cm
花期	7～9月
生育場所	乾燥地

育て方

乾燥した気候条件を好みます。鉢植えの場合は、春に球根を植え、開花したら乾燥した場所へ移します。

科・属名：ユリ科ベッセラ属
分類：球茎植物　性質：耐寒性　生育環境：水はけ良　殖やし方：実生、分球

ペラルゴニウム

ゼラニウムの流れをくむ

ゼラニウムの同属。葉形も花形も華やかです。花は5枚の花弁からなり、上の2枚と下の3枚は異なった形をしています。園芸品種にはグランディフロルム系をはじめとする3系統があります。

グランディフロルム系の園芸品種

花色	●●●●○
別名	ナツザキテンジクアオイ
花ことば	朝霧
高さ	50～60cm
花径	5～8cm
花期	3～6月
生育場所	日本全国

育て方

乾燥に極めて強く、過湿や雨を嫌います。風通しが良い場所で、乾かしぎみに管理。葉についた花柄が原因で灰色カビ病を発生することがあるため、落ちた花はこまめに取り除きます。

科・属名：フウロソウ科ペラルゴニウム属　分類：1年草、多年草
性質：非耐寒性　生育環境：日当たり　殖やし方：挿し芽

ベニヒモノキ

ひも状のユニークな花姿

熱帯に生育する常緑低木。小さな赤い花が密生し、名前のとおり、ひも状の長い花序で垂れ下がる姿が目を引きます。

熱帯の密林でひときわ目を引く

花色	●
別名	サンデリー、フォックステイル
花ことば	偽りのない心
高さ	1～1.5m
花径	20～50cm（花穂）
花期	7～8月
生育場所	関西地方以南

育て方

最低気温が10℃を下回らない暖地であれば、戸外での栽培も可能です。通気性を高めるため、培養土には砂や腐葉土を多めにすき込みます。根の成長が早いので、随時大きい鉢に植え替えを。

科・属名：トウダイグサ科アカリファ属
分類：常緑低木　性質：非耐寒性　生育環境：温室　殖やし方：挿し木

木立性ベゴニア

木立性ベゴニア‘ミセス・ハシモト’

四季咲き性の品種も多数

名前どおり、茎がまっすぐに立ち上がるタイプ。茎の形状によって矢竹形、叢生形、多肉茎形、つる性形に分かれ、小花を多く咲かせるタイプが目立ちます。

木立性ベゴニア‘ピンクシャンデリア’

木立性ベゴニア‘チェリーパーティー’

世界中に2,000以上の種類

ベゴニアの仲間

華やかな大輪の花が主流

原種は200種ほどあり、7～30℃の温和な環境に育ちます。ベゴニアの園芸品種は非常に多く、茎や根の形状から球根性、木立性、根茎性の3グループに分けられます。

球根性は地下に球根や塊茎を形成し、直立した茎、大輪の大きな花が多いのが特徴です。

球根性ベゴニア‘ローズフォームド・カーネーション’

育て方

花色	●●●●●●●○
花ことば	温かな心
高さ	15～40㎝
花径	4～6㎝
花期	3～11月
生育場所	日本全国

日照時間が14時間以上の条件下で生長し、短日下では生育が止まる性質があるため、秋～冬の育苗には電灯照明などで日長を補う必要があります。高温下でも株が弱るので、6～9月の期間は遮光対策をします。

科・属名：シュウカイドウ科ベゴニア属　分類：球根植物
性質：半耐寒性～非耐寒性　生育環境：温室　殖やし方：実生、挿し木、挿し芽

球根性ベゴニア‘ハンギング・バスケット’
球根性ベゴニア‘ローズフォーム’

根茎性ベゴニア'マニカータ・オーレオ・マクラータ'

根茎性ベゴニア

根茎性ベゴニア'ロブスタ'

ほふく性をもつ種類が多い

ほふく性の根茎をもつタイプが中心。茎は直立または斜上によく伸び、中には四方に広がるものもあります。個性的な葉模様を有する品種が多く含まれます。

シュウカイドウ（秋海棠）

大きなハート形の葉を生やす

唯一耐寒性をもつ球根性ベゴニア

中国およびマレー半島の原産。寒さに強く、日本では戸外で越冬できる唯一の品種とされています。秋に開花し雄花は4片、雌花は2片の花弁をもち、雄花の4片のうち2片だけが大きな花形です。

根茎性ベゴニア'ツムギシボリ'

愛好者が多い1日花

ヘメロカリスの仲間

野生種は黄～橙の花色が中心

草原に咲く美しい星形の花

夏の訪れを告げる高原の花として有名。野生種は東アジアの山地草原に自生。数多くの園芸品種がつくられています。仲間には平野まで広く分布するユウスゲもあります。

ゼンテイカは本州や北海道の草地でよく見られます。花は星形、1日で花がしぼみます。

花色	●●●●○
別名	ニッコウキスゲ、デイリリー
花ことば	微笑
高さ	60cm～1.2m
花径	5～10cm
花期	5～10月
生育場所	山地、草原

育て方

寒さにも暑さにも強く、大変丈夫で育てやすい花。1度植えつければ、半野生状態でもよく育ちます。植えつけ用土は腐葉土を多めに。アブラムシがつきやすいため、適宜スミチオンを散布します。

漢字名：禅庭花　科・属名：ユリ科ヘメロカリス属　分類：球根植物、多年草
性質：耐寒性　生育環境：日当たり、水はけ良　殖やし方：実生、分球

トビシマカンゾウ（飛島萱草）

全体に華やか

島の原野に咲く

山形県の飛島、新潟県の佐渡を原産地とすることから、命名された花です。花がつく茎の高さは60cm～1.2mとやや高め。花筒もゼンテイカに比べて長く、全体に華やかな印象です。

ノカンゾウ（野萱草）

橙～茜色の花を咲かせる

変異の多い個性派

主に本州、四国、九州の山野に分布。花はユリに似ており、単弁で、花筒の長さは2.5～3cm。花筒の長さや花色に変異が多く見られ、ユウスゲやハマカンゾウとの雑種も混在。

ヤブカンゾウ（藪萱草）

中国伝来の絵画にも登場

重弁の複雑な構造をもつ

中国から日本に帰化し、野生化した品種。ふちがフリル状に波打った重弁の花をもちます。果実はつきません。ノカンゾウとともに、芽、つぼみ、花を食用にします。

ユウスゲ（夕菅）

花は夕方から咲き始める

草原に映えるレモン色の色彩

別名キスゲ。日本全国の山地や海岸近くの草地に広く分布する、レモン色のさわやかな花。花筒は3cm前後あり、淡い緑色を帯びます。花は食用にもなります。

ハマカンゾウ（浜萱草）

浜辺に生えノカンゾウとの中間種もある

盛夏～秋まで咲き続ける

関東地方を中心とする本州、四国、太平洋沿岸一帯に分布。7月ごろに開花し、10月ごろまで途切れずに花を咲かせます。花色は鮮やかな橙赤色。耐寒性が強く、冬期も葉が枯れません。

ヒメカンゾウ（姫萱草）

小ぶりで愛らしい花をつける

歴史が古い花

花柄、花序ともに短く、ほとんど無柄のものもあります。原産地は不明ですが、江戸時代から栽培されていた歴史の古い花です。花期は5～8月。

ヘリクリスム

ギリシャ語で「黄金の太陽」を意味する

ドライフラワーに向く

茎葉に白い短毛を生やします。花は茎の先に球状につき、30～40枚の総苞片が黄色い筒状花を取り囲みます。麦わらのようにかたい感触は、花弁に含まれるケイ酸分によるもの。

花色	●●●●○
別名	ムギワラギク
花ことば	黄金のきらめき
高さ	25～60㎝
花径	3.5㎝
花期	4～7月
生育場所	日本全国

育て方

日本の高温多湿、冬の低温ともに弱いのが難点。暖地以外では戸外での冬越しが困難なため、室内で管理し、春～秋に鉢や花壇に植えつけます。

科・属名：キク科ヘリクリスム属　分類：1年草、多年草、亜低木～低木
性質：半耐寒性～非耐寒性　生育環境：暖地、温室　殖やし方：実生、挿し芽

ヘリオトロープ

素朴で美しい小さな花

甘いバニラ香を放つ

ペルーなど南アメリカで古くから栽培。紫のろうと状の小さい花がつきます。花は甘いバニラ香の精油を分泌し、古くから香料に利用されてきました。ドライフラワーでも楽しまれます。

花色	●○
別名	ニオイムラサキ
花ことば	忠実な僕
高さ	50～60㎝
花径	5㎜
花期	4～7月
生育場所	日本全国

育て方

種子まきは4月ごろ。挿し芽から育てる場合は5～6月の時期を目安に。挿し芽は、8㎝程度の緑枝を粘土や鹿沼土に挿して発芽させ、鉢や花壇に植えつけます。アブラムシ予防策として、葉裏に殺虫剤を散布します。

科・属名：ムラサキ科ヘリオトロピウム属　分類：多年草、小低木
性質：非耐寒性　生育環境：日当たり　殖やし方：実生、挿し芽

ペンタス

アジサイに似た毬状の花

くっきりとした星形の花

花は1.5～2㎝の細長い花筒と星形の花冠をもちます。花は茎先に集まり、毬状の花房を形成。白複輪の赤色やピンク色の園芸品種も出回っています。

花色	●●●●○
別名	クササンタンカ
花ことば	鮮やかな行動
高さ	30㎝～1.3m
花径	1～2㎝
花期	5～10月
生育場所	日本全国

育て方

用土には腐葉土、堆肥、砂をすき込み、夏期は十分に日が当たる戸外で栽培。花がつき始めのころに摘芯を繰り返し、花つきが良い大株に仕立てます。

科・属名：アカネ科ペンタス属　分類：常緑低木
性質：耐寒性　生育環境：日当たり、水はけ良　殖やし方：実生、挿し木

ヘリコニア

熱帯植物らしい個性にあふれたヘリコニア・ビハイ

舟形の苞が花序につく

花は、多くが舟形をした2つ折れの苞と小さな両性花からなっています。苞は先がとがったものからふちが巻いているものまで、さまざまな形状があります。

花色	●●●
別名	ロブスター・クロウ
花ことば	甘い罠
高さ	30㎝～1.5m
花径	4～12㎝（花苞）
花期	周年
生育場所	日本全国（温室）

育て方

高温多湿を好み、冬でも15℃以上での管理が必要なため、温室栽培が一般的。冬期を除き、水分は常時切らさないように十分与えます。夏期は遮光を施す方が生長が早まります。

科・属名：バショウ科ヘリコニア属
分類：多年草　性質：非耐寒性　生育環境：温室　殖やし方：株分け

ヒロハノハナカンザシ（広葉花簪）

ドライフラワーや切り花に

別名ローダンセ。オーストラリア原産の1年草。枝の先に乾膜質のつやつやかな花を単生につけます。発色のきれいなピンクの花色が中心で、ドライフラワーや切り花にします。

淡いピンクの色合いが美しい

ヘレボルス・ニゲル

クリスマスシーズンに開花

クリスマスローズの俗称で知られる早咲きのヘレボルス。日本でよく見られるのは白色の品種。空色や黄色の園芸品種もあります。

シンプルで清楚な色合い

ヘレボルス・フォエティドゥス

葉と見間違う花色が特徴

西ヨーロッパと南ヨーロッパに自生。花は鐘形（つりがねがた）で淡緑色。遠目には茎葉と一体化しているように見えます。

花と茎葉が一体化？

ヘレボルス・リウィドゥス

スペイン・マジョルカ島の原産

花は、緑を帯びた淡い赤紫色で、8～10㎝の大きな花冠をつけます。表面が緑色に灰色の網目模様、裏が赤紫色の美しい葉をもちます。

シックな葉模様も観賞価値が高い

羽毛状の冠毛をもつ

ヘリプテルムの仲間

瓦重ね状に花弁のような総苞片が重なる

2種類の総苞片からなる

属名のヘリプテルムはギリシア語の太陽と翼に由来し、羽毛状の冠毛にちなみます。和名も花の形状からです。

花は各枝の先に単生してつき、外側と内側の2種類の総苞片からなっています。花冠には10～15本の冠毛が見られます。

花色	●●○
別名	ヘリプテルム・ロセウム
花ことば	自由闊達な精神
高さ	30～60㎝
花径	2.5～5㎝
花期	5～7月
生育場所	日本全国

育て方

堆肥を多めに施し、春まきの場合は3月ごろ、秋まきは9月下旬を目安にします。発芽後の本葉2～3枚のときに育苗床に移してから、春に植えつけを行います。

漢字名：花簪　科・属名：キク科ヘリプテルム属
分類：1年草　性質：半耐寒性　生育環境：石灰質の砂質土壌　殖やし方：実生

イースター前に咲く

ヘレボルスの仲間

ヘレボルス・オリエンタリス
〈代表種〉

下向きにうつむいて咲く

イースター前の早春を彩る

多くの園芸品種が作られており、耐寒性はありますが夏の高温多湿を嫌うため、庭植えは場所を選びます。

鳥足状の葉と水盤状の5枚の花が特徴。

本種はイースター前のレントの時期（復活日前の40日）に咲くことからレンテンローズの俗名をもち、早咲きのクリスマスローズと区別されています。

花色	●●●○
別名	レンテンローズ
花ことば	慰めを求める
高さ	30～60㎝
花径	6㎝
花期	2月下旬～4月
生育場所	日本全国

育て方

肥沃な土壌を好みます。高温多湿を嫌うため、夏の水やりは土の表面が乾いてから、たっぷりと与えます。根や種子に毒性があるので、取り扱いは慎重にします。

科・属名：キンポウゲ科ヘレボルス属　分類：多年草
性質：耐寒性　生育環境：水はけ良、半日陰（夏）　殖やし方：実生、株分け

オオベンケイソウ（大弁慶草）

夏の日差しに映える深紅の花

最もよく見られる品種

中国東北部と朝鮮半島に分布。日本には明治中期に渡来し、いまでは代表種のベンケイソウ以上によく見られる栽培品種となっています。明るい緑色の多肉質の葉、大形の紅色の花が特徴。

弁慶のように強健な性質

ベンケイソウの仲間

ベンケイソウ〈代表種〉

線香花火のような花弁がかわいい

細長い小花がこんもりと集まる

多肉質の仲間が多く、北海道の海岸から本州の高山の岩場まで分布する強い植物。大きな株をつくります。

ベンケイソウは、古くから日本で栽培されてきました。花名は、炎天下でも丈夫に育つ強さを弁慶になぞらえたもの。葉は多肉質、小さな花を数多くつけます。

花色	●●●●○
別名	ハチマンソウ
花ことば	機転がきく
高さ	30cm～1m
花径	5mm～1cm
花期	8～10月
生育場所	日本全国

育て方

乾燥に強く容易に育ちます。反面、過湿には弱いため、水やりはごく控えめに。アオムシなどがつきやすいので、防除を忘れずにします。

漢字名：弁慶草　科・属名：ベンケイソウ科ヒロテレフィウム属
分類：多年草、多肉植物　性質：耐寒性　生育環境：水はけ良　殖やし方：実生、挿し芽

ミセバヤ

毬状の花と卵形の葉をもつ

シーボルトゆかりの花

香川県小豆島の原産。長さ10～30cmの茎に紅色の花をつけます。種の形容語はヒロテレフィウム・シーボルディーで、これはドイツ人医師シーボルトの名にちなんだもの。

ヒダカミセバヤ

北海道の岩上に自生する

岩壁に花を咲かせる

北海道東南部に分布する野生種。海岸近くの岩壁などに自生します。やや垂れ下がった茎の先に、赤紫色の細長い花をつけます。

ペンステモン・ディギタリス

こんもり咲く姿が美しい

大柄で花つきも良い

同属の中では最も大柄で、草丈は1.5mに達することもあります。花冠は約3cm。白や淡い桃色の花が多く、長く伸びた茎の上の方にこんもりと茂るように咲きます。

ペンステモンの園芸品種

ロックガーデンに最適

多彩な花色が魅力

高性種を中心とするさまざまな園芸品種があります。代表的なものとしては、複色の'スカーレット・クイーン'、緋色の'セスター・スカーレット'、切り花向きの'ホワイト・ベッダー'などです。

日本国内の高山に自生

ペンステモンの仲間

愛らしい鐘形の花

高山に似合う涼しげな色合い

ペンステモンの仲間は主に北アメリカに分布し、その種類は250以上。仲間の多くは夏の高温多湿に弱いので、西日が当たらない場所を選びます。花色が豊富で、品種を選び、楽しみます。

イワブクロは、本州北部の高山や北海道に自生する植物です。花は筒状で、先が2唇形。茎の先に穂状につき、花色は淡い紫色が中心です。

花色	●○
別名	ツリガネヤナギ
花ことば	失恋
高さ	30〜70cm
花径	3cm
花期	5〜8月
生育場所	東北地方北部、北海道

育て方

極端な暑さや寒さに弱く、とくに過湿には非常に弱い傾向があります。関東地方以西で栽培する場合は、耐湿耐湿性の強い園芸品種を選びます。

漢字名：岩袋　科・属名：ゴマノハグサ科ペンステモン属　分類：多年草
性質：半耐寒性　生育環境：日当たり、水はけ良　殖やし方：実生、株分け、挿し芽

ホテイアオイ

黄色い斑点のある青紫色の花

熱帯の沼に浮かぶ水草

主に熱帯の池や沼に自生する水生植物。花名は、浮き袋状に膨れる葉柄を布袋様の腹になぞらえたもの。多肉質の茎の先に、涼しげな青紫色の花をつけます。

花色	●
別名	ウォーターヒヤシンス
花ことば	移ろいやすい恋
高さ	20〜30cm
花径	5cm
花期	8〜10月
生育場所	日本全国（池、沼、水槽）

育て方

繁殖力が強く、適度な温度と日光の下で容易に殖えます。熱帯の国々では繁殖しすぎたものが水路の雑草となり、問題視されているほど。池や水槽のほかに、用土を多湿に保てば鉢栽培も可能です。

漢字名：布袋葵　科・属名：ミズアオイ科ホテイアオイ属
分類：多年草　性質：非耐寒性　生育環境：日当たり　殖やし方：株分け

ポインセチア

真っ赤な苞をもつ品種

クリスマスを象徴する鉢花

クリスマスシーズンに欠かせない華やかな鉢花として知られ、花よりも花の周辺の真っ赤な苞葉を観賞します。

近年は品種改良が盛んに行われ、白やピンクの苞をもつ品種や、落葉しにくい品種などが登場しています。

花色	●●●○
別名	ショウジョウボク
花ことば	情熱的な恋
高さ	10cm〜1.5m
花径	3〜5mm
花期	10〜12月
生育場所	日本全国

育て方

水はけ、保水性、腐植に富む有機質の土壌が適しています。多肥を好み、肥料を十分に施すことで、苞の生育もよくなります。寒さに弱いため、10月以降は15℃以上の場所で管理をします。

科・属名：トウダイグサ科ユーフォルビア属　分類：常緑低木
性質：非耐寒性　生育環境：日当たり、水はけ良　殖やし方：挿し木

カラフルな色合いを楽しむ

ポルツラカの仲間

マツバボタン《代表種》

牡丹を小さくしたような花は炎天下でも元気そのもの

花色	●●●●●○
別名	ツメキリソウ、ヒデリソウ
花ことば	ざわめき
高さ	10cm
花径	3～4cm
花期	7～9月
生育場所	日本全国

育て方

暑さと乾燥に強く、炎天下でも旺盛に生長するため、手がかかりません。反面、日当たりが悪い場所では花つきが悪くなり、過湿で葉がむれると腐ってしまうため、風通しが良い日当たりを選びます。

漢字名：松葉牡丹　科・属名：スベリヒユ科ポルツラカ属　分類：1年草
性質：非耐寒性　生育環境：日当たり　殖やし方：実生、挿し芽

次つぎと花を咲かせる半日花

日陰と加湿を嫌い、花つきが悪くなったり枯れたりします。庭植えにするときは株間を大きめにあけて、むれを防ぎます。

午後にはしぼむ半日花ですが、毎日次つぎと花を咲かせます。ほふく性で枝は分枝して横に広がり、茎の先に一重咲きまたは八重咲きの花をつけます。主に暖色系の鮮やかな色合いが魅力です。

スベリヒユ（滑莧）

ハナスベリヒユ

多花性で花期も長い

枝はほふくして70～80cmまで広がります。代表的な園芸品種は、カラフルな一重咲きのワイルド・ファイアー。八重咲きや複色の品種も登場しています。野生種は食用になります。

マッソニア

2枚の葉の間に薄紅色の花

地面を覆うように広がる2枚の葉。その間にまとまって咲く小花の姿が個性的な球根植物。花弁は反り返り、6個の雄しべが突きだします。

2枚の大きな葉が特徴

花色	○●
別名	マッソニア・プスツラタ
花ことば	あこがれ
高さ	3～5cm
花径	4cm（花穂）
花期	12～2月
生育場所	日本全国

育て方

乾燥を好み、過湿にはとくに注意が必要です。葉が枯れる5月以降は水やりをやめ、鉢ごと乾燥させて日陰で管理。追肥は不要です。

科・属名：ユリ科マッソニア属　分類：球根植物
性質：半耐寒性　生育環境：ハウス栽培　殖やし方：実生、分球

ボローニア

十字形や鐘形（つりがねがた）の花がかわいい

細くしなやかな枝。花は十字形と鐘形に分かれ、枝先や葉のわきにつきます。ミカン科植物特有の甘い芳香を放ちます。

鐘形の品種 ボローニア・ヘテロフィラ

花色	●●○
花ことば	にぎやかな人柄
高さ	50cm～1m
花径	1～2cm
花期	3～5月
生育場所	日本全国

育て方

高温と乾燥に弱く、日光不足では花つきが悪くなります。午前中だけ日が当たる場所を選びます。寒さにも弱いので、冬は12℃以上の温室や室内で管理します。

科・属名：ミカン科ボローニア属　分類：常緑低木
性質：半耐寒性～非耐寒性　生育環境：水はけ良、半日陰　殖やし方：挿し木

ホトトギスの胸毛に似た斑紋

ホトトギスの仲間

ホトトギス‘アミガサ’

ホトトギス〈代表種〉

葉の表面にも黒い斑点がある

ホトトギス‘シノノメ’

ホトトギス‘ハゴロモ’

花全体を覆う紫の斑点

ホトトギスの仲間は、一般的な白花に紫の斑点が入るもののほかに、キバナノホトトギスなど黄花系統の花がいくつかあります。花が杯形のホトトギス形と鐘形のジョウロウホトトギス形に分かれます。

本種はホトトギス形。白地の花の表面から雄しべに至るまで、紫色の斑点が覆っています。上向きに咲きます。

花色	○●
花ことば	秘められた恋
高さ	40cm～1m
花径	3～4cm
花期	9～10月
生育場所	日本全国

育て方

適度な日差しと湿り気がある半日陰が好適。乾燥や強い日差しは葉焼けを起こしやすいため、夏は葉水などで加湿。種子まきと挿し芽は、いずれも水苔を利用すると根つきがよくなります。

漢字名：杜鵑草　科・属名：ユリ科ホトトギス属
分類：多年草　性質：耐寒性　生育環境：半日陰　殖やし方：株分け

キバナノツキヌキホトトギス（黄花突抜杜鵑草）

細かい紫色の斑点が少しある

つき抜きの葉茎をもつ自生種

九州の山間部に生息。崖などから垂れるように花が咲きます。ユニークな花名は、鮮やかな黄色の花色と、葉をつき抜くような形の葉茎に由来しています。

キイジョウロウホトトギス（紀伊上臈杜鵑草）

つやがある黄色の花をつける

ジョウロウホトトギス形のひとつ

ジョウロウホトトギス形の1種。紀伊半島中部を中心に、山間部の崖などに垂れ下がって咲く姿が見られます。上の方の内側に紫の斑点がある、鐘形の黄花をつけます。

ジョウロウホトトギス（上臈杜鵑草）

光沢がある細長い葉をもつ

女官のように上品な花姿

キイジョウロウホトトギスとよく似た色形。茎に毛が密生しています。上品な花姿を上臈（女官）になぞえらえ、命名されました。四国、九州に多く自生することからトサジョウロウホトトギスとも呼ばれます。

ヤマジノホトトギス（山路杜鵑草）

日本全国の山地に広く自生する

斑模様のない単色品種も

粗い毛が生えた茎が直立し、茎先や葉のわきに細い花弁を1～3個つけます。斑点はほかの種に比べて控えめで、まったく模様のない白色の単色種もあります。

ヤマホトトギス（山杜鵑草）

花弁が反り返るように開く

盛夏に涼しげな花をつける

ヤマジノホトトギスと似た白地の品種。花期は7～9月。花つきがよく、中間から上の方にかけて葉に細かい毛を生やします。まれに無毛の変種も見られます。

キバナノホトトギス（黄花杜鵑草）

花の斑点はさほど目立たない

鮮やかな黄色の花

暗紫色の直立した茎。黄色に紫色の斑点が散る花弁をもちます。九州の宮崎県に多く分布。開花は9～10月。

タイワンホトトギス（台湾杜鵑草）

紫がかった美しい花色

台湾、沖縄・西表島に生息

別名ホソバホトトギス。赤紫の地色に白紫色の斑点が入った花をつけます。花名のとおり、台湾から沖縄にかけて分布。花期は9～10月。

ツキミソウ（月見草）

4弁の美しい花姿をもつ

日本人好みの清楚な白い花

夕方以降に開花することから、この名がつきました。アメリカから帰化した１年草。シンプルな白い花で親しまれています。すっきりとした草姿です。

ヒルザキツキミソウ（昼咲月見草）

花壇花としても人気

花色が白から淡紅色に変化

読んで字のごとく、昼間に開花する品種。花色は咲き始めは白く、時間とともに薄紅色に色づいていきます。花期は5～7月。

日暮れとともに花開く

マツヨイグサの仲間

夕方を待って花を咲かせる

日本に帰化した大形の2年草

仲間には昼間花が開くヒルザキツキミソウと夕方から花が開くツキミソウなどがあり、花色もさまざまです。

オオマツヨイグサは、１ｍ以上の草丈をもつ大形の２年草。赤味を帯びた茎の先に黄色い４弁の花を連ねてつけます。花は夕方に開花し、翌朝しぼみます。

花色	○○
別名	宵待草
花ことば	憂い
高さ	1m以上
花径	8cm
花期	5～6月
生育場所	日本全国

育て方

繁殖力が強く、とくに土壌を選びませんが、砂質土を好みます。移植を嫌うので、露地や花壇、プランターなどに直まきし、発芽後に株間20～30cmに間引きます。

漢字名：大待宵草　科・属名：アカバナ科マツヨイグサ属
分類：2年草　性質：耐寒性～半耐寒性　生育環境：水はけ良　殖やし方：挿し芽、実生

メマツヨイグサ（雌待宵草）

小ぶりの花が愛らしい

根、芽、種子を食用に利用

夜行性で黄色い花をつけます。花は径4～5cmと、やや小ぶり。根や若芽は食用に利用されることがあり、種子も搾油原料として採取されます。

ユウゲショウ（夕化粧）

野生化して根づくことも多い

薄紅色の花をもつ多年草

径1.2cm前後の小さな花は、紫がかった淡い紅色をしています。北アメリカ～南アメリカの原産。日本でも明治時代に観賞用として栽培されていた記録が残っています。

マツヨイグサ（待宵草）

夜目に映える鮮黄色の花弁

花がしぼむと赤く変わる

オオマツヨイグサの近縁種ですが、多年草で草丈は1mを越えません。黄色い花がしぼんだ後に、赤く変わります。

マユハケオモト

無数の花糸の上に黄色い葯をもつ

刷毛を連想させる糸状の花

花糸が突きだして林立し、眉刷毛のような形状を呈する花姿からこの名がつきました。熱帯地域に広く分布。多肉質の太い茎と厚い葉をもち、茎の先に無数の小さな花をまばらにつけます。

花色	○●
別名	ハエマンツス
花ことば	清純さ
高さ	10～20cm
花径	3～7cm（花穂）
花期	5～10月
生育場所	暖地、温室

育て方

夏は直射日光と過湿を避け、乾かしぎみに管理します。冬は5℃以上の温度を確保し、水やりを控えます。

漢字名：眉刷毛万年青　科・属名：ヒガンバナ科ハエマンツス属　分類：球根植物
性質：半耐寒性　生育環境：水はけ良、半日陰　殖やし方：実生、分球

マツバギク

横に広がり、こぼれるように咲く

日中に花を咲かせ、夕方に閉じる

花名のとおり、松葉状の細く多肉質な葉と、キクに似た多弁の花をもちます。直射日光に当たると花が開き、夕方～夜には閉じます。ほふく性で地面を這うように広がり、豊富な花色で楽しませてくれます。

花色	●●●●●○
別名	タイワンギク
花ことば	無邪気な性格
高さ	5～20cm
花径	2～5cm
花期	5～9月
生育場所	日本全国

育て方

日光とともに開花する性質のため、置き場所を選びます。多湿下では葉がむれやすいので、通風にも配慮を。丈夫な性質で、とくに土壌は選ばず、冬以外であれば戸外での越冬も可能です。

漢字名：松葉菊　科・属名：ツルナ科ランプランツス属　分類：多年草
性質：半耐寒性　生育環境：日当たり　殖やし方：挿し芽、株分け

文丈夫で育てやすい花壇花

マリーゴールドの仲間

小輪のフレンチ系

2種類に分かれる園芸品種

メキシコ原産、16世紀にヨーロッパに渡り、広く栽培されてきました。園芸品種には小輪のフレンチ系、高性大輪のアフリカン系の2系統があり、それぞれ一重咲き、八重咲き、複色など、さまざまです。

性質が強く、節からよく発根するため、挿し芽で簡単に殖やすことができます。過湿には弱いので注意します。

アフリカン・マリーゴールド

厚みのある大輪種が多い

アメリカで品種改良が進む

別名マンジュギク、センジュギク。アフリカンの形容詞は、メキシコからスペイン経由でアフリカ北部に普及した経緯によるもの。品種改良は主にアメリカで行われ、スノー・バードに代表される大輪・重弁の園芸品種が知られています。

フレンチ・マリーゴールド

群生が似合う小輪の花

別名クジャクソウ。小輪の花がつき、草丈50cm程度。花色は、黄、橙、赤。花形は、一重咲き、八重咲き、筒状花の目立つクレスト咲きなど。代表的な園芸品種に‘オレンジ・ウィナー’があります。

大輪のアフリカン系

花色	●●○
別名	クジャクソウ
花ことば	濃厚な愛情
高さ	50～60cm
花径	1～10cm
花期	5～10月
生育場所	日本全国

育て方

土の中の害虫ネマトーダを寄せつけない性質があるため、寄せ植え向きです。肥沃な土壌を好みますが、多肥に偏ると花つきが悪くなります。

科・属名：キク科タゲテス属　分類：1年草、多年草
性質：非耐寒性　生育環境：日当たり　殖やし方：実生、挿し芽

花は観賞用、実は食用に

マルスの仲間

もうすぐ満開のカイドウ

白〜淡紅色の花が花序をつくる

花、果実ともに観賞価値が高い

カイドウは、北海道から沖縄まで広い範囲に生育できる、対応力が高い花木です。庭にあると1本でも花期には華やかになります。

花は淡紅色で5弁、高さは3〜5m。秋には実が紅熟、ときに黄熟します。

育て方

植えつけ適期は10〜11月。落葉期の12〜2月に1度剪定をし、短枝から新芽の生育を促します。カミキリムシの幼虫などによる被害を受けやすいので要注意。

花色	●
別名	ナガサキリンゴ、ミカイドウ
花ことば	灼熱の恋
高さ	3〜5m
花径	3〜4㎝
花期	3〜5月
生育場所	日本全国

漢字名：海棠
科・属名：バラ科マルス属
分類：落葉低木　性質：耐寒性
生育環境：日当たり、通風良
殖やし方：接ぎ木

ハナカイドウ（花海棠）

枝垂れ咲く姿が美しい

鮮やかな紅色の花が枝垂れ咲く

半開状で美しい淡紅色や白の花が枝垂れるように咲きます。八重咲きや斑入りの葉をもつ園芸品種もあります。観賞用としてとくに人気の高い種類です。

ズミ（酸実）

枝先に白い花を束状につける

グミに似た球形の小さな果実

小さな球形の果実をつける

日当たりが良い山地や丘陵地に生育する。大きいものでは高さ10m近くなり、枝分かれして広い樹形を形成。5〜6月に、径2〜3㎝ほどの白い花がつき、秋には赤い小さな実をつけます。

初夏の水辺の風物詩

ミズバショウの仲間

ミズバショウ〈代表種〉

雪解けのころから咲き始める

白い仏炎苞が花茎を取り囲む

歌でも親しまれているミズバショウは、白い大きな仏炎苞が魅力の花です。ただし仏炎苞は花後に脱落します。

寒冷地の沼や湿地に群生して生える高山植物。ボートのような形の白い仏炎苞が、小さな黄緑色の花を取り囲むようにつきます。

白い仏炎苞が美しい

花色	○
花ことば	愛の冷めるとき
高さ	10〜30㎝
花径	10㎝（花穂）
花期	5〜7月
生育場所	本州兵庫県以北、北海道

育て方

春の間は日当たりがよく、夏は半日陰になるような湿った場所が好適。通気性が良い柔らかな土壌が確保できれば、湿地以外での栽培も可能です。

漢字名：水芭蕉　科・属名：サトイモ科ミズバショウ属　分類：多年草
性質：耐寒性　生育環境：湿地、水はけ良　殖やし方：実生、株分け

アメリカミズバショウ（亜米利加水芭蕉）

黄色い苞がハイカラな印象

湿地に群生する

黄色い仏炎苞をもつ

花形はミズバショウとほぼ同じですが、仏炎苞が黄色く、先がとがった細長い形の葉をもつ点が異なります。主に、北アメリカ西海岸北部に生息します。

エゾミソハギ（蝦夷禊萩）

切り花や花壇花としておなじみ

葉が茎を抱くのが特徴

ミソハギの近類種。花は密につき、切り花や花壇用にさまざまな園芸品種がつくられています。全体に突起状の毛があります。

葉のわきから穂状に咲く紅色の花

ミソハギの仲間

水辺の風景を鮮やかに彩る

基部で葉が細くなる

お盆の仏具として使われてきたことがあり、別名ボンバナ（盆花）。最近は花の大きいエゾミソハギの改良種が主流です。花は葉のわきに3～5個ずつついて穂状になります。赤紫～紅色の鮮やかな花色です。

育て方

植えつけは早春か秋に行います。植えつけ場所は、湿地または水辺が適しています。

花色	
別名	ボンバナ
花ことば	悲恋
高さ	50㎝～1m
花径	1～2㎝
花期	7～8月
生育場所	日本全国

漢字名：禊萩　科・属名：ミソハギ科ミソハギ属　分類：多年草
性質：耐寒性　生育環境：湿地　殖やし方：株分け

ミヤコワスレ

和風の庭園にぴったりの趣

茶花としても親しまれる野菊

日本各地に自生する野草ミヤマヨメナの園芸品種。茶花としても親しまれています。茎先につく花は、紫～青色の舌状花、黄色の管状花からなり、寒色系の色合いが目に涼しげです。

花色	
別名	アズマギク、ノシュンギク
花ことば	別離の悲哀
高さ	10～70㎝
花径	3.5～4㎝
花期	4月下旬～6月
生育場所	日本全国

育て方

植えつけの適期は9～10月。庭植えの場合は、腐葉土を多めにすきこみます。高温乾燥に弱く、とくに西日に当てると花つきが悪くなるため、午前中は日当たり良く、午後は半日陰になる場所で管理。

漢字名：都忘　科・属名：キク科ミヤマヨメナ属　分類：多年草
性質：耐寒性　生育環境：日当たり、半日陰　殖やし方：実生、挿し芽、株分け

ミムルス

原色から白色まで花色も多彩

赤黄の配色が鮮やかな
'ミムルス・クプレウス'

神秘的なじゃこうの香りを放つものも

一部の種が歯をむき出したような花冠をもつことから、ギリシャ語の「ミノ＝猿」にちなんでこの名がつけられました。花は明るい原色が中心で、喉元に複色や斑点の模様、じゃこうの香りを放つものもあります。

花色	
別名	モンキーフラワー、ミゾホオズキ
花ことば	饒舌
高さ	30㎝～1m
花径	4～5㎝
花期	3～9月
生育場所	暖地を除く日本全国

育て方

冷涼な気候を好み、高温乾燥を嫌います。発芽後2カ月ほどで咲き始めるので、1～3月に種子をまいて温室で育て、春に定植します。開花後は半日陰や湿った場所で管理します。

科・属名：ゴマノハグサ科ミムルス属　分類：1年草、多年草、低木
性質：半耐寒性　生育環境：半日陰、湿地　殖やし方：実生、株分け

ブドウの房のような花をつける

ムスカリの仲間

ムスカリ・アルメニアクム〈代表種〉

鉢植え、花壇、いずれも栽培が容易

球状の小花が密につく

古くから香水の原料に利用されてきました。寒さに強く、2～3年ごとに分球して植え替えます。別名にあるとおり、茎の先に青紫色などの小花をブドウの房状に咲かせます。代表的な園芸品種にブルー・スパイク、強い芳香をもつカンタブなどがあります。

花色	●●○
別名	グレープヒアシンス、ブドウヒアシンス
花ことば	高貴な生活
高さ	10～30㎝
花径	5㎜
花期	3～4月
生育場所	日本全国

育て方

用土には砂質土を選び、苦土石灰を施します。植えつけの適期は10月ごろ。庭植えは、5～7㎝間隔で植えつけます。鉢植えは、やや浅めに植え、1月ごろに暖かい場所に移します。

科・属名：ユリ科ムスカリ属　分類：球根植物、多年草
性質：耐寒性　生育環境：日当たり、水はけ良　殖やし方：分球

ムスカリ・ボトリオイデス

全体にほっそりと繊細な花姿

花穂は小ぶり

別名ルリムスカリ。ヨーロッパ中部～トランス・コーカサスの原産。花穂はやや小ぶり、径3㎜の球形の小花が12～20個ほど穂状につきます。花色は空色やスミレ色が中心ですが、アルブムのような白色の園芸品種もあります。

ムラサキハナナ

都会の空き地などにも群生する

十字形の小花が咲き乱れる

昭和15年ごろ、中国から日本に帰化し、全国に広まりました。無毛のすべすべした茎や葉をもち、茎の先端に十字形をした青紫色の4弁花がまとまってつきます。

花色	●
別名	オオアラセイトウ、ショカッサイ
花ことば	優れた人
高さ	50㎝～1m
花径	2～3㎝
花期	2～6月
生育場所	日本全国

育て方

大変丈夫な植物。用土はとくに選びません。1度植えると、こぼれ種から次つぎに苗が育ちます。種子まき適期の10月ごろ、庭や花壇などに直まきします。

漢字名：紫花菜　科・属名：アブラナ科オリコフラグムス属
分類：1年草　性質：耐寒性　生育環境：半日陰　殖やし方：実生

ミョウガ

淡い黄緑色の花苞を伸ばす

1日でしぼむ3弁花

日本原産の多年生野菜。つぼみや若芽を薬味として食用に利用します。地中浅くに張った地下茎の先から淡い黄色の3弁花を咲かせます。花は1日でしぼみます。

花色	○
花ことば	明星
高さ	40㎝～1m
花径	5～7㎝（花穂）
花期	7～9月
生育場所	日本全国

育て方

地下茎を長さ20㎝に切り、種株として株間20㎝程度に植えつけます。連作は嫌います。堆肥、化成肥料による元肥のほか、リン、窒素、カリなどの追肥を施します。

漢字名：茗荷　科・属名：ショウガ科ショウガ属　分類：多年草
性質：耐寒性　生育環境：日当たり、水はけ良　殖やし方：株分け

ムレスズメ

蝶形の愛らしい花

枝に2対ずつの刺をもつ

雀のように枝上に群れて咲く

中国北部原産で、日本へは江戸時代に渡来。枝には托葉が刺になって2個ずつつき、葉のわきから、蝶形の黄色い花を垂らすようにつけます。

花色	●
別名	金雀花
花ことば	自由な生き方
高さ	1～2m
花径	2～3cm
花期	4～6月
生育場所	日本全国

育て方

植えつけには、砂質土壌が好適。寒さにも強く、株分け、挿し木のいずれでも殖やせます。もともと花後に果実をつける樹木ですが、日本では結実しません。

漢字名：群雀　科・属名：マメ科ムレスズメ属　分類：落葉低木
性質：耐寒性　生育環境：水はけ良、日当たり　殖やし方：株分け、挿し木

メコノプシス

ヒマラヤの青いケシとして有名

ヒマラヤ、チベットなどの高地に分布するケシ科の植物。花色は黄色から赤まで多彩。澄んだ青い花弁をもつメコノプシス・ベトニキフォリアが代表種。その美しさからヒマラヤの青いケシとたたえられています。

メコノプシス・グランディス

メコノプシス・ベトニキフォリア

メコノプシス・ポリドゥラ

花色	●●●●●
花ことば	深い魅力
高さ	30～1.5m
花径	5～12cm
花期	5～9月
生育場所	東北地方以北

育て方

本来、冷涼な土地にしか育たず、暑さに弱いため、東北地方以南では栽培が難しい植物です。乾燥にも弱いため、腐植に富む用土を選び注意します。アヘンを採るタイプのケシは栽培禁止です。

科・属名：ケシ科メコノプシス属
分類：1年草、多年草　性質：耐寒性～非耐寒性　生育環境：水はけ良　殖やし方：実生

メディニラ

房状の花序をもつメディニラ・マグニフィカ

ジャワ原産のメディニラ・スペキオサ

美しい苞（ほう）をもつ熱帯植物

熱帯に150～400種が分布。花は大きな苞とともに白色やピンクの花が房状につき、下垂します。まれに半つる状になって伸びるものもあります。

花色	●○
花ことば	温厚な人柄
高さ	2m
花径	15～30㎝(花穂)
花期	6～7月
生育場所	暖地

育て方

有機質に富む土壌を好みますが、夏の直射日光には弱いため、午前中のみ日が当たる半日陰を選びます。挿し木には、勢いがある若い茎を用います。

科・属名：ノボタン科メディニラ属　分類：常緑低木
性質：非耐寒性　生育環境：水はけ良、半日陰　殖やし方：挿し木

メランポディウム

メキシコ原産の鮮やかな黄花

比較的最近メキシコから導入され、鮮やかな山吹色の色合い、高温多湿にも耐える育てやすさから人気を呼んでいます。12枚の黄色い舌状花と同色の筒状花からなります。

真夏の花壇花として重宝する

メランポディウム'メダイヨン'
花の拡大

花色	●
花ことば	可愛い人
高さ	20～40㎝
花径	2～3㎝
花期	7～9月
生育場所	関東地方以南

育て方

発芽温度が20～25℃と高いため、種子まきは気候が安定してくる5月以降に行います。多湿に強い反面、乾燥下では生育が鈍るため、水やりを欠かさないこと。

科・属名：キク科メランポディウム属
分類：1年草　性質：非耐寒性　生育環境：日当たり　殖やし方：実生

モウズイカ

茎のしなる風情に趣がある

◀ビロードモウズイカ▶ 黄色の花弁

花は茎の上部につく（モウズイカ）

形が良い茎と花房が魅力

単一、あるいは上の方で枝分かれする直立した茎が特徴的です。花は茎の上部につき、喉部が紫色をした黄色または白い花弁をもちます。花つきはまばらで、全体にすっきりと涼しげな印象です。

花色	○●
別名	ニワタバコ、ウェルバスクム、バーバスカム
花ことば	夏美人
高さ	50cm～1.5m
花径	2～6cm
花期	7～8月
生育場所	日本全国

育て方

腐植に富むアルカリ性の粘質土を好みます。用土には石灰や腐葉土をすき込みます。種子は5～6月にまき、翌夏に開花させます。1度花が咲けば、こぼれ種でよく殖えます。

科・属名：ゴマノハグサ科ウェルバスクム属
分類：2年草　性質：耐寒性　生育環境：日当たり　殖やし方：実生、株分け

モナルダ

たいまつのように咲き誇る

花名は、スペインの植物学者モナルデスの名にちなみます。すっと伸びた花茎の先に、紅色系の筒状の花がつきます。

群生

別名は花を炎に見たてたもの

白色の花

花色	●●●○
別名	タイマツバナ、ヤグルマハッカ
花ことば	身を焦がす恋
高さ	50cm～1.5m
花径	4～6cm
花期	6～8月
生育場所	日本全国

育て方

やや湿り気がある土壌に直まきします。暑さにも寒さにも強く、栽培は容易。半日陰の場所でも、よく生長して手がかかりません。

科・属名：シソ科モナルダ属　分類：1年草、多年草
性質：耐寒性　生育環境：日当たり、半日陰　殖やし方：株分け、挿し芽

さまざまな花色に富む園芸品種

ヤグルマギク

かたい茎をもち、切り花にも向く

鯉のぼりの矢車に似た花形

明治時代に渡来し、観賞用として広く栽培されています。直立したかたい茎の先につく花は、すべて筒状花で細かく切れ込みます。

花色	●●●●○
別名	ヤグルマソウ、ケンタウレア・キアヌス
花ことば	清楚な乙女
高さ	30cm～1m
花径	4～5cm
花期	4～6月
生育場所	日本全国

育て方

腐植に富んだ砂質土壌に直まきします。種子まきの適期は9月ごろ。本来やせ地を好むため、肥料は必要ありません。水のやりすぎも根腐れの原因となるため極力控えめに。

漢字名：矢車菊　科・属名：キク科ケンタウレア属　分類：1年草
性質：耐寒性　生育環境：日当たり、水はけ良　殖やし方：実生

ユウガオ

干瓢（かんぴょう）の原料として多く栽培

主にカンピョウ用の果実を栽培するつる性植物で、栃木県が一大産地。花は白色で、日没前後に開花。鉢植えなどで出回っているユウガオは、正確にはヒルガオ科のヨルガオで、本種とは異なります。

清楚な白い花をつける

幼果をそいで乾燥し、カンピョウに使用

カンピョウを干す（栃木市）

花色	○
別名	カンピョウ、シケラリア
花ことば	夜の秘め事
高さ	1～20m（つる性）
花径	2～4cm
花期	7～8月
生育場所	日本全国（主に栃木県）

育て方

3月中旬～下旬に種子まきし、本葉1枚のときに植えつけます。摘芯を繰り返しながら丈夫な孫づるを残し、果実を着果させます。着果を良くするために、つるは地面から離し、しっかり固定させます。

漢字名：夕顔　科・属名：ウリ科ユウガオ属
分類：1年草　性質：非耐寒性　生育環境：日当たり、水はけ良　殖やし方：実生

イズノシマダイモンジソウ（伊豆島大文字草）

丸い大きな葉が茂る

花弁はやや広い

日本全土に分布するダイモンジソウの変種。房総半島南部、伊豆七島に生育します。花期は10～1月。他種に比べて花弁はやや広く、円腎形の厚い葉をもちます。

ダイモンジソウ（大文字草）

「大」の字を連想させる

「大」の字を連想させる花形

花名は、下2枚の花弁が目立って長い花形を「大」の字に見たてたもの。日本全土の海岸近くから高山まで広く分布し、葉形や花形にも多くの変異が見られます。

下2枚に長い花弁をもつ

ユキノシタの仲間

ユキノシタ《代表種》

白い花が吹雪くように咲く

大きく長い下2枚の花弁

東北地方以南の暖流沿いなどの湿った岩地に自生する草花。ほふくする茎から根をだして広がっていきます。

湿った崖などに自生します。雪の舌と書かれることもあり、5枚の花弁のうち、長く伸びる下2枚の花弁が目立ちます。上側の3花弁は卵形で小さく、赤紫の斑点入り。葉は食用にもなります。

花色	○○
別名	虎耳草
花ことば	秘めた恋心
高さ	20～50㎝
花径	1～2.5㎝
花期	5～7月
生育場所	日本全国

育て方

増殖は挿し木が一般的です。用土は砂質土が適し、生長にしたがって増し砂をします。雨が続くと腐りやすくなるため、高温多湿を避け、風通しが良い場所で管理します。

漢字名：雪下　科・属名：ユキノシタ科ユキノシタ属　分類：多年草
性質：耐寒性　生育環境：水はけ良　殖やし方：実生、株分け、挿し木

ヨルガオ

幻想的な夜の花

夕暮れとともに花開く

熱帯に広く分布するつる性の多年草。花は高盆形（こうぼんけい）をした白い大輪花で、夕暮れになると開花して甘い香りを放ちます。しばしば夕顔と形容されますが、ウリ科のユウガオとは別種の植物です。

花色	○
別名	ヤカイソウ
花ことば	夜の思い出
高さ	20～40㎝
花径	15㎝
花期	7～8月
生育場所	日本全国

育て方

種子がかたいため、あらかじめ皮に小さな傷をつけ、水を吸いやすくしてから種子まきします。つる性で生長が早いため、支柱やフェンスを立てて固定します。

漢字名：夜顔　科・属名：ヒルガオ科ヨルガオ属
分類：多年草　性質：非耐寒性　生育環境：水はけ良　殖やし方：実生

ユウギリソウ

夕霧のように柔らかな趣をもつ

はかなげな風情あふれる夏の花

原産種は多年草ですが、切り花用に1、2年草の園芸品種がよく見られます。花径2㎜の合弁花を大きな房状に咲かせます。たおやかな風情に独得な魅力があります。

花色	○●●○
別名	トラケリウム
花ことば	穏やかな精神
高さ	30㎝～1m
花径	2㎜
花期	6～9月
生育場所	日本全国

育て方

8～10月に種子まきし、翌年3月ごろ、本葉5～6枚になったところで定植します。過肥と過湿を避け、乾かしぎみに管理すれば6～8月には花が楽しめます。

漢字名：夕霧草　科・属名：キキョウ科トラケリウム属
分類：1、2年草、多年草　性質：半耐寒性　生育環境：日当たり　殖やし方：実生

ラッパバナ

ほのかな芳香もある

大きなラッパ状の花冠

熱帯原産の低木。花は葉のわきから単生します。筒形の大きな花は先が5裂したラッパ状で、内部に紫色の条線が目立ちます。花色は、はじめは白色ですが、翌日になるとかすかに黄色みを帯びてきます。

花色	○○
別名	ソランドラ
花ことば	大胆な発想
高さ	5〜6m
花径	18〜25㎝
花期	7〜8月
生育場所	日本全国

育て方

用土には腐葉土、殺菌した畑土、川砂などを混ぜます。挿し木で容易に殖やせ、高温の遮光下で管理します。

漢字名：喇叭花　**科・属名**：ナス科ソランドラ属
分類：低木、つる植物　**性質**：非耐寒性　**生育環境**：温室　**殖やし方**：挿し木

ラシュナリア

水平に花がつくラシュナリア・プルプレオカエルレア

夏に休眠し秋、冬、春に咲く

鱗茎(りんけい)をもつ球根植物。折れにくい茎に筒形の小花をつけます。花柄が長く垂れて咲く種と、無柄または短い花柄で上向きや水平に咲く種の2タイプがあり、いずれも秋〜春に咲き、夏は休眠します。

花色	●●●●●○
別名	アフリカンヒヤシンス、ケープカウスリップス
花ことば	はずむ心
高さ	30〜50㎝
花径	1㎝
花期	11〜4月
生育場所	日本全国（ハウス栽培）

育て方

秋咲きのタイプは8〜9月、冬〜春咲きのタイプは9月中旬以降に球根を植えます。夏の休眠中は鉢ごと乾燥させ、株を休ませます。

科・属名：ユリ科ラシュナリア属　**分類**：球根植物、多年草
性質：半耐寒性　**生育環境**：日当たり、水はけ良　**殖やし方**：分球

ラベンダー

高原の畑に広がるラベンダー

紫系の色合いが清々しい

観賞用、香料用に広く栽培され、精神安定効果が高いハーブとして人気があります。まっすぐに直立する茎の上の方に、茎当たり50〜100個の小さな唇形花を穂状につけます。

花色	●●●○
別名	ラベンテルソウ
花ことば	許し合う愛
高さ	30㎝〜1.3m
花径	1㎝
花期	5〜7月
生育場所	日本全国

育て方

石灰質の土壌を好みます。種子まきは春に、挿し芽で殖やす場合は春か秋が適期。過湿下ではうまく活着しないことがあり、植えつけ後の水やりも極力控えめにします。

科・属名：シソ科ラウァンドゥラ属　**分類**：多年草　**性質**：耐寒性〜半耐寒性
生育環境：日当たり、乾燥、水はけ良　**殖やし方**：実生、挿し芽、株分け

ラティビダ

舌状花が馬簾のように垂れる

長く特徴のある花弁

キクに似た花をつける多年草。花は10枚ほどの舌状花と、褐色で長さ1.7〜2.5㎝程度の筒状花からなり、舌状花の垂れ下がる様子を馬簾にたとえて、バレンソウとも呼びます。

花色	○
別名	バレンギク、ピンナタ
花ことば	目立ちたがり
高さ	1〜1.5m
花径	8〜10㎝
花期	8〜9月
生育場所	日本全国

育て方

きわめて性質が強く、土壌をとくに選びません。露地植えでも丈夫に育ち、次つぎと花を咲かせます。草丈が高いので、鉢植えの場合は支柱で固定します。

科・属名：キク科ラティビダ属　**分類**：多年草
性質：耐寒性　**生育環境**：日当たり、水はけ良　**殖やし方**：実生、株分け

ランタナ

時とともに移ろう花色を楽しむ

別名の七変化は、花の色が黄→橙→赤と変化することによるものです。花は茎先に集まって扁平または球形の姿になります。茎と葉は短毛でおおわれます。

葉と花序の形に特徴がある

花色	
別名	シチヘンゲ
花ことば	厳格
高さ	1～1.2m
花径	2～5cm（花穂）
花期	3～10月
生育場所	日本全国

育て方

丈夫で、用土を選びません。日陰では花つきが悪くなるため、日当たりで管理します。低温にも強く、7～8℃程度の温度で冬越えが可能です。

科・属名：クマツヅラ科ランタナ属　**分類**：常緑低木
性質：非耐寒性　**生育環境**：日当たり、水はけ良　**殖やし方**：実生、挿し木

ラミウム

2唇形の小花が穂状に咲く

ホトケノザの近縁種にあたる多年草。花は2唇形で、上唇が帽子のような逆カップ形、下唇が小さなハート形の小花が穂状につきます。

樹木の下草に向く

花色	
別名	オドリコソウ
花ことば	気付かれない想い
高さ	45～50cm
花径	2cm
花期	4～6月
生育場所	日本全国

育て方

耐陰性があり、直射日光にさらすより、むしろ樹木の下草として栽培する方が向いています。肥料はリンを多く含むものを控えめに施します。

科・属名：シソ科ラミウム属　**分類**：1年草、多年草
性質：耐寒性　**生育環境**：日陰、水はけ良　**殖やし方**：挿し木、株分け

リナリア

キンギョソウに似た色鮮やかな小花

2唇形の小花がまとまってつく形状が、キンギョソウによく似ています。単色から複色まで花色の変化に富み、春から夏の花壇を華やかに彩ります。

ボーダー花壇にも最適

花色	複色
別名	ヒメキンギョソウ
花ことば	絶ち切れぬ想い
高さ	15cm～1.2m
花径	1cm
花期	4～6月
生育場所	日本全国

育て方

水はけが悪い場所に定植する場合は、川砂やバーミキュライトをすき込みます。咲き終えた花穂はこまめに切り戻し、次の花芽の生育を促します。

科・属名：ゴマノハグサ科リナリア属　**分類**：1年草、多年草
性質：耐寒性～半耐寒性　**生育環境**：日当たり、水はけ良　**殖やし方**：実生

リアトリス

長い穂状に咲く紫の花

北アメリカ原産の多年草、あるいは2年草。長く伸びた太い茎の先に、紫色または白色の小さな小花が集まります。花のつき方は、長い穂状を形成する槍咲き形と、かたまって咲く玉咲き形に分けられます。

イングリッシュガーデンの定番

花色	
別名	ヒメキリンギク、ユリアザミ
花ことば	長すぎた恋
高さ	1～1.5m
花径	30cm（花穂）
花期	7～9月
生育場所	日本全国

育て方

生長すると葉が茂ってむれやすくなるため、株間は最低でも20cm前後。葉が込み合ってきたら適宜株分けを行います。

科・属名：キク科リアトリス属　**分類**：2年草、多年草
性質：非耐寒性　**生育環境**：日当たり、水はけ良　**殖やし方**：実生、株分け

フシグロセンノウ（節黒仙翁）

径5～6cmの大ぶりの花をつける

レンガ色のシンプルな5弁花

夏～初秋にかけ、沢地や湿気がある山地で淡いレンガ色の花を咲かせます。草丈は1m前後。節部が暗赤色をしていることから花名がつけられました。

リクニス・コロナタ

淡いレンガ色が可憐な印象

ナデシコによく似た花びら

別名ガンピ。中国原産で、日本には江戸時代に渡来。花は平開し、花弁に細かい切れ込みがあるため、ナデシコと間違われることもあります。先の1花がまず咲いてから、わきのつぼみが開花する性質をもっています。

灯火のような紅色の花が中心

リクニスの仲間

センノウ《代表種》

ハート形に切れ込んだ花びら

初夏～夏の山林原野に咲く

江戸時代の初期から園芸化が進み、数多くの品種が記録されていますが、明治以後は少なくなっています。

主に北半球温帯に約35種類が分布。朱赤色のアメリカセンノウ、赤紫色のスイセンノウなど、鮮やかな花色の園芸品種が多数あります。花名は鮮紅の花色にちなみ、ギリシャ語の「lychnos=灯火」からつけられました。

花色	●●○
花ことば	変わらぬ愛
高さ	20cm～1m
花径	1～6cm
花期	6～8月
生育場所	日本全国

育て方

種子は秋にまき、翌夏に開花させます。新芽のときに十分日光に当て、生長後も茎の上半部に直射日光を当てることで、花つきがよくなります。

漢字名：仙翁　科・属名：ナデシコ科リクニス属
分類：1年草、多年草　性質：耐寒性　生育環境：日当たり　殖やし方：実生、株分け

リクニス・コロナリア

花弁は丸みをおびたくさび形

目に鮮やかな赤紫の花

別名スイセンノウ。花は鮮やかな赤紫色で、淡い色合いの茎葉によく映えます。乾燥した傾斜地などに自生し、こぼれ種でよく育ちます。

エンビセンノウ（燕尾仙翁）

ポツポツと赤い花をつける

細く裂けた花弁をもつ

"燕尾"センノウの花名どおり、ツバメの尾のように花弁が細く裂けます。花は鮮やかな朱～橙色が中心です。日本の北部～中部地方で自生。

マツモトセンノウ（松本仙翁）

日本古来の園芸品種

1600年代の文献に登場するほど、園芸品種として古い歴史をもつ花です。花弁は円形に近い広いくさび形で、深紅の'深志'、白色種の'白雪姫'をはじめ、絞りや桃色系など多くの園芸品種があります。

均整のとれた美しい花形

リビングストーン・デージー

日に当たるとキラキラ輝く　地面をおおうように咲き広がる

絨毯を敷きつめたように咲き誇る

肉厚の葉とツヤがある多弁の花びらをもつ1年草。花つきがよく、シーズンには一面カーペットを敷き詰めたように咲き広がります。

花色	●●●●○
別名	ベリディフォルミス、ベニハリ
花ことば	にぎやかな人
高さ	5～15cm
花径	4cm
花期	3～5月
生育場所	日本全国

育て方

日が当たる場所で開花し、日陰では花を閉じる性質があるため、終日日が当たる場所で管理。乾燥に弱いため、水やりは欠かさず行います。

科・属名：ツルナ科ドロテアンツス属　分類：1年草
性質：半耐寒性　生育環境：日当たり　殖やし方：実生

キツネノカミソリ（狐剃刀）

緋色～淡橙色の花色が冴える

細長いへら形の花弁

7月中旬～下旬に花をつける早咲きの種。1茎にへら形の花弁をもつ橙～赤色の花を4～6花つけます。雄しべが長いムジナノカミソリ、大柄なオオキツネノカミソリなどの近類種があります。

シロバナマンジュシャゲ（白花曼珠沙華）

ヒガンバナとよく似た花形をもつ

ヒガンバナの交雑種

ヒガンバナの変種とショウキズイセンの交雑種。花形や草性はヒガンバナとほぼ同一ですが、花色は純白で、まれに桃色の筋が入ったり、淡い黄色を帯びた変種も見られます。花期は9月上旬。

ナツズイセン（夏水仙）

斜め上方向を向いて咲く

淡紅紫の大輪の花

大形の鱗茎をもち、高さ60～70cmの茎に大輪の花を6～7個かたまって咲かせます。花色は薄暮のような淡い紅紫色。花期は8月上旬です。

秋の彼岸の風物詩

リコリスの仲間

ヒガンバナ〈代表種〉

赤く燃え上がるように咲く

反り返った花弁と長い花柱

球根はリコリン、ガランタミンなどのアルカロイドを含み有毒ですが、せき止めの薬としても利用されます。

古い時代に中国から日本に渡来した球根植物で、日本では東北以南の全国に広く分布。ふちが波打った細い花びらが外側に反り返り、長く突きでた雄しべと雌しべが目立ちます。

育て方

土壌はとくに選ばず、春先に球根を植えつければ、約2カ月で開花します。地上部が枯れる夏の間は日陰で乾燥ぎみに管理します。分球も、この時期に行うのが適切です。

花色	●●○
別名	マンジュシャゲ
花ことば	悲しい想い出
高さ	20～40cm
花径	3～5cm
花期	7～9月
生育場所	日本全国

漢字名：彼岸花　**科・属名**：ヒガンバナ科リコリス属
分類：球根植物、多年草　**性質**：耐寒性～半耐寒性
生育環境：水はけ良　**殖やし方**：分球

秋の彼岸のころ咲き、葉は花が終わった後に生える

リモニウム

青紫色のリモニウム・シヌアツム‘ミッドナイト・ブルー’

ドライフラワーに最適

スターチスの名前でよく知られ、すべての大陸に広く分布します。まっすぐ伸びてよく枝分かれする花茎の先に、小花をまばらにつけます。花は、ろうと状の萼片と鱗状の苞をもちます。

花色	●●●○
別名	スターチス、ハナハマサジ
花ことば	かたい約束
高さ	30～90㎝
花径	1～2㎝
花期	6～7月
生育場所	日本全国

育て方

種子から育てる場合は、秋まきより春まきが花つきが良くなります。灰色カビ病にかかりやすいため、雨がかからないように管理し、過肥にも注意します。

科・属名：イソマツ科リモニウム属　分類：1年草、多年草
性質：半耐寒性　生育環境：日当たり、水はけ良、乾燥　殖やし方：実生、株分け

リムナンテス

黄色と白のさわやかな色合い

地面近くにかたまって咲く

主にアメリカ、オレゴンから南カリフォルニアに分布し、日本ではほとんど栽培されていません。花は5弁花で中心が黄色く、端が白色のさわやかな配色です。まれに白1色や桃色を帯びた変種も見られます。

花色	○○
花ことば	安定した生活
高さ	30㎝
花径	4㎝
花期	3～5月
生育場所	日本全国

育て方

種子は秋にピートパンなどにばらまきし、間引きしながら本葉2～3枚まで育った苗を、鉢に移します。用土の表面が乾いたら、たっぷり水を与えます。

科・属名：リムナンテス科リムナンテス属　分類：1年草
性質：耐寒性　生育環境：日当たり、水はけ良、湿地　殖やし方：実生

ルイシア

金属のような光沢を放つ

優雅な花形の高山植物

西北アメリカ原産の多年草。多肉質な葉の中心から伸びる花茎に、桃色系や白色の小花をつけます。花弁は10～12枚。常緑性の品種と宿根性の品種があります。

花色	○○○
別名	レウイシア
花ことば	熱い思慕
高さ	10～30㎝
花径	2～5㎝
花期	5～6月
生育場所	日本全国

育て方

高温多湿を嫌うため、夏はとくに涼しい場所で管理します。比較的低温でも発芽するため、種子は早春にまき、花後の秋に株分けをします。

科・属名：スベリヒユ科ルイシア属　分類：多年草
性質：耐寒性　生育環境：冷涼な乾燥地、高山　殖やし方：実生、株分け

リュウキンカ

茎先に2個の花をつける

山野に輝く金色の花

直立した茎の上に咲く、つややかな黄花を金にたとえ、立金花の名前がつきました。湿原や沼地に自生する多年草。日本では本州や九州に多く見られます。一見花びらに見えるのは、5～7枚の萼片。北海道には大柄のエゾノリュウキンカがあります。

花色	○
花ことば	約束された幸福
高さ	15～60㎝
花径	2～3㎝
花期	4～7月
生育場所	本州、九州

育て方

湿地や沼地に生育する植物なので、十分な潅水が必要です。直射日光を避け、湿り気がある木陰などに植えつけます。

漢字名：立金花、立金華　科・属名：キンポウゲ科リュウキンカ属
分類：多年草　性質：耐寒性　生育環境：日陰、湿原　殖やし方：実生、株分け

涼しげな鐘形の花

リンドウの仲間

リンドウ《代表種》

野山にひっそりと咲く

根を乾燥させて漢方に利用

寒さに強く、冷涼な気候を好みます。花は日が当たると開き、曇りの日は閉じます。

本州、四国、九州の山野に自生。清冽な紫の花色、鐘形の花形が特徴的。根に薬効があり、乾燥させたものが漢方で使われます。白花など変異が多く、園芸種もつくられています。

育て方

品種によっては発芽しにくいものがあり、この場合は湿らせて1～2カ月冷蔵後に種子まきします。株分けの適期は春先の3月ごろです。

花　色	●
花ことば	夢見心地
高　さ	15～60cm
花　径	2～3cm
花　期	9～11月
生育場所	日本全国

漢字名：竜胆　科・属名：リンドウ科リンドウ属　分類：多年草
性質：耐寒性　生育環境：水はけ良、保水良、冷涼な山地　殖やし方：実生、株分け

オヤマリンドウ（御山竜胆）

主に高山帯に自生する

牧野富太郎の名にちなむ

植物学者・牧野富太郎の名にちなむマキノイの学名をもちます。本州北部～中部に生育し、20～50cm高さの茎または葉のわきに長さ2～3cmの花を1～7個つけます。花期は7～9月。

チャボリンドウ（矮鶏竜胆）

ヨーロッパ原産の多年草

アルプス、ピレネー一帯の高山に生息する多年草。茎は5～10cmと短く、枝分かれしません。花は約5cm長さのろうと状鐘形で、濃青色の花冠の内側に暗色の斑点があります。

神秘的な濃青色の花

フデリンドウ（筆竜胆）

筆の穂先を思わせる花

北海道～九州の山野に自生。花は青紫色。細い鐘形で長さ1～3cm。先が5裂します。花期は4～6月。

茎先に多数の花をつける

ハルリンドウ（春竜胆）

3～6月に開花する

小柄な早咲きのリンドウ

日本各地の湿地に生息する1、2年草。茎は単一か上の方で枝分かれし、しばしば紫色を帯び、高さ5～15cmほど。茎の先に淡い青紫色ろうと状の花をつけます。

ルドベッキア

野生化して群生をなす

黄橙色の花が群生して咲く

6～14枚の黄色い舌状花と、松かさのように盛り上がった暗褐色の筒状花が特徴。繁殖力旺盛で、線路沿いなどでよく見られます。ノギギクの別名は、この花を日本に広めた乃木将軍の名にちなむものです。

花色	●
別名	マツカサギク、オオハンゴンソウ、ノギギク
花ことば	強い精神力
高さ	60㎝～3m
花径	5～10㎝
花期	6～11月
生育場所	日本全国

育て方

種子まきの適期は3～4月。生長が早く、よく繁るため、植えつけは株間20～30㎝。下葉がむれて腐らないよう、夏は風通しが良い場所で管理します。

科・属名：キク科ルドベッキア属　分類：1年草、多年草
性質：耐寒性　生育環境：日当たり、水はけ良　殖やし方：実生、株分け

ルクリア

控えめな色と香りが好ましい

ろうのような光沢と上品な芳香

サクラに似た花色、花形の5弁花。淡い桃色や白色の花は高坏形で、ろう細工のような独得な質感があります。上品な芳香も魅力。

花色	○○
別名	アッサムニオイザクラ、ヒマラヤザクラ
花ことば	消えた恋
高さ	5～7m、（鉢）20～40㎝
花径	2.5～3㎝
花期	6～8月
生育場所	日本全国

育て方

暖地以外での越冬は、霜害を受けないように温室で。つぼみが小さいときに日光が不足すると、咲かずに落ちてしまうことがあるため、十分に日に当てます。

科・属名：アカネ科ルクリア属　分類：常緑低木
性質：非耐寒性　生育環境：日当たり、暖地　殖やし方：実生、挿し木

ハゴロモルコウ（羽衣縷紅）

燃えるような深紅の花をつける

モミジに似た葉形がユニーク

ルコウソウとマルバルコウの交雑種。羽状の葉にカエデの葉のような裂片をもつことから、モミジバルコウとも呼ばれます。花は赤色で大きく、やや丸みのある星形。

マルバルコウ（丸葉縷紅）

赤と黄色の鮮やかな配色

ハート形の葉と複色の小花

ルコウソウやハゴロモルコウとはまったく異なるハート状円形の葉をもちます。花は5角形。赤と黄色の複色で、花筒の部分は黄色。日本各地の山野で野生化しています。

星形の小花を無数に咲かせる

ルコウソウの仲間

白花の園芸品種も人気

細く切れ込んだ涼しげな葉をもつ

開花期間が長いのが特徴。星形の花が初夏から晩秋まで咲き続けます。適当に茎を間引いて花が多くつくようにします。

熱帯アメリカ原産のつる性植物。花は星形で3㎝程度の長い花筒がついています。漢字名のとおり、深紅の花色が主流ですが、白色種もあります。

花色	●○○
花ことば	でしゃばり
高さ	30㎝～3m
花径	2㎝
花期	6～10月
生育場所	日本全国

育て方

発芽温度が20℃前後と高く、種子まきの適期は初夏の5月ごろ。種子の表面がややかたいので、水につけておいたり、やすりなどで小さな傷をつけてからまきます。

漢字名：縷紅草、留紅草　科・属名：ヒルガオ科クアモクリト属
分類：1年草　性質：非耐寒性　生育環境：日当たり、水はけ良　殖やし方：実生

ルリジサ

属名のボラゴはラテン語で剛毛の意

花や若葉に薬効があるハーブ

南ヨーロッパに広く分布するハーブで、花や若葉を砂糖漬けにして食用にします。花は星形で反り返り、長さ8㎜～1.5㎝の長い萼（がく）が目立ちます。利尿、鎮痛などの効能があります。

花色	
別名	ボラゴ、ボリジ
花ことば	安息
高さ	15～70㎝
花径	1㎝
花期	6～10月
生育場所	日本全国

育て方

移植を嫌うため、種子は庭や深い鉢に直まきします。石灰と元肥をすき込み、株間30～40㎝の点まきにします。葉は折ると腐るため、摘み取りは必ずハサミを使います。

漢字名：瑠璃苣　科・属名：ムラサキ科ボラゴ属
分類：1年草　性質：非耐寒性　生育環境：乾燥、肥沃な土壌　殖やし方：実生

ルピヌス

花色も変化に富む

見ごたえのある花房状の花姿

藤に似た蝶形の小花が花房をつくり、立ち上がって咲く花姿からノボリフジの別名がつけられました。ラッセル・ルピナスと呼ばれる園芸品種群は、背丈が高く花つきが密で花序が大きく、豊富な花色を誇ります。

花色	
別名	ノボリフジ、ハウチワマメ、ルピナス
花ことば	よい友人に恵まれる
高さ	20～60㎝
花径	1～2㎝
花期	4～6月
生育場所	日本全国

育て方

種子は9月ごろ、直まきします。種子は皮がかたいので、1晩水につけてから種子まきします。移植を嫌うため、ポットまきにして、根を傷めないように植え替えます。

科・属名：マメ科ルピヌス属　分類：1年草、多年草
性質：耐寒性　生育環境：日当たり、水はけ良　殖やし方：実生

レオノティス

10㎝前後の細長い葉をもつ

ライオンの耳に似た花冠

南アフリカ原産。花名はギリシャ語のライオン、耳に由来し、ライオンの耳に似た花冠にちなむもの。直立した茎に桃～紅色の坏形（はいけい）になった花が段になってつき、華やかです。

花色	
別名	レオンタイス、カエンキセワタ
花ことば	家族愛
高さ	2m
花径	1～2㎝
花期	10～11月
生育場所	日本全国

育て方

挿し木による増殖が容易です。春に勢いが良い茎を植えつけ、夏の間に生長させます。秋～冬は温室で管理。病虫害対策は必要ありません。

科・属名：シソ科レオノティス属　分類：低木、1年草　性質：非耐寒性
生育環境：日当たり、温室（秋～冬）　殖やし方：実生、挿し木

レースフラワー

かすむように咲きあふれる

レースのように繊細な花姿

地中海地方の原産。1茎から15～60もの花柄を出して白い球形の花房をつくります。青い花をつけるブルーフアンフラワー（トラキメネ属）もあります。

花色	
別名	ドクゼリモドキ、ホワイトレースフラワー
花ことば	ほのかな光
高さ	30㎝～1m
花径	2㎜
花期	3～4月
生育場所	日本全国

育て方

発芽温度は15～18℃。春に直まきするのが一般的ですが、日当たりが良い低温室であれば、9月ごろに種子まきが可能です。生長後は水を切らさないように注意します。

科・属名：セリ科ドクゼリモドキ属　分類：1年草、多年草　性質：非耐寒性
生育環境：半日陰、肥沃地　殖やし方：実生、株分け

山野の湿った草原に生える

ローベリアの仲間

サワギキョウ〈代表種〉

夏～初秋にかけて花をつける

水辺や湿地を彩る紫の唇形花

仲間には多年草と1年草があり、一般的に作られているのは1年草のルリチョウソウと多年草のベニバナサワギキョウです。

　サワギキョウは主に日本、中国、朝鮮半島の山野に自生。茎は枝分かれせず、花は茎の先に総状でつき、上が2裂、下が3裂する2唇形をしています。

花色	●
別名	セッシリフォリア
花ことば	強い個性と指導力
高さ	40cm～1m
花径	4～5cm
花期	8～9月
生育場所	日本全国

育て方

ローベリア属は全体に乾燥を嫌いますが、ルリチョウソウなどの園芸品種は多湿にも弱いので注意します。茎葉がむれて腐らないよう、こまめに切り戻しをします。

漢字名：沢桔梗　科・属名：キキョウ科ローベリア属
分類：多年草　性質：半耐寒性
生育環境：日当たり、水はけ良、水分の多い肥沃な土壌　殖やし方：実生

ベニバナサワギキョウ（紅花沢桔梗）

ほんのり赤い茎をもつ

緋紅色の花が花序をつくる

　草丈は60～90cm。赤味を帯びた茎に、長さ約4cmの2唇形の花がつきます。7～9月に咲き緋紅色が主流ですが、白色種もあります。

ルリチョウソウ

こぼれるように咲きあふれる

ガーデニングでおなじみの園芸品種

　直立性とほふく性の2タイプがあります。花径は1.5～2cmで、羽を広げた蝶々のような愛らしい花形。青、青紫、白色などの単色のほか、喉に白い目が入るものもあります。

ロスマリヌス

ハーブのひとつでシチューなどの香辛料に使う

唇形の小さな花が密生して香りを放つ

　地中海沿岸地域を代表するハーブで、別名はローズマリー。葉はやや肉質の線形で、前年の枝先に青～紫系の小花を密生します。さわやかな香りがあり、香辛料から薬用、美容まで広く利用されます。

花色	●○●●
別名	ローズマリー、マンネンロウ
花ことば	誘惑
高さ	60～90cm
花径	7～8mm
花期	9～6月
生育場所	日本全国

育て方

過湿を嫌うため、水やりはごく控えめにします。株が古くなると茎が枯れ上がって見苦しくなるため、適宜挿し木で更新します。

科・属名：シソ科ロスマリヌス属　分類：常緑低木　性質：耐寒性
生育環境：日当たり、水はけ良、乾燥　殖やし方：実生、挿し木、株分け

ロブラリア

白やラベンダーの花色が中心

じゅうたんのように咲き広がる

十字形の小さな花が茎先に集まって咲き、半球状の花房をなします。小形の品種は枝を伸ばして横に広がるため、グラウンドカバーに最適。花には甘い芳香があります。

花色	○●●
別名	ニワナズナ、アリッサム
花ことば	飛翔
高さ	10〜15cm
花径	2〜8cm（花穂）
花期	6〜10月
生育場所	日本全国

育て方

発芽適温は15℃。春まき、秋まきのいずれでもよく、春まきは5月ごろ、秋まきは越冬して3月ごろに定植します。耐暑性がないため、真夏は涼しい場所で管理します。

科・属名：アブラナ科ロブラリア属　分類：1年草、多年草
性質：半耐寒性　生育環境：日当たり、水はけ良　殖やし方：実生

ロシェア

人気の栽培品種ロシェア・コッキネア

星形の紅花が集散花序につく

南アフリカの山岳地帯に自生する半低木性の多年草。長く伸びた茎の先に、肉厚の赤い5弁花をつけます。花にはほのかな芳香があります。

花色	●
別名	ロケア
花ことば	知的好奇心
高さ	30〜60cm
花径	4cm
花期	5〜6月
生育場所	日本全国

育て方

増殖は挿し芽で行うのが一般的。3〜5cm程度の挿し穂を川砂とピートモスの混合土に挿し、発芽後に定植します。夏期はかるく遮光し、水やりは控えめにします。

科・属名：ベンケイソウ科ロシェア属　分類：多年草
性質：半耐寒性　生育環境：半日陰、水はけ良　殖やし方：実生、挿し芽

ワックスフラワー

径7〜15cmの散房花序をつくる

ろう質の小輪花を咲かせる

オーストラリアの砂地に自生する常緑低木。枝は細く、花は梅に似た花形、花色の5裂した花。花びらにワックスをかけたような光沢があります。

花色	●●○
別名	カメラウキウム
花ことば	繊細
高さ	2〜3m
花径	1.2〜2.5cm
花期	4〜6月
生育場所	暖地

育て方

種子は早春か秋にまき、挿し木の場合は晩夏に新梢を挿します。花芽の生育には、昼20℃、夜14℃の温度が必要です。樹形を保つために、こまめに剪定をします。

科・属名：フトモモ科ワックスフラワー属　分類：常緑低木　性質：半耐寒性〜非耐寒性
生育環境：日当たり、乾燥、砂質土壌　殖やし方：実生、挿し木

ワスレナグサ

花壇花としても人気が高い

中心に白や黄色の目をもつ紫の小さな花

ヨーロッパ、アジアの原産で、日本でも野生化した姿が見られます。春から初夏にかけて、青紫系の地色に黄色や白の目をもつ5裂した花を咲かせます。

花色	●●●○
別名	ミオソティス
花ことば	私を忘れないで
高さ	15〜40cm
花径	4〜6mm
花期	4〜6月
生育場所	日本全国

育て方

種子は秋まきとし、寒地では霜よけを施して越冬させます。大株になってからの移植を嫌うため、種子は直まきするか、苗が小さいうちに定植します。

漢字名：勿忘草　科・属名：ムラサキ科ワスレナグサ属　分類：1、2年草、多年草
性質：耐寒性　生育環境：日当たり、半日陰、水はけ良、多湿土壌　殖やし方：実生

渋い風趣を放つ秋草

ワレモコウの仲間

ワレモコウ〈代表種〉

暗紅色の花穂

実のように見える暗紅色の花序

仲間は山野の日当たりが良い草地に自生しています。品種により育ち方に違いがあり、育ちの良いものは1年で植え替えます。

ワレモコウは、茶花としても親しまれる植物です。茎の先に実のように見える暗紅色の花穂をつけます。花は1～2㎜と小さく、花弁はありません。

花色	●
別名	ジュ、グレートバーネット
花ことば	甘えたがり
高さ	30㎝～1.5m
花径	1～2㎝（花穂）
花期	7～10月
生育場所	日本全国

育て方

株分けは春に行いますが、株が小さいうちに分けると花つきが悪くなります。定植後も株が大きく育つまで、数年間はそのままに。毎年春に追肥を施します。

漢字名：吾亦紅、割木瓜、吾木香
科・属名：バラ科ワレモコウ属　分類：多年草
性質：耐寒性　生育環境：日当たり、半日陰、湿地　殖やし方：株分け

オランダワレモコウ（和蘭吾亦紅）

球形の花序をつける

若葉をサラダやスープに利用

別名サラダバーネット。ヨーロッパ、アジア西部に自生。高さ30～70㎝の茎の頂部に球形の花房をつけます。花は緑～帯紫色で、下の方から雄性、中性、雌性に分かれます。

ナガボノアカワレモコウ（長穂赤吾亦紅）

北海道～九州の湿地帯に生える

淡紅色の優雅な花姿

日本各地の湿地に自生。ほっそりと長い茎の先に2～7㎝の淡紅～紫色の花穂をつけ、先端がわずかに下垂します。花穂はワレモコウより長く、小葉もやや細長い。

ナガボノシロワレモコウ（長穂白吾亦紅）

北方の原野に自生する

純白の花穂が垂れる

関東地方以北の本州、北海道、サハリンに分布。ナガボノアカワレモコウと同様の草性をもち、純白の花穂が下垂します。近類種に草丈の低いチシマワレモコウがあります。

カライトソウ（唐糸草）

ネコヤナギのように垂れて咲く

雪深い高山帯に自生する

日本原産で、主に中部地方の高山帯に分布。花は紅色で、茎先に長さ10㎝の花穂をつけ、下垂する独得な花姿。雄しべが長く、数も6～12個と多い点が特徴的です。

◆すき込む

腐葉土

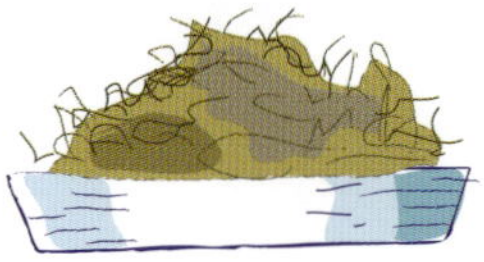

用土を適湿に保ち、植物の生育に良い土質にするため有機質の腐葉土などを加え、元肥になる肥料を混ぜ込む

耕しながら用土に混ぜ込む

肥料

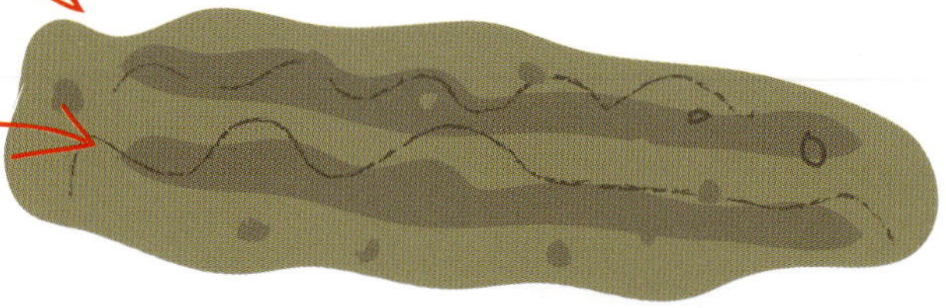

◆実生（みしょう）

採りまき…秋に種子をとってすぐまく
春まき…種子を保存しておいて翌春まく

条（すじ）まき

中小粒のまき方で畝間をあけてまく

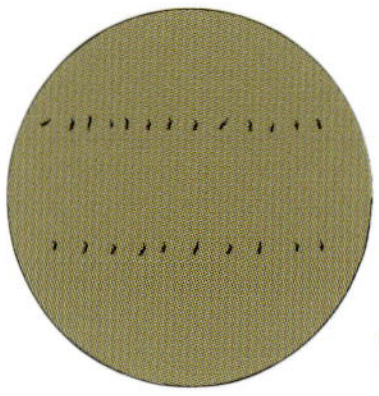

ばらまき

均等にまきつけ、覆土は薄くかける

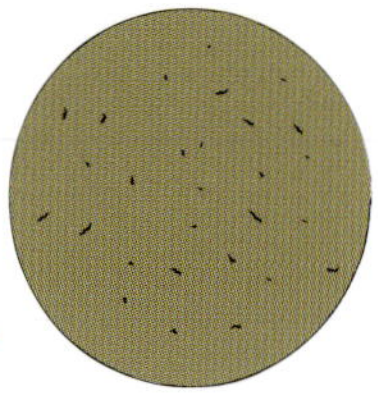

特に微少な種子は、砂に混ぜると均等にまくことができる

主に中～小粒

点まき

ポットに3粒程度まきつけ、種子の大きさの2倍を目安に覆土する

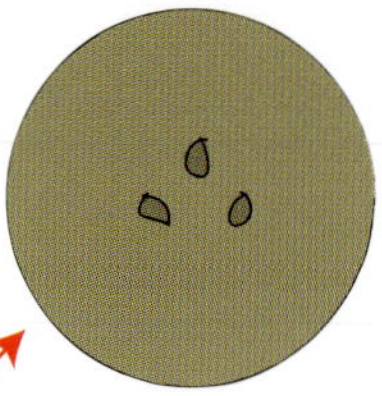

1粒ずつ指でつまめる大きさの種子

主に大粒

◆鉢植え

ゴロ土を入れる

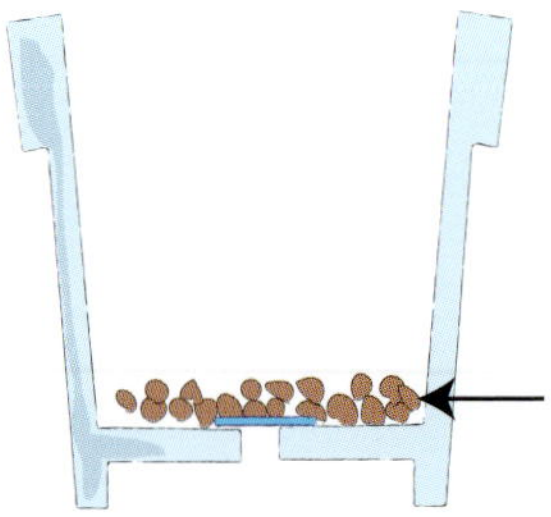

水はけを良くするため、底網を敷き、必ず**ゴロ土**を入れる

用土①を半分入れる

用土②を周りから入れる

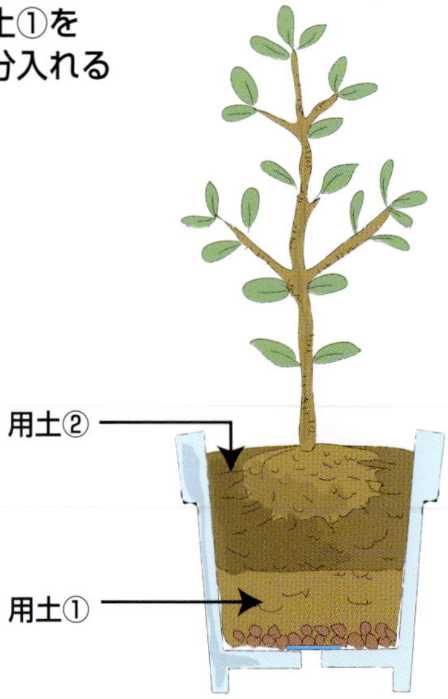

用土①を入れ、中央に苗を置き、周りから**用土②**を入れて安定させる

◆ 株分け（草花・観葉）

①鉢から抜く

根をくずして古土を3分の1程度落とす

②2～3株に分ける

手で分けられるものはできるだけ刃物を使わない

③植えつけ

株の大きさに合わせて鉢を決める

根を広げて新しい用土に植えつける

◆ 高植え

①根土ごと植えつける

植物によっては、根土を落とし、根を広げて植えつける場合もある

②

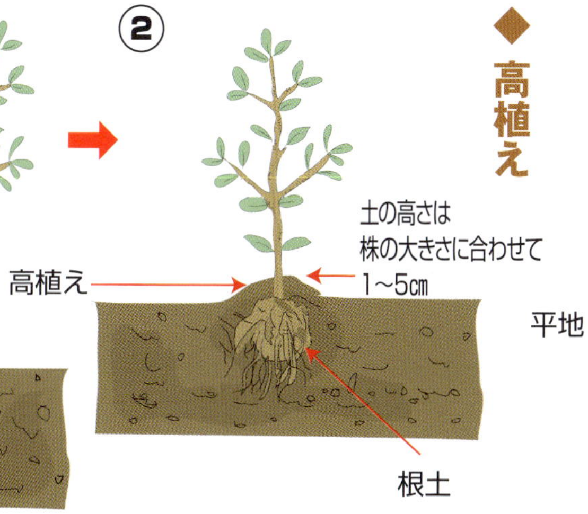

湿りやすい場所や湿り気を嫌う植物の植えつけ

◆ 移植

①

竹べらなどで掘り出す

根を傷めないように注意

②

ポットは3号が基準

ポットなどに移して育苗

◆ 挿し木（緑枝挿し）

①上葉を半分に切る

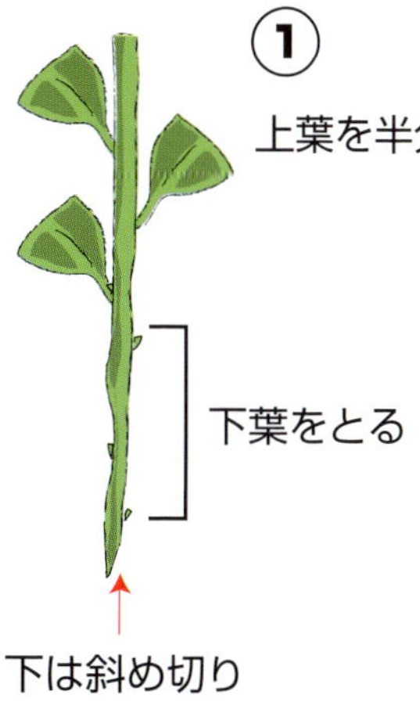

②1～2時間水揚げして、挿し口に発根剤をつけて挿し床に挿す

事前に挿し穴をあけておく

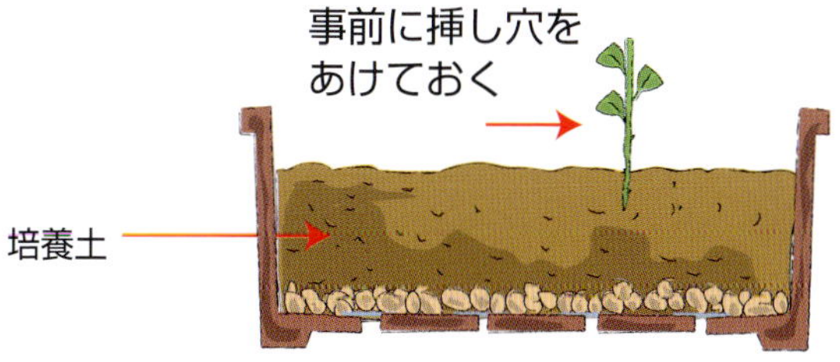

◆接ぎ木（落葉中の例）

◇接ぎ穂◇

①斜めに切りおとす　②挿し口を返し切りする

◇台　木◇

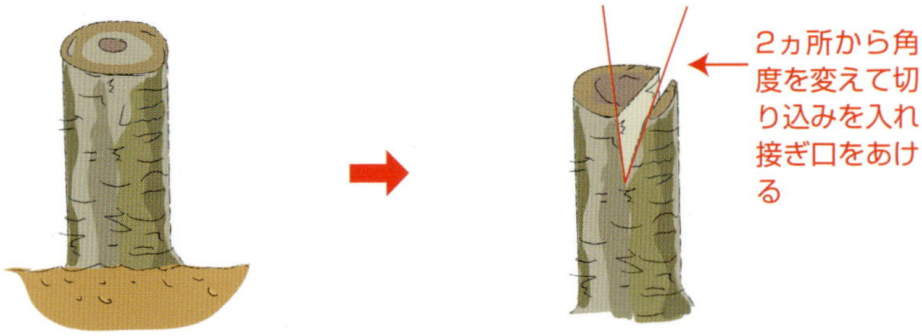
2ヵ所から角度を変えて切り込みを入れ接ぎ口をあける

①台木の上を切り除く

②台木の肩に角度をかえてV字に切り込みを入れる

◇切り接ぎ◇

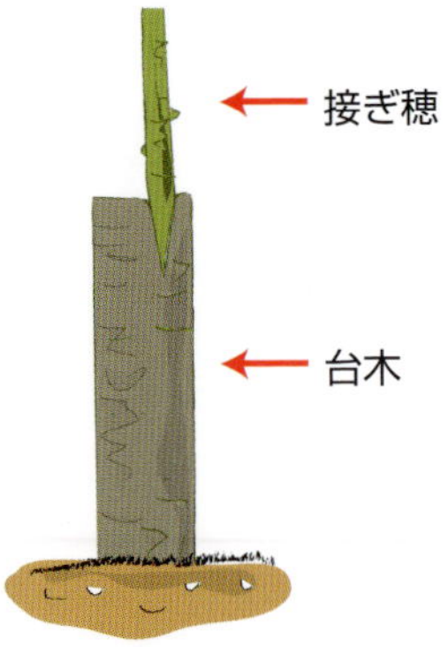
接ぎ穂
台木

①台木に接ぎ穂を挿し込んで形成層を合わせる

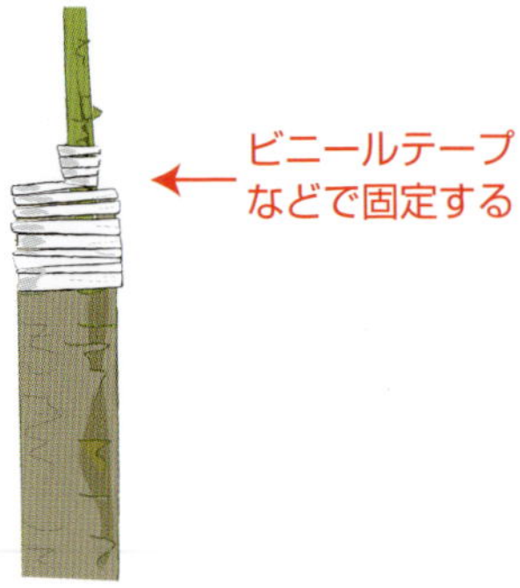
ビニールテープなどで固定する

②動かないようにテープで固定する

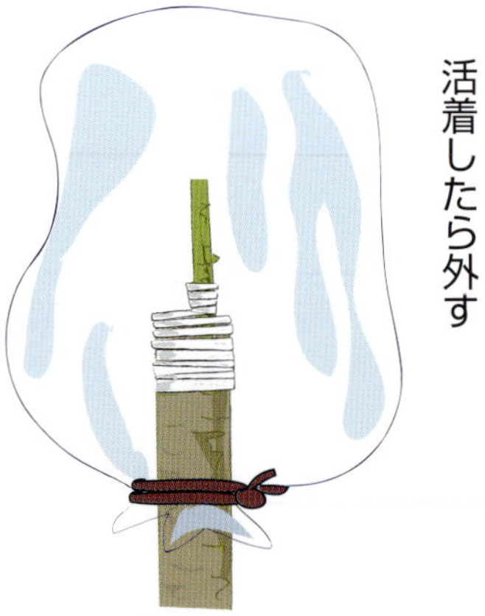
活着したら外す

③ビニール袋をかけて下を閉じる

◆摘芯

花や枝を多くするときによく利用される

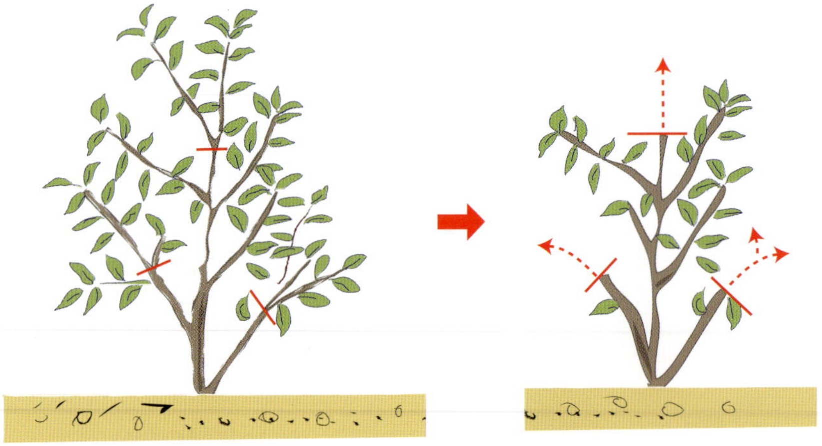

①伸びすぎた枝などは切り取り、枝をととのえる

②摘芯した位置から枝が発生して多くなる

◆取り木

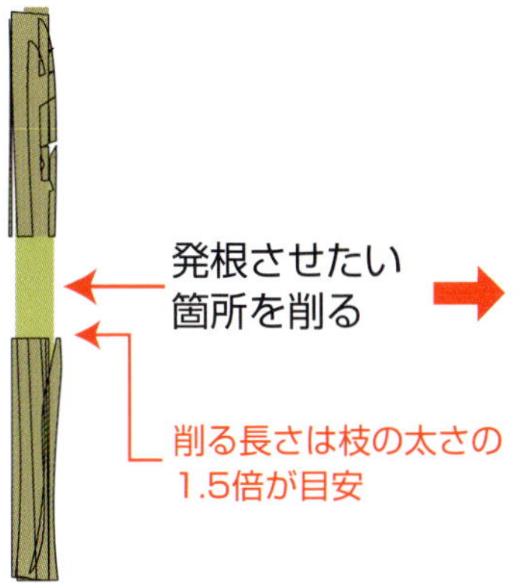
発根させたい
箇所を削る
削る長さは枝の太さの
1.5倍が目安

①取り木する部分の皮をはぐ

②湿らせた水ゴケでダンゴに包む

③ビニールで包み上下をひもで閉じる

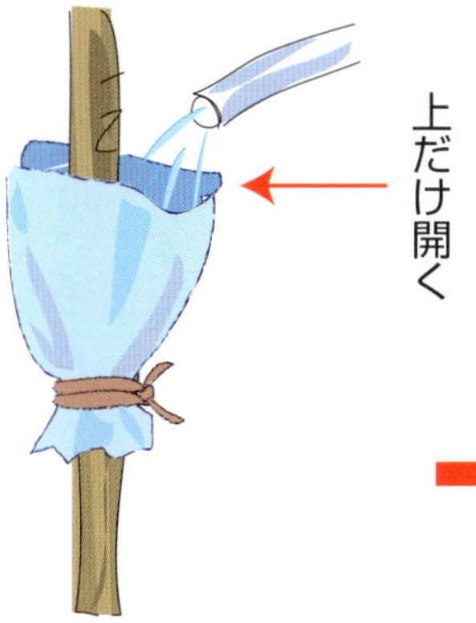
上だけ開く

④水ゴケが乾かないように水分を与える

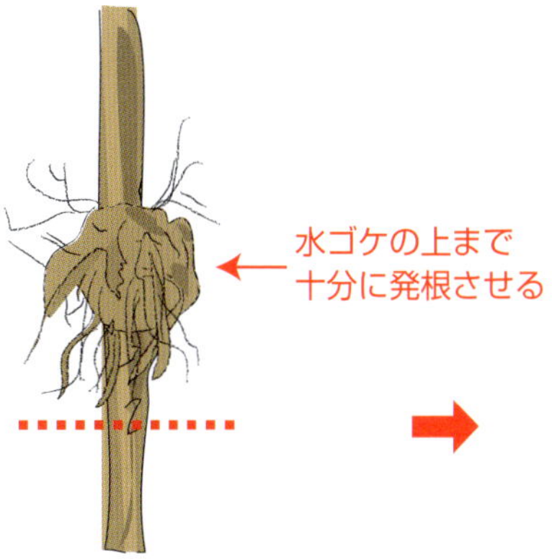
水ゴケの上まで
十分に発根させる

⑤十分発根したのを確かめて取り木の下で切る

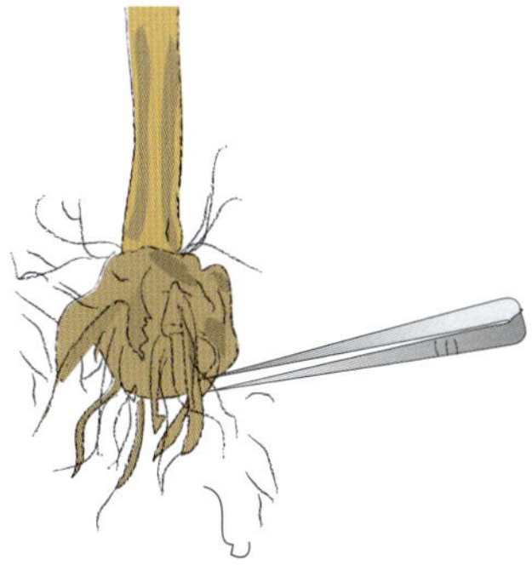

⑥根を傷めないように、ピンセットで水ゴケを取り除く

⑦

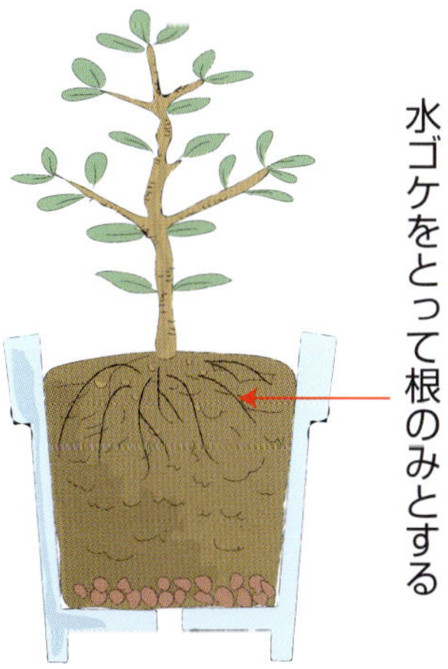
水ゴケをとって根のみとする

根を広げて植えつける

◆玉仕立て

常緑性植物に多く仕立てられる

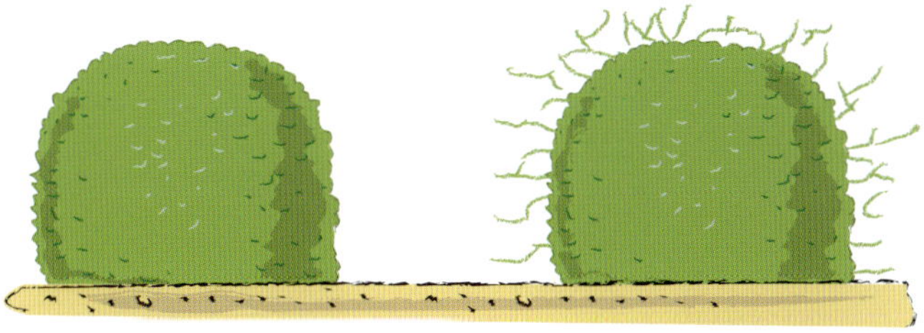

刈り込みができる庭木で仕立てられる樹形のひとつで、毎年刈り込んで樹形を保つ

◆用語解説◆

本文に使用した主な園芸専門用語を解説しました。

◆あ行◆

赤玉土【あかだまつち】
関東地方にある火山灰からできた赤い土。保水性や通気性が良く、鉢植えで多用される。

亜高山帯【あこうざんたい】
高山帯より低く、平野より高い位置にある地帯（本州中部ではほぼ1，700～2，500ｍ）で、植生は針葉樹林帯になる。

あんどん仕立て【あんどんじたて】
鉢植えでつる性植物を育てるときに利用する。つるを支柱に誘引して仕立てること。

育苗箱【いくびょうばこ】
苗を育てる容器。発芽から幼苗期は植物自体が弱いので、管理しやすいように箱などで育てる。

移植【いしょく】
植物を植え替えること。苗が育つのにしたがい、大きい鉢に移植していくことが多い（257ページ園芸作業参照）。

1日花【いちにちばな】
咲いている時間が1日しかない花。多花性では1日花が次つぎに咲き続ける。

1年草【いちねんそう】
発芽、開花、枯死までの期間が1年以内の草花。種子まきは春か秋が多い。

液肥【えきひ】
液体肥料のこと。水で薄めて使うことが多い。有機質液肥と化学液肥があり、使い分ける。

越年草【えつねんそう】
冬型の1年草で、秋から年を越して翌年夏ごろまで生育し続ける冬緑性草花。

越年草（ノゲシ）

越年草（タガラシ）

園芸品種【えんげいひんしゅ】
人工的に交配して作り出された品種。目的によって花を美しくしたり、丈夫にしたりする。

雄花【おばな】
雌しべがなく、雄しべだけの生殖器官がある花。樹木ではアカマツ。

◆か行◆

科【か】
植物の分類のひとつで、上から目、科、属、種の順に細分化されていく。

塊茎【かいけい】
地中茎の先や途中につく肥大した部分で、一般には球根やイモと呼ばれることが多い（→ 地下茎）。

塊根【かいこん】
根の一部に養分がたまり、塊状に肥大した部分。草花ではダーリアなどがある。

花冠【かかん】
花の一部の名称で、数枚ある花びらが集まっている部分を指す。一般に萼の内側にある。

萼【がく】
花の外側にあり、多くは緑色だが、色がついて花弁のように見えるものも多くある。

花の部分名称

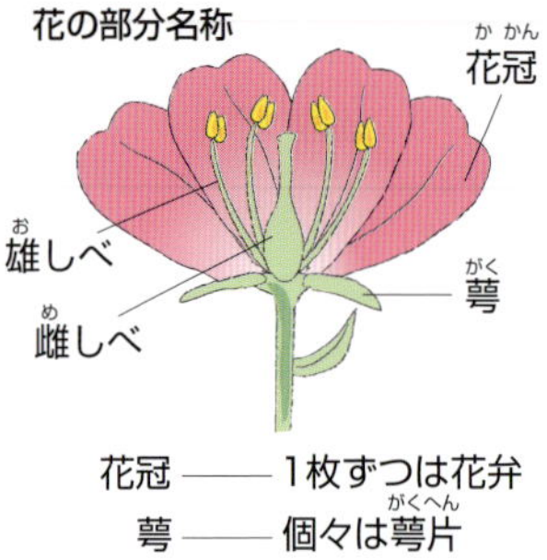

萼筒【がくとう】
萼片がまとまってつき、筒状になっている部分。ラッパ状の花につくことが多い。

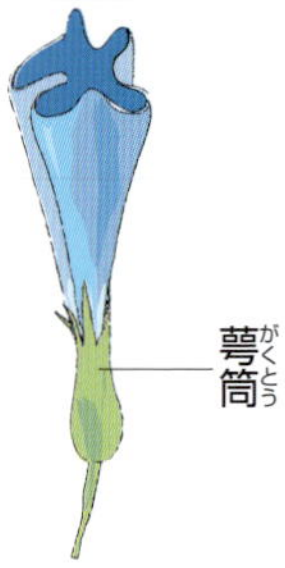

花茎【かけい】
花だけがつき、葉がついていない茎。タンポポ、スイセンなどに見られる。

過湿【かしつ】
水の与えすぎなどで湿度が高くなりすぎた状態。根腐れや病気の原因になる。

果実【かじつ】
花が受精して種子のある器官になったものが果実で、植物によって多くのタイプがある。

花序【かじょ】
花のつき方の状態や花のついた枝を指す。穂状花序、散形花序、総状花序などのつき方がある。

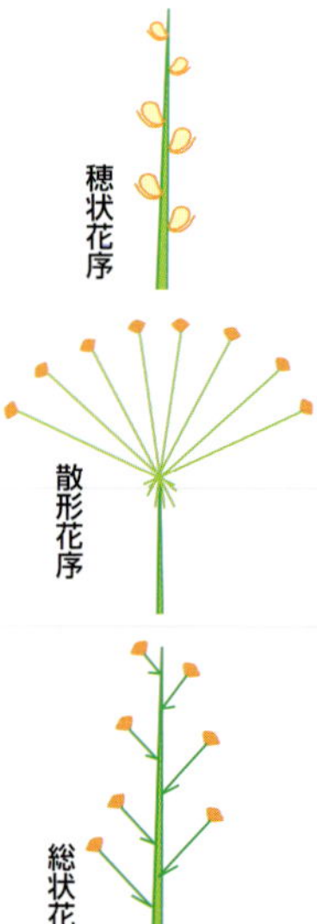

花心・花芯【かしん】
花の中央部分を指すときと、雄しべ雌しべの総称として使う場合とがある。

花穂【かすい】
小形の花が長い花軸に多数まとまってつき、1本の穂のように見えるものを指す。

花穂（オカトラノオ）

花筒【かとう】
花冠の筒状になっている部分。植物によって花の先の開き方はさまざま。

鹿の子絞り【かのこしぼり】
花の模様のひとつで、本来は絞り染めの一種。鹿の背中の白いまだらを染めだしたもの。

株立ち性【かぶだちせい】
地ぎわから数本の枝が発生して立ち上がる性質。1本立ちは単幹と呼ぶ。

花弁【かべん】
2重にあるときは、内側が花弁で外側が萼になる。合弁花もある。

緩効性【かんこうせい】
与えるとゆっくり長期にわたり効力がある性質。おもに肥料の性質で使う。

管状花【かんじょうか】 花弁が合併して管状か筒状になったものを指す。キク科の花の中央部に見られる（→舌状花・筒状花）。

冠毛【かんもう】 花の一部で、子房の上にある毛。萼が変形したもので、キク科の花に多く見られる。

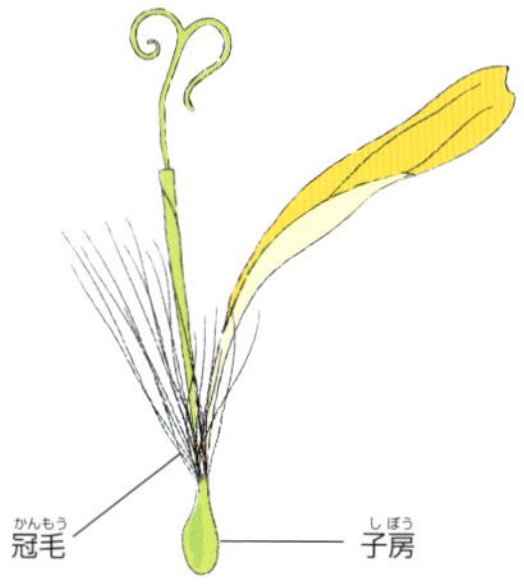

萼が変形したもの

寒冷地【かんれいち】 冬に気温が低下し、年間をとおしても平均気温を下まわる地方。東北～北海道。

帰化植物【きかしょくぶつ】 外国から渡来し、自生するようになった植物群で、日本にある帰化植物は約８００種。

基本種【きほんしゅ】 生物を細分化した原種。植物では属の下の種で、改良品種の原種に当たる。

球根【きゅうこん】 地下にある根、茎などが養分をたくわえて太り、球状または塊状になったもの。

休眠期【きゅうみんき】 生長が一時止まるか活動がとくに弱くなる時期。種子や球根の状態でのときによく見られる。

丘陵地【きゅうりょうち】 平野で丘が広い範囲に連続しているような地帯。自生しているのは低地性植物が多い。

距【きょ】 花冠や萼の基部から細長く突きだしている部分。蜜腺をもつものが多い。スミレなど。

鋸歯【きょし】 葉のふちがギザギザになっていること。サクラやケヤキ、マンリョウなどの葉に見られる。

鋸歯（マンリョウ）

桐生砂【きりゅうすな】 鉄分が多い山砂で、山野草栽培などに使われる。多孔質で通気性と水もちが良い。

茎【くき】 葉や花をつける栄養器官で、水分や栄養の通路になり、植物体を支える役目を果たす。

苦土石灰【くどせっかい】 アルカリ性で、酸性の土を改良するために中和剤として利用する。多くは小粒の粒剤になっている。

茎頂【けいちょう】 茎の先端。生長点で生長して茎を伸ばしたり花をつけたりする。茎頭も同じ意味。

結実【けつじつ】 果実をつけること。単植で結実できるものと混植しないと結実しにくいものとがある。

高温性植物【こうおんせいしょくぶつ】 ある程度以上高い温度でないと生育できない性質の植物。冬は加温するなど、保護が必要。

高山帯【こうざんたい】 高い山の上層地帯。本州中部では標高２，５００ｍ以上の所にある。年間をとおして平均気温が低く、高い温度を嫌う植物が多い。

高性種【こうせいしゅ】 その品種の中で、背が高くなる性質をもつものを指す。低くなる矮性に対比して使う。

高木【こうぼく】 丈が高くなる木を指し、一般に５ｍ以上を高木と呼び、さらに高いものは大高木という。

交雑種【こうざつしゅ】 遺伝的に異なる植物が交配してできた品種を指す。自然の環境で交雑することもある。

高盃形【こうぼんけい】 高坏形のこと。

互生【ごせい】 葉や枝のつき方の名称で、１つの節から互い違いに葉や枝がつく性質を指す。

5弁花【ごべんか】 花びらが５枚ついている花。同形のものがついているとは限らない。

固有種【こゆうしゅ】 一定の地域だけに生育している植物。日本にもいくつかの固有種がある。

根茎【こんけい】 地下にある茎のうち、横に長く伸びて根のように見えるもの。ナルコユリなど（→地下茎）。

混合土【こんごうど】 ２種類以上の用土を混ぜ合わせた土。鉢植えでは多用される。

根出葉【こんしゅつよう】 根ぎわからでている葉。根から直接でているように見える。根生葉も同じ（本書では根元からでる葉と表現）。

根出葉（オオバコ）

◆さ行◆

細根性【さいこんせい】 根が細い性質。細い根が多いと栄養や水分の吸収は良いが、根づまりしやすい。

雑種【ざっしゅ】 異なる品種間の交配によってできた子孫を指す。種間雑種や属間雑種がある。

砂礫地【されきち】 砂と小石混じりの土地。養分が少なく、植物が生育するにはあまり適してない。

3号鉢【さんごうばち】 直径９cmの鉢。小鉢としてよく使われる。鉢の基準は直

鉢底に番号がついている

径3㎝が1号になる。

酸性土【さんせいど】
酸性を含む土。野菜などの多くは酸性を嫌うため、苦土石灰などで中和する。

山野草風【さんやそうふう】
高山帯や野原にある植物を、できるだけ自然に見せる鉢植えでの仕立て方。

3輪生【さんりんせい】
花のつき方の一種。1箇所に3花がまとまってつく草花。1輪生、2輪生もある。

地植え【じうえ】
花壇、庭、畑など直接地面に植えつけること。対語に鉢植えなどがある。

直まき【じかまき】
苗床など使わず、育てる場所に直接種子をまくことで、移植を嫌う植物によく使う。

四季咲き【しきざき】
四季を通して花を咲かせるものをいうが、春と秋に咲くものを指すことが多い。

自生地【じせいち】
人工的な手段を加えず、自然な状態で特定の植物が生育している地域を指す。

自然交雑【しぜんこうざつ】
人工的な交配をしないで、自然の状態で交配した雑種。元の性質が変異する。

自然樹形【しぜんじゅけい】
仕立て方の一種で、自然に樹形が整う樹木によく使われる。剪定は不要枝を切る程度。

子房【しぼう】
雌しべの下部の膨らんだ部分で、中に胚珠があり、発達して果実になる。

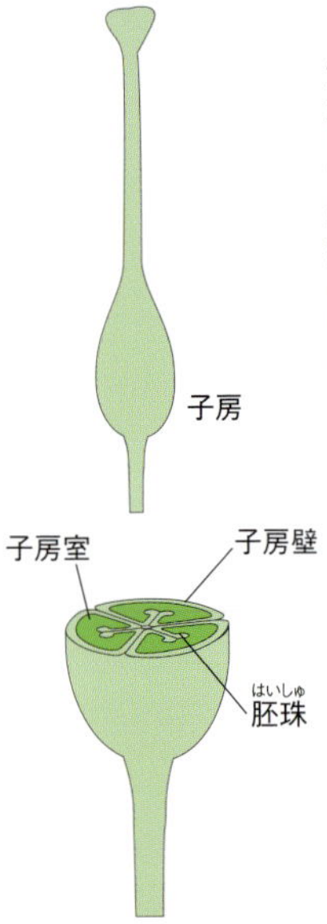

遮光【しゃこう】
日光が強すぎるとき光を遮ること。その植物の好む光の強さにしてやる。

雌雄異種【しゆういしゅ】
雌しべだけをもつ株と雄しべだけの株とに分かれている植物で、単生では結実できない。

十字対生【じゅうじたいせい】
葉のつき方のひとつ。対生してつく上下の葉が十字形になるようにつくつき方。

宿根性【しゅっこんせい】
多年草の一種にみられ、一時地上部が枯れても根は生きていて、時期になると再生する性質。

宿根草【しゅっこんそう】
宿根性の草花。スズラン、サクラソウ、アヤメ、ミヤコワスレなど多種がある。

小花【しょうか】
キク科の花やイネ科の穂の中についている単位となる花が小花で、数十～数百個ある。

小苞【しょうほう】
花を包む葉の変形したものが苞で、花柄にあって、花にもっとも近いものを小苞という。

小葉【しょうよう】
マメ科の仲間などには複葉に小さい葉が3枚ついている。この葉を小葉という。

食虫植物【しょくちゅうしょくぶつ】
虫を捕らえて消化吸収する機能をもつ植物。モウセンゴケ、タヌキモ、ネペンテスなどがある。

食虫植物（モウセンゴケ）

食虫植物（タヌキモ）

唇形花【しんけいか】
花弁が2枚に深く裂けて唇状になっている花のこと。上を上唇、下を下唇という。

新梢【しんしょう】
新しく伸びた枝先。新梢（今年枝）に花を咲かせる植物と2年枝に開花するものなどがある。

唇弁【しんべん】
唇形花の花弁を指す。スミレの仲間やオドリコソウ、ランなどに見られる。

穂状【すいじょう】
花のつき方の一種で、小さい花が多数集まって細長い穂のような状態になること。オオバコなど。

水生植物【すいせいしょくぶつ】
水中で生活する植物。水面に浮かぶものや根を水底に伸ばすものなどがある。

水生植物

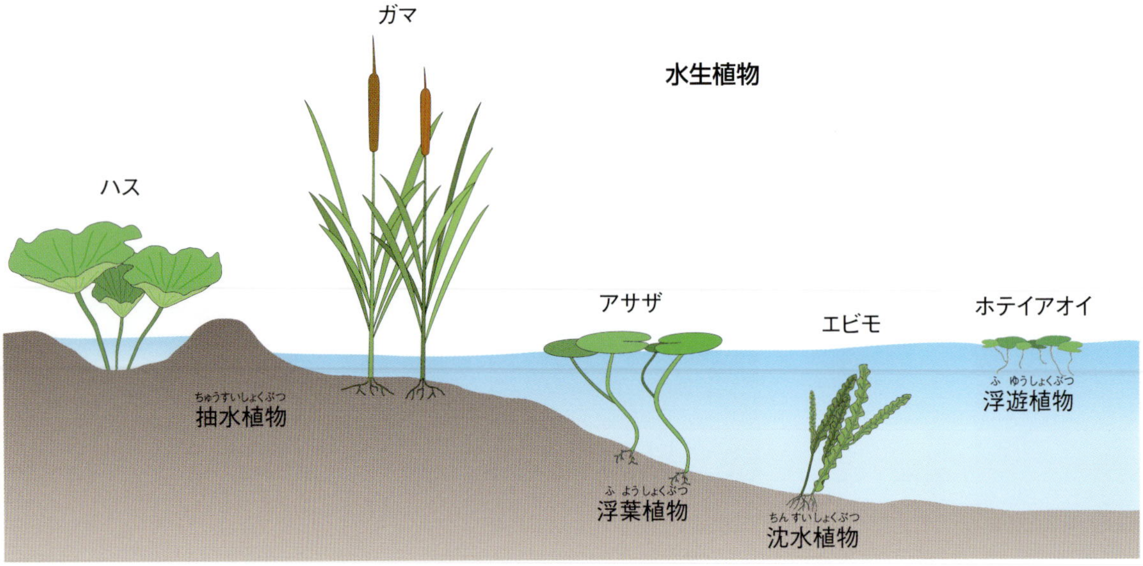

すき込む【すきこむ】
用土に堆肥や腐葉土、肥料などを混ぜ込む動作。植えつけなどに多用する（256ページ園芸作業参照）。

星状毛【せいじょうもう】
つき方が放射状で星形のように見える毛。ヒメウツギやナスなどにある。

節【せつ】
茎に葉がつくところ。地面を這う茎では葉と根がでる植物もある。

舌状花【ぜつじょうか】
扁平で舌のように長く伸びる花で、キク科の花の外側に多く見られる。中央は管状（筒状）花。

浅根性【せんこんせい】
地表近くに浅く根を伸ばす性質。地中深く根を伸ばすものは直根性。

腺毛【せんもう】
茎や葉柄につく先に球状の膨らみをもつ毛。膨らみの中には分泌物がある。

総状【そうじょう】
花のつき方の一種。花軸を中心に多数の柄をもつ花がつき、順次開花していく。

草性【そうせい】
一般には草と呼び、木質部分があまり発達しない植物。1年草、多年草など。

装飾花【そうしょくか】
花の周辺部にあり、大きく目立つ部分。雄しべも雌しべも退化している（39ページ参照）。

総苞【そうほう】
花の外側を包む部分。多くの総苞片が集まってできている。キク科に多く見られる。

総苞葉【そうほうよう】
総苞の中で、ふつうの葉と同じくらいの大きさや形になったものを呼ぶ。

側枝【そくし】
枝の名称のひとつ。主枝に対して発生の仕方や重要度などの比較で決まる。

属【ぞく】
植物分類で使われる単位の一種。科と種の間に位置し、科、属、種と分類される。

◆た行◆

耐陰性【たいいんせい】
日陰でも育つ性質。植物により耐陰性はあっても、強さはさまざまに異なる。

耐寒性【たいかんせい】
寒さに強い性質。自生地の環境によりほとんど決まってくるが、適応力も異なる。

対生【たいせい】
1つの節から左右に1枚ずつ葉がつくものを指す。単葉の対生と複葉の対生がある。

単葉の対生

複葉の対生

多花性【たかせい】
花を多くつける性質。一般に大花は少なく、小花は多くつく傾向がある。

高坏形【たかつきがた】
花筒が長く、上部が皿状に開いている花冠。

多年草【たねんそう】
毎年茎や葉を伸ばすが、宿根性は年に1度地上部が枯れる。常緑性は地上部が枯れずにそのままの形を保つ。

地下茎【ちかけい】
地中にある茎。形によって根茎、塊茎、球茎、鱗茎などに分けられる。

根茎…地中に伸びる根のような茎　（アマドコロ）

塊茎…先や途中につく（シクラメン）

球茎…すぐ下につく（サトイモ）

鱗茎…ごく短い茎に多肉の葉が密につく（チューリップ）

抽水植物【ちゅうすいしょくぶつ】
根を水底に下ろし、植物体の下部は水中に、上部は空中に伸びる（→水生植物）。

中性用土【ちゅうせいようど】
酸性とアルカリ性の中間にある用土。植物により酸性を嫌うものと好むものとがある。

蝶形花【ちょうけいか】
5枚の花弁が左右対称につき、昆虫の蝶の形に似ている花。マメ科に多く見られる。

頂小葉【ちょうしょうよう】
奇数羽状複葉で先端につく小葉。

頂天咲き【ちょうてんざき】
花径の先端につく花。頂花も同じ。ノアザミやチューリップなどに見られる。

頂天咲き（ノアザミ）

直根性【ちょくこんせい】
主根が太く側根があまりでず、地中に深く伸びる根。一般に移植を嫌う。

直立性【ちょくりつせい】
幹、茎などがまっすぐ立つ性質。植物によっては横に広がるほふく性もある。

通気性【つうきせい】
空気のとおりが良い性質。通気性が悪い用土だと根からの障害が発生しやすい。

つる性植物【つるせいしょくぶつ】
つるを伸ばして生育する植物。巻きつき形や寄りかかり形、巻きひげ形などがある。

つる性植物…下から左巻きにつく（ヘクソカズラ）

つる性植物…下から右巻きにつく（ガガイモ）

定植【ていしょく】
苗や仮植えなどしていたものを、定める場所に植えつけること。本植えも同じ。

低木【ていぼく】
生育したときの高さが低い樹木。目安は高さ5ｍ以下のものを指す。

摘果【てきか】
果実がつきすぎたとき、幼果のうちに余分なものを摘みとること。良い果実が収穫できる。

摘芯【てきしん】
枝や茎の生長点を摘みとること。枝を多くださせるときや、高さを低くするとき使う（258ページ園芸作業参照）。

掌状【てのひらじょう・しょうじょう】
葉の形の一種。イロハモミジは掌状裂でトチノキなどは掌状複葉になる。

点まき【てんまき】
種子を数粒ずつまきつけることで、大粒の種子のときなどによく利用される（256ページ園芸作業参照）。

頭花【とうか】
小花が多数集まって1花のように見える、茎先につく花。

頭花（チョウセンアザミ）

豆果【とうか】
マメ科の果実。心皮は1枚で、子房が熟すと乾燥して左右に裂ける果実。鞘果も同じ。

冬芽【とうが】
冬に休眠状態になっている芽。越冬芽とも呼ばれる。伸びると葉や花などになる。

筒状花【とうじょうか】
花弁がくっついて筒状になる花。管状花も同じ。キクは中央に筒状花が集まる。

徒長枝【とちょうし】
長く伸びすぎた茎や枝。肥料が多すぎたり日照不足になると発生しやすい。

採りまき【とりまき】
採取した種子をすぐにまくこと。時間がたつと発芽しにくくなる種子に利用する。

◆な行◆

2年草【にねんそう】
発芽から枯れるまでが1年以上、2年以内の草花。春まきのものが多い。

根腐れ【ねぐされ】
根が腐ると弱ったり枯れたりする。原因は過湿や病菌におかされたりするため。

年輪【ねんりん】
樹木の形成層は夏に発育し冬に休眠するので、断面にできる同心円の模様。

◆は行◆

バーミキュライト
人工用土の一種。蛭石（黒雲母の風化物）を高温で焼いたもの。金属のような光沢をもっている。

背萼片【はいがくへん】
萼片が数枚ある花で正面から見て後方になる萼片。品種により大きく目立つものがある。

坏形【はいけい】
上部が皿状に開いている花冠。

畑地性【はたちせい】
植物により好む用土があり、一般の畑などで生育できる性質。湿地性や水性もある。

発芽適温【はつがてきおん】
休眠していた種子が生長を開始するのが発芽で、その植物により適する温度がある。

花房【はなぶさ】
房状に集まる花。つき方により散房花序、散形花序などに分類される（→花序）。

葉焼け【はやけ】
夏の強い日に当たり、葉が部分的に枯れる現象。強い光を嫌う植物に現れやすい。

半日陰【はんひかげ】
日当たりと日陰の中間。強光を嫌う植物には、遮光してその植物が好む日照を確保する。

斑紋【はんもん】
葉や花弁などに、ほかの色が部分的に入ること。改良してできた斑入り種も多い。

ピートバン
種子を発芽させるためのまき床。水分を含みやすく、必要な養分もすでに加えてある。

尾状【びじょう】
葉の1部の形。茎先が尾のように長く伸びている状態。

非耐寒性【ひたいかんせい】
寒さに弱い性質。多くは自生地が暖地で、寒い冬を体験する必要のない場所に育つ植物。

被膜【ひまく】
おおい包んでいる膜。植物では果実や種子、葉、茎、花などに見られる。

肥沃地【ひよくち】
有機質など植物の生育に必要な栄養分が多く含まれている土地。反語はやせ地。

品種【ひんしゅ】
植物分類に使われる単位の名称。種をさらに細分化したもの。

斑【ふ】
同色の中に異色が入ること。状態により覆輪、条斑、虎斑などがある。

覆輪（フィクス・プミラ‘サニーホワイト’）

虎斑（トラフアナナス）

条斑（アナナス‘グズマニア’）

覆土【ふくど】
種子まきの後にその上からかける土。種子により適する厚さがあるので対応する。

複葉【ふくよう】
小葉が複数ついてできている葉。羽状複葉や掌状複葉、3出複葉などがある。

腐植質【ふしょくしつ】
枯れ葉など土中の細菌によって分解されてできる養分で、用土に混ぜて使う。

付属片【ふぞくへん】
萼片のつけ根あたりについている部分。パンジーでは少し広がって小さく角張る。

付着根【ふちゃくこん】
つる性植物で茎からでる根。ほかのものに張りついてよじ登ったりする。

付着根（ツルマサキ）

仏炎苞【ぶつえんほう】
肉穂花序をカバーするようにつく長い筒形の苞。白色や緑色などがある。

腐葉土【ふようど】
樹木の落ち葉を堆積して作る腐植質。有機質に富み、通気性にもすぐれている。

苞葉【ほうよう】
花や花序の基部にある葉の変形したもの。植物により、いろいろな形のものがある。

◆ま行◆

巻きひげ【まきひげ】
茎や葉の1部が変形してつる状になり、他物に巻きつくひげ状のもの。

巻きひげ（ヤマブドウ）

巻きひげ（サルトリイバラ）

実生【みしょう】
植物を種子から育てること。多数の苗を一度に作ることができる利点がある。（256ページ園芸作業参照）

水草【みずくさ】
水中や水面で生育する植物。根が水底に沈むものと、水中にあるものなどがある。

水はけ【みずはけ】
水がよく通ること。植物の多くは過湿を嫌うため、水はけが良い用土を好む。

蜜腺【みつせん】
蜜液を分泌する部分。花にあるものを花内蜜腺、葉などにあるものは花外蜜腺と呼ぶ。

脈【みゃく】
葉脈のことで、葉の中にある水分や養分のとおり道。植物によって網状脈と平行脈がある。

網状脈（カクレミノ）

平行脈（シコンノボタン〈裏〉）

ムカゴ【むかご・零余子】
わき芽が養分をたくわえて肥大したもの。葉のわきに小さな球形になってつくことが多い。

雌花【めばな】
受粉すると結実することができる花。雌雄異株の植物は単体では結実できない。

木質化【もくしつか】
茎が木のようになること。1部の草花は年数がたつと茎が基部から木質化する。

元肥【もとごえ】
種子まきや植えつけ前に入れておく肥料。生育中に与える肥料は追肥。

◆や行◆

葯【やく】
雄しべの花糸についている袋。この中で花粉が作られ、成熟すると裂けて花粉がでる。

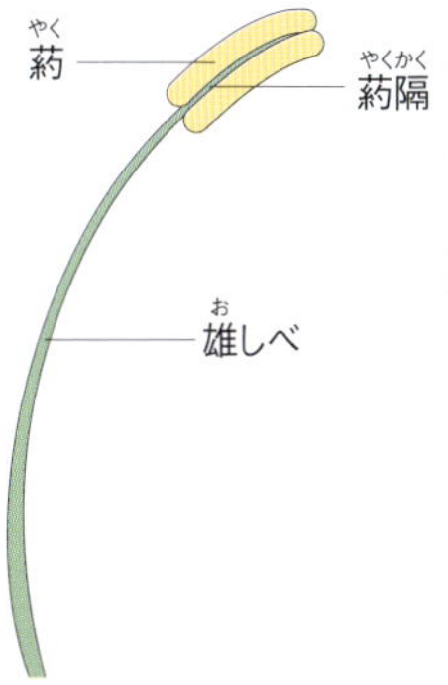

有機質肥料【ゆうきしつひりょう】
動物や植物など有機質を含んだ肥料。土質の改良などにも効果がある。

葉腋【ようえき】
葉が茎につく部分のわき。多くはここから芽がでて枝葉や花になる。

洋紙質【ようししつ】
葉質の一種。質がやや薄く洋紙のような感じの葉。カエデやモミジなどに多い。

葉鞘【ようしょう】
葉の基部が鞘状（しょうじょう）になり、茎を巻くようについている部分。イネなどに多く見られる。

翼【よく】
果皮の一部が変化してできた翼状のもの。1片は翼片。イロハモミジなどに見られる。

4稜形【よんりょうけい】
4角張っている形の茎。ヤエムグラ、オドリコソウ、タツナミソウなどに見られる。

◆ら行◆

落葉低木【らくようていぼく】
冬になると葉を落とす低木の総称。広葉樹に多く見られる。

ランナー
株ぎわからでて地上を長く走る枝や茎。地中から根をだすものとださないものがある。

両性花【りょうせいか】
1花の中に雄しべと雌しべがある花。カタバミ、スミレなどに見られる。

両性花（カタバミ）

鱗茎【りんけい】
地下茎の一種。養分をたくわえた多肉の鱗片が重なって球形などになったもの（→地下茎）。

輪生【りんせい】
枝や茎の1節から3～8枚の葉が四方に広がるようにつくつき方。

鱗片葉【りんぺんよう】
小形で鱗状になる特殊な葉。冬芽や花を包んでいるものや、鱗茎になるものなどがある。

裂片【れっぺん】
掌状葉で裂けている1枚ずつの葉。複葉の小葉を指すこともある。

ロゼット葉【ろぜっとよう】
根生葉で放射状に広がってつく葉。ロゼット葉だけのものと茎葉と併存するものとがある。

ロゼット葉（エゾタンポポ）

◆わ行◆

矮性【わいせい】
背が低い植物。人工的に交配して作られたり矮化剤で伸びを押えたりすることがある（本書では小形と表現）。

◆植物名さくいん◆

本書にとりあげた花の標準和名を太字で、別名（和名・英名など）を細字で示しました。

カ

キ

ク

ケ

コ

● 監修者紹介

福島 誠一（ふくしま せいいち）

1937年、横浜市生まれ。横浜市立大学文理学部卒業。東京新聞（中日新聞）に入社し、社会部、生活部などの記者を務める。

少年時代から食べられる野草に興味を持ち、研究。著書に『摘み草入門』（女子栄養大学出版部）『食べられる野草と料理法一新・摘み草入門』（ふこく出版）がある。また版画家大野隆司氏と野草をテーマにした『毒草』など4冊のシリーズ（くるみ書房）を刊行。

自治体主催の野草教室の講師を各地で担当する。野草研究家。

ハナスベリヒユ

● 参考文献

園芸植物大事典（小学館）
野に咲く花、山に咲く花、樹に咲く花 ①②③（山と溪谷社）
園芸大百科事典（講談社）
牧野　新日本植物圖鑑（北隆館）
野草のおぼえ方上、下（小学館）
野草見分けのポイント図鑑（講談社）
野草の名前春、夏、秋冬（山と溪谷社）
花のおもしろフィールド図鑑春、夏、秋（実業之日本社）
写真で見る植物用語（全国農村教育協会）
目で見る植物用語集（研成社）

企画・編集 ……………………………成美堂出版編集部
編集制作 ……株式会社全通企画／市川邦子・天野愛美
執筆協力 ……………………………早川満生・堀越典子
本文デザイン ……………………………………杉本　徹
本文イラスト …………………………………中村かおり
写真協力 ………………………全通フォト（中里孝治）

花の名前と育て方大事典

監　修　福島誠一（ふくしま せいいち）
発行者　深見公子
発行所　成美堂出版
〒162-8445　東京都新宿区新小川町1-7
電話(03)5206-8151　FAX(03)5206-8159
印　刷　株式会社 東京印書館

ISBN978-4-415-03878-0
落丁・乱丁などの不良本はお取り替えします
定価はカバーに表示してあります